OUTRAS

HISTÓRIAS DO MAR

VOLUME 3

100 CASOS VERÍDICOS DE FAÇANHAS, DRAMAS, AVENTURAS E ODISSEIAS NOS OCEANOS

JORGE DE SOUZA

EDITORA Agência2

OUTRAS HISTÓRIAS DO MAR

100 casos verídicos de façanhas, dramas, aventuras e odisseias nos oceanos

1ª Edição – novembro de 2024

DIAGRAMAÇÃO
Homero Letonai

REVISÃO
Fernanda Marão

CAPA
Adobe Stock

IMPRESSÃO
Plena Print

DADOS INTERNACIONAIS DE CATALOGAÇÃO NA PUBLICAÇÃO (CIP)

S729h Souza, Jorge de
Outras Histórias do mar : 100 casos verídicos de façanhas, dramas, aventuras e odisseias nos oceanos / Jorge de Souza. - São Paulo: Agencia 2 Editora, 2024.
336 p. ; 16 x 23 cm.

ISBN 978-65-996137-3-9

1. Relatos históricos. 2. Expedições geográficas. 3. Viagens de descoberta. 4. Navegação. 5. Aventuras. 6. Naufrágios. 7. Travessias oceânicas. 8. Expedições marítimas. 9. Regatas. I. Título.

CDU 910.4(091)

Índice para catálogo sistemático:
1. Viagens de descoberta e expedições geográficas 910.4
2. História, relatos históricos (094)

"Para Cecília, que por enquanto nem sabe o que é mar"

AS 100 HISTÓRIAS

Capítulo 1 - GRANDES NAVEGAÇÕES E TRAGÉDIAS DE 1600 A 1900

Capítulo 2 - VAPORES, GUERRAS E AVENTURAS DE 1900 A 2000

Capítulo 3 - HISTÓRIAS MAIS QUE RECENTES DE 2000 AOS DIAS DE HOJE

CAPÍTULO 1

GRANDES NAVEGAÇÕES E TRAGÉDIAS

1600 A 1900

A culpa foi do rei

Ninguém podia abandonar o barco antes do futuro monarca. E ele demorou demais para sair

Se houve um culpado pela tragédia que acometeu a fragata inglesa HMS Gloucester, que afundou em 6 de maio de 1682 após colidir com um banco de areia na costa da Inglaterra, matando um número jamais sabido de marinheiros, foi a maior autoridade que havia a bordo – maior até que o capitão do barco. Era o Duque de York, James Stuart, irmão do então rei Carlos II, que, anos mais tarde, seria coroado monarca da Inglaterra.

O próprio motivo da viagem, acompanhada por um séquito de barcos que escoltavam a fragata, era atender a um capricho do nobre, que queria levar sua mulher grávida da Escócia para Londres para que seu filho nascesse na sede de realeza, ganhando assim mais chances de se tornar, também, herdeiro do trono. Ou seja, puro interesse.

Também por interesse, já que sua mulher estava prestes a dar à luz, o duque tinha pressa em chegar a Edimburgo, e ordenou ao piloto da fragata que fizesse o caminho mais curto, a despeito da quantidade de bancos de areia da região obrigarem os barcos a navegar com baixa velocidade, em seguidos ziguezagues.

Na noite anterior ao desastre, a intromissão do nobre na navegação da fragata gerara um conflito entre ele e o capitão da embarcação. Mas quem haveria de desobedecer a ordem do poderoso Duque de York?

Enquanto os membros da realeza que acompanhavam o duque na viagem se esbaldavam com iguarias finas, bebidas exóticas e até uma banda de música completa a bordo, a fragata enveredou, em plena madrugada, por um labirinto de perigosos bancos de areia, em busca da rota mais curta, como ordenado pelo duque. O resultado disso já era esperado.

Por volta das cinco da manhã, antes que os primeiros raios de luz iluminassem o mar e revelassem os perigos da baixa profundidade, a Gloucester colidiu com um banco de areia e estremeceu inteira. A velocidade, impulsionada pelo vento vigoroso que soprava, gerou uma colisão tão forte que o leme foi arrancado, bem como a parte do casco ao qual ele estava atado.

O naufrágio foi quase imediato. Em menos de uma hora já não havia mais sinal algum da fragata na superfície, exceto os corpos dos marinheiros mortos, cujo número exato nunca foi sabido – algo entre 130 e 250 homens, dependendo de quem relatou o acidente. Mas todos eram simples marinheiros, já que nenhum nobre foi vítima do naufrágio. A começar pelo próprio duque, o primeiro a ser salvo. E, também, o principal responsável pelas dimensões da tragédia.

Mesmo quando a Gloucester começou a encher furiosamente de água, o duque se recusou a aceitar que ela afundaria, e retardou ao máximo seu abandono do barco. Como, de acordo com o protocolo real, ninguém poderia sair da embarcação antes do mais alto membro da realeza presente, a demora de James em abandonar a fragata custou a vida de muitos homens – e ele ainda exigiu que seus cachorros fossem evacuados antes das demais pessoas. Um dos aspectos mais perversos da tragédia da Gloucester foi o quanto ela poderia ter sido evitada ou minimizada.

Mas os desatinos do duque não pararam por aí. No simulacro de inquérito que investigou o caso, James Stuart responsabilizou o piloto da Gloucester pelo acidente, alegando incompetência, e pediu seu enforcamento – pena reduzida para prisão perpétua pela Corte Marcial que julgou o caso e depois convenientemente ignorada, já que parecia claro que o verdadeiro responsável havia sido o próprio duque ao exigir que aquela perigosa rota fosse seguida, o que gerou indignação no Almirantado Britânico.

A não punição pedida pelo nobre ao piloto transformado em bode expiatório do naufrágio foi o primeiro revés sofrido pelo futuro rei James, cujo reinado foi tão curto quanto atribulado. Apenas quatro anos depois de conseguir seu intento de subir ao trono da Inglaterra, James Stuart perdeu a coroa por uma série de motivos, sobretudo políticos e religiosos. Mas o seu papel decisivo na tragédia da Gloucester também contribuiu para isso.

A batalha das palavras

Quando os dois grupos de náufragos se reencontraram na Corte, a disputa passou a ser pela verdade

Em 28 de janeiro de 1742, um grupo de homens à beira da morte foi dar na remota vila de Rio Grande, no extremo sul do litoral do Rio Grande do Sul, a bordo de um precário barco de madeira, todo remendado. E com uma extraordinária história para contar: a de como haviam vencido mais de 3 000 milhas de mar com um barco improvisado e superlotado em uma desesperada tentativa de regressar à sua terra natal, a Inglaterra, após passarem meses confinados em uma distante ilha deserta onde a embarcação na qual navegavam afundara.

Eram náufragos do HMS Wager, uma das oito embarcações que, dois anos antes, em 1770, haviam sido despachadas pela corte inglesa para a América do Sul com uma missão secreta: capturar e saquear certo galeão espanhol que costumava navegar abarrotado de ouro vindo das Filipinas. A Inglaterra, então em guerra com a Espanha, queria se apoderar daquele tesouro, a fim de enfraquecer o inimigo – e, claro, enriquecer ainda mais.

A travessia da frota inglesa no Atlântico já tinha sido uma sucessão de tragédias e contratempos. Boa parte das tripulações foi vitimada por tifo e escorbuto, aniquilando muitos marinheiros, já que boa parte deles era formada por idosos que haviam sido recrutados em asilos e hospitais; e até mesmo meninos, como o futuro avô do famoso poeta inglês Lord Byron, John Byron, que tinha apenas 6 anos de idade quando embarcou como aprendiz no Wager, já que, na época, a Inglaterra vivia uma carência de homens para tripular seus barcos.

Com o escorbuto, doença causado pela falta de vitamina C no organismo (algo que poderia ser facilmente curado com a simples ingestão de frutas cítricas, mas isso era desconhecido na época), os marinheiros começaram a adoecer, perder os cabelos, os dentes; muitos deles também a sanidade – antes da própria vida. Ao chegar ao extremo sul da América da Sul, onde subiria para o norte pelo Pacífico em busca do tal galeão espanhol, a frota já tinha perdido um terço dos seus homens. Mas o pior ainda estava por vir.

Ao dobrar o Cabo Horn, um dos piores mares do mundo, os ingleses encontraram pela frente uma tormenta enlouquecedora, que durou dias e fez o HMS Wager perder contato com os demais barcos. Na ânsia de continuar navegando, a fim de se reunir às demais embarcações, o capitão da Wager, David Cheap, um rígido e autoritário comandante, chegou a ordenar que alguns marinheiros subissem nos mastros para que seus corpos eretos atuassem como "velas extras", ajudando assim a impulsionar a embarcação. Pelo menos um marinheiro caiu ao mar durante estas operações, e não foi resgatado.

O esforço não ajudou em nada. O HMS Wager desgarrou totalmente da frota, e, sem as referências dos demais barcos, acabou enveredando pelos traiçoeiros canais da Patagônia chilena, onde nenhum marinheiro jamais havia estado.

Isso, aliado a um grosseiro erro de avaliação da sua localização – e a soberba do capitão Cheap, que não deu a devida atenção aos alertas dos vigias de convés –, fez com que o HMS Wager batesse em um conjunto de pedras submersas, a baixa profundidade, bem próximo à uma das ilhas da região, que, mais tarde, seria batizada com o nome do barco que a tornaria tristemente famosa: Ilha Wager.

No acidente morreram mais alguns marinheiros, sobretudo os que estavam doentes e acamados. Mas a maioria dos tripulantes sobreviveu, porque a ilha ficava praticamente bem diante do local do naufrágio, e o HMS Wager não afundara por completo – ficara apenas parcialmente inundado, aboletado sobre as pedras, mas sem condições de voltar a navegar.

Uma vez na ilha, contudo, veio outra má notícia: ela era deserta, sem nenhum tipo de alimento, e açoitada, dia e noite, por um vento congelante. Era o início de uma longa e sofrida temporada de fome, frio, penúrias, discórdias e intensos conflitos entre o capitão Cheap, um rígido militar que queria manter a disciplina acima de tudo entre os famintos, e um grupo de rebeldes, liderados pelo ex-artilheiro do HMS Wager, John Bulkeley, uma espécie de líder natural entre os marinheiros, que não aceitava o comportamento tirânico do seu comandante.

Logo a ilha se tornou um campo de batalha, com os ex-tripulantes do barco divididos em dois grupos: os ainda leais ao capitão Cheap – que tentava manter a liderança impondo a ordem militar à força –, e os apoiadores de Bulkeley, que, famintos, passaram a cometer atrocidades como o canibalismo dos corpos dos companheiros que sucumbiam à fome e ao frio. O autoritarismo, a anarquia e a barbárie passaram a imperar na ilha.

Em um dos episódios mais violentos, Cheap disparou contra um marinheiro, matando-o, apenas porque ele se recusara a obedecer às suas ordens. Indignado com aquele assassinato, Bulkeley decidiu recrutar aliados – o que foi fácil – e construir, com os restos seminaufragados do HMS Wager, um pequeno barco, com o qual eles tentariam chegar a algum porto, e, de lá, voltar à Inglaterra.

Em poucos dias, um pequeno barco de 15 metros de comprimento ficou pronto, e Bulkeley partiu com 80 homens, deixando na ilha todos os aliados do capitão Cheap – que interpretou aquela decisão de seus ex-subordinados como sendo o pior crime marítimo da época: um motim.

A jornada insana daqueles homens em busca de uma salvação que parecia pouco provável não foi, de fato, nada fácil. Além da superlotação do barco (que os obrigava a ficar o tempo todo espremidos uns aos outros), do frio cortante (potencializado pelos fortes ventos patagônicos) e da carência de alimentos (eles só tinham a carne de algumas focas, o que levou Bulkeley a determinar que quem fosse pego comendo a ração diária de outro tripulante seria desembarcado à força, e deixado para trás naquela terra inóspita), ainda havia uma questão política: na época, toda a região (que, mais tarde, daria origem ao Chile e a Argentina) era dominada pelos inimigos espanhóis. Portanto, seria preciso ir longe, em busca de terras colonizadas por aliados da Inglaterra, como Portugal. E a colônia portuguesa mais próxima era o Brasil, que ficava a mais de 3 000 milhas de distância.

Durante três meses e meio aqueles homens navegaram dia e noite, avançando rente à costa sul-americana, só parando para coletar água e algum tipo de alimento quando o mar permitia o desembarque nas praias. Até que, por fim – ao cabo da morte de 51 homens ao longo do caminho –, eles chegaram aos arredores da vila de Rio Grande, então um minúsculo povoado no extremo sul do Brasil, eventualmente frequentado por barcos ingleses.

Estavam esgotados, esquálidos, barbudos, com cabelos na altura do peito e vestidos apenas com trapos, que fediam a carne podre. E tão fracos que mal conseguiam caminhar. Dos 81 homens que haviam iniciado aquela dramática travessia, apenas 30 chegaram vivos à praia gaúcha – e um deles ainda morreu, de fraqueza e esgotamento, ao tocar a areia.

Recebidos com compaixão pelos poucos habitantes da vila, aqueles homens sobreviventes do naufrágio do HMS Wager – e de tudo o que aconteceu na ilha depois disso –, receberam abrigo, tratamento, e, uma vez recuperados, embarcaram de volta à Inglaterra seis meses depois, onde foram recebidos como heróis, uma vez que já eram dados como mortos.

Mas, quando isso aconteceu, outro grupo de náufragos do HMS Wager, incluindo o capitão Cheap, chegou à costa do Chile, após ter sido resgatado da ilha por nativos. E a história que o capitão inglês contou ao desembarcar era bem outra: aqueles marinheiros que haviam chegado ao Brasil não eram heróis – eram amotinados. E, de acordo com as regras da época, teriam que ser condenados. Começava ali uma pendenga jurídica e moral que transformaria o caso do HMS Wager em muito mais do que um simples naufrágio.

Ao tomarem conhecimento de que havia outro grupo de sobreviventes – e com uma versão totalmente oposta do perfil dos que chegaram ao Brasil –, as autoridades marítimas inglesas decidiram instalar uma Corte Marcial para analisar quem estava falando a verdade: se o capitão Cheap, que acusava o ex-artilheiro Bulkeley de promover um motim; ou Bulkeley, que alegava que o ex-líder da expedição havia cometido um assassinato desnecessário – dois crimes cuja pena seria a forca.

Na Corte, Cheap e Bulkeley passaram a duelar com palavras, já que a vida de ambos dependeria da história que cada um contasse e da capacidade de convencer os jurados sobre a sua veracidade. Uma luta de vida ou morte, como já havia acontecido antes, na ilha.

Após lutarem contra os elementos da natureza naquela ilha selvagem, os líderes dos dois grupos de náufragos do HMS Wager passaram a travar uma batalha pela verdade – ou pela capacidade de fazer prevalecer a sua versão dos fatos. E cada um contou uma história diferente sobre o que acontecera na Ilha Wager.

Incomodados com aquela situação, e sem saber em quem acreditar, os almirantes da Royal Navy encarregados de conduzir a Corte Marcial acabaram optando por conduzir o julgamento para outro rumo, para eles bem mais confortável: em vez de analisar os crimes imputados (motim e assassinato), decidiram se concentrar apenas no que causara o naufrágio. E concluíram que havia sido uma mera fatalidade.

Tanto o capitão David Cheap quanto o artilheiro John Bulkeley foram inocentados, e o dramático caso da Ilha Wager passou a ser conhecido como o motim e o assassinato que nunca existiram.

Uma solução cômoda para um problema incômodo.

A infame viagem do Zong

Para não comprometer sua "carga", o comandante mandou atirar os escravos doentes ao mar

Entre as milhares de viagens realizadas por navios negreiros da África para as Américas entre os séculos 16 e 19, resultando em algo como 12 milhões de escravizados, poucas travessias foram tão infames quanto a do "cargueiro" inglês Zong entre Gana e a Jamaica no final de 1781.

A exemplo de outros comandantes da época, o capitão do Zong, o inglês Luke Collingwood, considerava os escravizados uma simples mercadoria, e não pensava duas vezes na hora de "descartar" os "piores", visando apenas o lucro. Foi o que ele exaustivamente mais fez naquela viagem.

Por conta de erros de navegação, mau planejamento do estoque a bordo – sobretudo de água – e condições meteorológicas desfavoráveis, a travessia, prevista para durar algumas semanas, já passava de meses, o que fez com que muitos escravizados, mantidos sob condições desumanas nos porões do barco, começassem a adoecer. Um passou a contaminar o outro, em uma reação em cadeia.

Foi quando Collingwood tomou uma decisão abominável, mas aceitável numa época em que escravizados não eram considerados seres humanos: mandou arremessar ao mar, ainda vivos, os que estavam fracos ou adoentados, para não "comprometer toda a carga" que transportava.

Durante três dias consecutivos, entre 29 e 31 de novembro de 1781, 132 dos 442 africanos que o Zong transportava foram atirados ao mar, como forma de "preservar" os demais, garantindo assim melhores preços nos mercados negreiros do Caribe, onde seriam negociados. Collingwood começou se livrando das mulheres e crianças adoentadas, porque elas valiam menos nas vendas. Em dois dias, 54 foram mortas.

Depois, selecionou os homens mais afetados pelos maus tratos e, como quem descarta as laranjas podres de um saco a fim de preservar as demais, mandou que eles fossem jogados ao mar ainda vivos, porque, segundo ele, não "faria sentido gastar munição ou esforço físico com quem iria morrer de qualquer jeito". Na visão de Collingwood, aqueles homens eram "carga estragada" e, por isso, valiam mais mortos do que vivos. Deixar que se afogassem no mar poupava, inclusive, o trabalho da tripulação de ter que remover corpos dos porões. E, com pouca água para matar a sede de tantas pessoas, era prudente não exigir esforço físico demasiado dos marinheiros.

Mortes de escravizados durante as viagens dos navios negreiros eram habituais na época. Na média, 15% dos embarcados morriam, o que era considerado aceitável, e contabilizado pelos grandes escravagistas como "consequências do negócio" – em algumas rotas, os tubarões passaram a adquirir o hábito de seguir os navios negreiros, a fim de se alimentar dos corpos dos mortos. Mesmo assim, o que estava ocorrendo naquela viagem do Zong extrapolava todos os limites e já chegava a "um terço da carga" – daí a decisão do comandante Collingwood de fazer algo antes que sua margem de lucro naufragasse por completo.

Boa parte disso era consequência da própria ganância de Collingwood, que embarcara bem mais escravizados do que a capacidade do Zong (cujo nome original, em holandês, era "Zorg", algo como "Zêlo" em português) suportava. Mesmo para os padrões dos navios negreiros, 442 cativos a bordo era demasiado para um barco daquele porte, o que sobrecarregava o trabalho da tripulação. Mas Collingwood decidira transportar o maior número possível a fim de aumentar o lucro da viagem. Até que, por conta do mau tempo e de erros grosseiros na rota, a viagem passou a demorar demais, a água foi escasseando, as doenças se alastrando, e o capitão viu o seu o lucro minguar dia após dia.

Mesmo com a medida, Collingwood vislumbrou uma forma de recuperar o "prejuízo" dos escravizados que mandou atirar no mar: cobrar indenização da seguradora por perda de parte da carga transportada, já que as viagens negreiras eram cobertas por algum tipo de seguro. Como não havia vendido os escravizados que condenara à morte, Collingwood buscaria indenização da seguradora da viagem. Foi o que ele fez.

Ao chegar à Jamaica, três semanas após ter decretado a morte de quase uma centena e meia de pessoas, Collingwood, através da família inglesa Gregson, dona do Zorg, acionou a seguradora e pediu ressarcimento pelo que valiam os 142 assassinados. A seguradora negou, por uma questão financeira e não moral, e o caso foi parar na justiça.

Um ano e meio depois, um tribunal de Londres julgou o caso e deu ao comandante do Zorg o direito de ser indenizado. Isso despertou a indignação tanto da seguradora quanto de dois jovens ativistas abolicionistas da época, o inglês Granville Sharp e o nigeriano Olaudah Equiano, este um ex-escravizado sequestrado quando criança, que, mais tarde, conseguira sua alforria e se tornara advogado.

Além de acusarem Collingwood de estar cometendo fraude contra a seguradora – uma vez que ele só "perdera" os escravizados porque os condenara à morte –, Sharp e Equiano atacaram a própria corte inglesa por estar julgando o caso como sendo uma mera questão de indenização financeira, e não de assassinato em massa.

Em sua árdua batalha para que o repugnante caso do Zorg virasse um divisor de águas na questão escravagista – o que implicaria em os ingleses admitirem que escravizados eram seres humanos e não simples mercadorias –, os dois ativistas chegaram a escrever uma longa carta ao Almirantado Britânico, pressionando para que Collingwood fosse processado por homicídio. Mas nem ao menos tiveram resposta.

Também foram ignorados pela corte inglesa, que acabou dando ganho de causa ao comandante do barco na questão da indenização a que tinha direito.

Como esperado, Collingwood não foi punido pelo crime cometido. Tampouco nada mudou no comércio escravagista para as colônias inglesas, que perduraria por mais 30 anos. Somente em 1807 o tráfico de escravizados foi abolido pelo Parlamento britânico, que também tomou como base o caso do Zorg

O único legado deixado pelo assassinato em massa perpetrado pelo comandante Collingwood foi ter virado um dos símbolos dos horrores do tráfico negreiro.

Atualmente, um monumento homenageia as vítimas daquela infame viagem do Zong na cidade jamaicana de Black River, onde elas deveriam ter desembarcado, como escravizadas. Mas, ao menos, vivas.

Um gesto inesperado

Ele poderia ter se salvado. Mas optou pela vingança

No início do século 19, o empresário americano John Jacob Astor decidiu investir no mercado de peles e comprou um barco – uma escuna de três mastros, chamada Tonquin –, para realizar viagens comerciais até os povoados nativos de caçadores de animais que habitavam a costa noroeste americana, a fim de negociar a compra de mercadorias com eles.

O negócio prosperou a tal ponto que Astor acabou se tornando o homem mais rico dos Estados Unidos. Mas, antes disso, ele amargou a culpa de ter causado, indiretamente, a morte de mais de 100 nativos, além de toda a tripulação de nove pessoas do Tonquin, em um só episódio, em 6 de junho de 1811.

Naquele dia, o Tonquin, sob o comando do capitão Jonathan Thorn – um sujeito arrogante e violento que havia sido contratado pelo próprio Astor – chegou a uma das reentrâncias da ilha Vancouver, hoje pertencente ao Canadá, para comprar peles da tribo Nuukmiiis, o que consistia em trocá-las por mercadorias ordinárias, como facas e cobertores.

Como de hábito, os nativos foram até o barco negociar. Mas, desta vez, não houve acordo: o chefe dos Nuukmiiis, um ancião venerado pela tribo, queria bem mais utensílios do que Thorn oferecia, e isso deixou o irascível capitão furioso. No auge da discussão, travada por meio de um intérprete, Thorn atirou uma das peles na cara do chefe dos Nuukmiiis e os mandou embora. Eles foram. Mas com planos de retornar e se vingar daquela ofensa.

Dias depois, algumas canoas de aproximaram do Tonquin e Thorn autorizou o embarque dos nativos, que pareciam dispostos a, finalmente, aceitar sua proposta. Mas era apenas um estratagema. Uma vez a bordo da escuna, os nativos sacaram facas, lanças e outras armas dos pacotes de peles que transportavam e atacaram a tripulação do Tonquin, a começar pelo seu capitão.

Apenas quatro marinheiros conseguiram fugir com um bote, para, depois, serem capturados pelos nativos e torturados até a morte. Já um quinto tripulante, James Lewis, foi deixado vivo na escuna, mas gravemente ferido. E foi Lewis que acabaria protagonizando o ato mais inesperado daquela história.

No dia seguinte, quando os Nuukmiiis voltaram em grande número para saquear o barco, ele rastejou até o paiol de pólvora da escuna e, num gesto inesperado, a fez explodir, com todos a bordo – inclusive ele próprio.

Não sobraram nativos vivos, nem mesmo nas canoas que estavam ao redor do casco. Ao todo, foram mais de 100 mortos, incluindo o chefe da tribo Nuukmiiis e toda a tripulação do Tonquin.

Lewis poderia ter sido o único sobrevivente da chacina. Mas, em vez da vida, preferiu a vingança.

Unidos por um naufrágio

Quando nem a ficção consegue ser melhor que a realidade

Em uma das cenas mais icônicas do filme sobre o naufrágio do Titanic, os sobreviventes Jack (interpretado por Leonardo DiCaprio) e Rose (Kate Winslet) passam horas agarrados a uma porta do navio que flutuava, até que ele, ao ceder espaço para que ela subisse no objeto, não resiste ao frio do mar congelante e morre.

Jack e Rose – duas criações do diretor James Cameron para tornar a tragédia do naufrágio mais famoso da história também uma narrativa romântica –, nunca existiram na vida real. Mas algo bem similar – e real – aconteceu em outro naufrágio do passado, igualmente marcado pela tragédia. Só que, ao contrário do fictício casal do Titanic do cinema, a história deste outro casal de náufragos teve um final feliz.

Em 13 de junho de 1838, o luxuoso vapor americano Pulaski partiu da cidade de Savannah com destino à Baltimore, levando 37 tripulantes e 90 passageiros – entre eles, um jovem de 20 anos de idade chamado Charles Ridge, cujos limitados recursos só permitiam viajar na segunda classe. No dia seguinte, o vapor fez uma escala na cidade de Charleston, onde embarcaram mais 65 passageiros, entre eles Catherine Onslow, uma jovem também na faixa dos 20 anos de idade, que viajaria na primeira classe.

No embarque dos novos passageiros, os olhos de Charles e Catherine se cruzaram rapidamente. E o interesse foi recíproco. Mas, com diferentes acomodações para as duas classes, eles não voltaram a se ver a bordo. Até que, naquela mesma noite, veio a tragédia.

Por volta das 23 horas, quando o Pulaski navegava a cerca de 30 milhas da costa da Carolina do Norte, uma de suas duas caldeiras superaqueceu e explodiu, abrindo um rombo no casco do barco e ceifando a vida de muitos passageiros – mas não de Charles e Catherine.

O rapaz correu para o convés e tratou de ajudar os marinheiros da tripulação a soltar os dois botes salva-vidas que jaziam presos aos guindastes, já que o vapor, bastante avariado, começava a ser tomado pelo mar. Não houve tempo suficiente. De forma fulminante, o Pulaski inundou e partiu-se em dois, lançando ao mar um punhado de tripulantes e passageiros, e deixando os poucos sobreviventes – não mais que 60 pessoas, entre as 192 que havia a bordo – entregues à própria sorte, nas duas metades separadas do casco.

Charles tratou de garantir a própria sobrevivência. Com um pedaço de corda, atou dois pequenos sofás à dois barris vazios que encontrara no convés decepado do navio e, com sua jangada improvisada, se lançou à água. Ao fazer isso, logo ouviu uma voz feminina pedindo socorro na escuridão do mar – que, por sorte, estava bem calmo naquela noite.

Usando as duas mãos como remos, Charles avançou na direção dos gritos e, estendendo os braços, puxou para a sua jangada a dona daquela voz desesperada: era Catherine Onslow, a mesma jovem que havia chamado sua atenção no embarque.

A surpresa foi mútua, mas aquela era uma situação apavorante demais para ser romântica – agora, eles teriam que tentar sobreviver, aboletados sobre dois pequenos sofás flutuantes à deriva, sabe-se lá por quanto tempo.

O martírio do casal durou três dias e três noites, até que foram resgatados pela escuna Henry Camerdon, que ajudava nas buscas por sobreviventes. Os dois estavam fracos e desidratados após tanto tempo no mar, sem comer nem beber. Mas vivos. E perdidamente apaixonados.

Consta que, no auge do desespero, vítimas da fome e da sede – e na ânsia de manter Catherine viva –, Charles a pediu em casamento, explicando, porém, que o pouco que tinha havia perdido no naufrágio do navio, já que ele estava indo tentar uma nova vida, em Baltimore. "Morreremos ou viveremos juntos", teria dito o rapaz, torcendo para que ela aceitasse o pedido, o que Catherine fez, assim que os dois pisaram na escuna que os resgatou o mar.

E fez mais. Contou que era herdeira de uma grande fortuna, e que a falta de recursos financeiros não seria um empecilho para o futuro casal. O casamento aconteceu logo depois, em Baltimore, onde, mais tarde, Charles e Catherine abriram um bem-sucedido negócio, à beira do mesmo mar que o uniu.

Um final feliz de cinema para uma história ainda melhor do que o fictício destino de Jack e Rose em Titanic.

O que aconteceu com o Madagascar?

A dúvida durou décadas. Até que surgiu uma mulher dizendo que sabia explicar

Quando, em agosto de 1853, o chefe da Polícia de Melbourne, na Austrália, embarcou no veleiro mercante inglês Madagascar, que partiria para Londres no dia seguinte, com um mandado de prisão contra um dos passageiros, acusado de ter assaltado um banco, o que ele viu o deixou preocupado.

A massa humana dentro daquele barco prestes a zarpar era formada, em sua maioria, por arruaceiros e encrenqueiros – a começar pelo ladrão que ele buscava –, que retornavam, cheios de ouro, dos garimpos australianos. E a tripulação, pequena e improvisada (porque muitos marinheiros haviam desertados para se tornarem também garimpeiros), não passava confiança aos passageiros, muitos deles mulheres e crianças. Aquela travessia até a Inglaterra prometia gerar problemas.

A prisão do ladrão – e, no dia seguinte, de mais dois comparsas, que também estavam no barco –, atrasou a partida do Madagascar em três dias. Mas não alterou o trágico destino de seus passageiros, que acabariam se tornando protagonistas do maior mistério marítimo da história da Austrália: o desaparecimento daquele grande barco, com todos que estavam a bordo, Ninguém jamais soube dizer o que aconteceu: nem como, nem quando, nem por quê.

Quando, na manhã de 12 de agosto de 1853, o veleiro finalmente soltou as amarras e zarpou de Melbourne, com cerca de 600 pessoas a bordo, uma volumosa carga de lã, e estimadas duas toneladas de ouro nas bagagens dos seus passageiros, o chefe da Polícia local estava no porto e, ainda incomodado, assistiu à partida do barco. Foi a última vez que o Madagascar foi visto.

Um ano depois, quando a notícia de que o veleiro que partira da Austrália não havia chegado à Inglaterra, aquele policial teve certeza de que sua previsão se confirmara: algo de muito sério havia acontecido com o Madagascar. E começaram as especulações sobre o que poderia ter ocorrido. Uma das teorias é que ele teria se incendiado no meio do oceano, por conta da carga de lã que transportava. Outra, que teria colidido com um iceberg e afundado, sem deixar restos nem sobreviventes.

Os boatos e suposições continuaram por anos a fio, sem que nenhum vestígio tenha surgido. Até que, décadas depois, uma velha mulher, que vivia no Brasil e já bastante adoentada, decidiu contar o que aconteceu com o barco desaparecido. E ela garantia estar dizendo a verdade, porque alegava ser a única sobrevivente viva do Madagascar.

De acordo com aquela suposta testemunha – que morreria em seguida –, semanas depois de partir de Melbourne, logo após dobrar o Cabo Horn e adentrar no Oceano Atlântico, o Madagascar fora vítima de um motim, do qual participaram tanto um grupo de garimpeiros que queriam roubar o ouro dos demais passageiros, quanto alguns tripulantes, atraídos pela possibilidade de enriquecimento rápido.

Os amotinados teriam assassinado o capitão e o primeiro oficial do barco, e trancado os passageiros em suas cabines enquanto saqueavam o ouro das bagagens. Os passageiros também teriam ouvido conversas entre os amotinados de que o navio seria afundado com todos dentro dele – o que, segundo ela, acabou acontecendo, apesar das súplicas das vítimas.

A tal mulher só teria escapado porque, juntamente com outras jovens passageiras escolhidas a dedo, fora obrigada a acompanhar um dos amotinados no único bote que efetivamente conseguiu chegar até uma praia distante, já na costa brasileira, onde eles teriam desembarcado. Os demais amotinados, bem como o ouro que eles transportavam nos demais botes utilizados na fuga, teriam sucumbido durante a longa jornada até a costa brasileira.

Ainda de acordo com o relato da suposta sobrevivente, com o passar do tempo, ela o seu sequestrador (um ex-garimpeiro que teria sido obrigado a participar do motim pelo demais amotinados) se apaixonaram e se casaram, o que a levou a manter o segredo até a morte do marido, para que ele não fosse punido.

Mas, perto de morrer, ela decidira contar aquele segredo, acrescentando que apenas seis amotinados e cinco sequestradas teriam sobrevivido à jornada e chegado ao Brasil, e que todos teriam morrido mais tarde, de febre amarela – e, ainda por cima, pobres, porque a maior parte do ouro que havia no bote teria se perdido no mar, quando o barco virou na chegada à praia.

Se era verdade o que aquela mulher dizia, jamais foi comprovado – até porque seu nome nunca foi revelado. Mas, na falta de outra explicação, a tese de motim seguido da barbárie e fuga dos amotinados – que, no entanto, não sobreviveram ao próprio ato –, acabou sendo aceita como a mais razoável para explicar um dos grandes mistérios marítimos do século 19: o que aconteceu com o Madagascar?

Barbárie no mar

Na hora do salve-se quem puder, crianças e mulheres foram as primeiras a serem ignoradas

Em 27 de setembro de 1854, durante um denso nevoeiro ao largo da costa leste do Canadá, o navio a vapor (mas ainda impulsionado por uma roda lateral de pás) Arctic, da empresa americana Collins, com cerca de 300 passageiros e 100 tripulantes a bordo (o número exato de pessoas nunca foi conhecido), colidiu com outro barco, o pesqueiro francês Vesta, que fazia a mesma rota, só que no sentido inverso, transportando 50 marinheiros e 147 pescadores que voltavam para casa.

Teria sido apenas mais um entre tantos acidentes desse tipo na então movimentada rota marítima entre Nova York e Liverpool, não fosse o que se seguiu à colisão entre as duas embarcações. Devido ao seu menor porte – e por ter colidido de frente no costado do outro navio –, o Vesta perdeu boa parte da proa e imediatamente começou a ser tomado pela água. Já o Arctic, bem maior e robusto, a princípio nada parecia ter sofrido – até que começou a adernar para o lado no qual acontecera o choque. O motivo logo seria descoberto: o gurupés do Vesta, uma espécie de mastro horizontal no bico da proa, havia penetrado, feito uma lança, no casco de madeira do vapor, ocasionando uma lenta, mas persistente entrada de água no Arctic, que, após a colisão, havia estancado no mar.

Entre salvar o próprio navio – e as centenas de pessoas que havia a bordo – ou prestar ajuda a outra embarcação aparentemente bem mais danificada, o comandante do Arctic, James Luce, não teve dúvidas: deu ordens para acionar as caldeiras e partir a todo vapor em busca da terra firme mais próxima, mesmo já tendo baixado ao mar um dos seus oficiais, em um bote a remo, para averiguar o estado do outro barco. O pobre oficial foi abandonado no mar, e, após ver seu navio ir embora, foi engolido pelo nevoeiro e nunca mais foi visto

– nem tampouco conseguiu ajuda no navio que fora verificar, que parecia estar afundando.

No entanto, algo bem mais terrível aconteceria a bordo do Vesta, assim que ele começou a encher de água. Desobedecendo ordens do seu comandante, para que se mantivessem nos seus postos, um grupo de tripulantes do navio francês roubou um dos poucos escaleres que havia e remou na direção do Arctic, que parecia não ter sido afetado pela colisão – um ato de covardia e traição com os passageiros pescadores. Mas o castigo veio em seguida.

Encobertos pelo nevoeiro, os fugitivos não foram vistos se aproximando do outro navio, e encostaram no casco do Arctic justamente no instante em que o comandante dera a ordem de partir com urgência. Isso fez com que eles fossem tragados pela enorme roda de pás do vapor. Da murada do convés, os passageiros assistiram, aterrorizados, a destruição do pequeno barco e uma cena ainda chocante: os corpos de algumas das vítimas girando, presos às enormes pás do navio. Mas o pior ainda estava por vir.

A terra firme mais próxima, ansiosamente buscada pelo comandante Luce, ficava a mais de quatro horas de viagem, o que fez com que boa parte dos passageiros se unisse ao esforço da tripulação nas bombas manuais de sucção, a fim de tentar devolver ao mar a água que entrava no casco. Mas, com as pás de propulsão cada vez mais fundas na água (sinal de que o peso do navio só aumentava), e o mastro de proa do Vesta ainda empalado no casco, a velocidade do Arctic diminuía a cada milha, deixando a possibilidade de salvação dos ocupantes do navio cada vez mais remota.

Até que, em certo ponto daquela desesperada jornada, a inundação do casco fez as caldeiras pararem de funcionar, e o Arctic estancou, inerte, no meio do oceano, já bem distante do Vesta – àquelas alturas, já dado como naufragado pelo comandante Luce. Ele sabia que o destino do seu navio não seria diferente, e, sem outra alternativa, deu ordem de abandonar o barco, mas consciente de que não havia botes salva-vidas para todos.

O capitão Luce não era o único membro da tripulação que sabia deste detalhe perverso. Com a perda do bote no qual estava o oficial que fora abandonado no mar, o Arctic passou a contar com apenas cinco barcos salva-vidas, cuja capacidade daria para apenas cerca de 180 das quase 400 pessoas que transportava. Foi quando alguns tripulantes, tal qual os fujões egoístas do Vesta, trataram de garantir a própria sobrevivência, em detrimento dos passageiros, e fugiram com três dos botes, todos apenas parcialmente ocupados por eles.

Só um passageiro conseguiu embarcar. Mas porque, de certa forma, fez ainda pior do que aqueles insensíveis marinheiros. Era o diplomata francês Antoine Agénor, Duque de Gramont, o mais nobre dos passageiros do Arctic. Ele não teve o menor escrúpulo em passar por cima de todos que se aglomeravam no convés – inclusive mulheres e crianças –, pular para dentro de um dos botes dos fugitivos, e ordenar que a embarcação fosse imediatamente baixada ao mar, a fim de evitar que outras pessoas também embarcassem, o que poderia gerar excesso de peso. Com isso, restaram apenas dois barcos salva-vidas para quase três centenas e meia de pessoas. Era o início da tragédia.

O caos e o salve-se quem puder havia se instalado a bordo – apesar dos esforços do comandante Luce de tentar evitar o pânico, mesmo sabendo que a maioria daquelas pessoas morreria, inclusive o próprio filho, ainda menino, que viajava na sua companhia. Na tentativa de minimizar as mortes, enquanto o navio paulatinamente afundava, Luce ordenou que portas, mesas ou qualquer pedaço de madeira que pudesse flutuar fossem atirados ao mar e transformados em jangadas. E que as pessoas se agarrassem a estes objetos, já que tampouco havia coletes salva-vidas para todos.

Poucos fizeram isso. Mas todos acabaram indo parar no mar quando o Arctic submergiu por completo, quatro horas após ter colidido com o Vesta. Quando isso aconteceu, um heroico membro da tripulação fiel ao comandante Luce ainda fazia disparos com um pequeno canhão que o navio transportava, justamente para chamar a atenção de outras embarcações, em caso de naufrágio. Em vão. Ninguém escutou os angustiantes pedidos de socorro do vapor.

Antes disso, cenas pavorosas ocorreram a bordo do navio condenado: brigas, traições e até assassinatos na disputa pelos poucos coletes salva-vidas disponíveis, além do estupro de mulheres por homens bêbados, que, cientes de que morreriam afogados, decidiram arrombar o depósito de bebidas do navio e se embriagar, para que isso aliviasse o sofrimento da morte. Nem nos seus piores pesadelos os passageiros do Arctic poderiam imaginar tal sequência de barbáries.

Como a imensa maioria dos passageiros, o comandante Luce afundou junto o barco. Mas, ao contrário deles, teve a sorte de sobreviver, agarrado à enorme roda de pás do vapor que se desprendeu do casco e voltou à superfície, quando o Arctic bateu no fundo do Atlântico. Só que, ironicamente, a mesma pá que o salvou ceifou a vida de seu filho, ao subir com violência à superfície e atingir a cabeça do menino. Outros sobreviventes também se agarraram à peça e ali ficaram, em busca da salvação. Porém, poucos resistiram ao esforço, ao esgotamento e ao cansaço.

Ao longo de dois dias e duas noites, o comandante Luce ficou à deriva no mar, aboletado sobre a única parte do navio que não submergiu, até que foi resgatado por um barco que passava inadvertidamente pela região, já que, na época, as comunicações eram tão precárias que a notícia sobre a colisão dos dois navios só chegaria à Nova York duas semanas após a tragédia.

Quando isso aconteceu, um – apenas um – dos botes salva-vidas do Arctic, o único que continha apenas passageiros (todos homens), foi encontrado e resgatado. Já outros dois botes – aqueles dos tripulantes que os haviam roubado para fugir do naufrágio – foram dar na costa de Terra Nova, no Canadá, onde o comandante Luce também tentara chegar com o navio. De lá, seus ocupantes marcharam até a cidade de St. John, onde custaram a acreditar no que viram: parado no porto da cidade, estava o barco francês que havia colidido com o Arctic – sim, o Vesta não havia afundado, embora isso contrariasse todas as probabilidades.

A explicação para aquele quase fenômeno residira em uma decisão ousada do comandante do Vesta, que, após a colisão, mandou transferir todo o peso da embarcação para a popa (inclusive passageiros), a fim de erguer a proa danificada e assim diminuir a quantidade de água que entrava no casco, enquanto acelerava ao máximo em busca do porto mais próximo. Contribuiu também para o êxito da manobra a estrutura do casco do barco francês, que continha compartimento estanques para impedir a inundação de todos eles ao mesmo tempo.

Graças a isso, apenas alguns ocupantes do Vesta perderam a vida naquele quase naufrágio. Mas o mesmo não pode ser dito do Arctic. Muito pelo contrário.

Nos dias que se seguiram à tragédia, nenhum outro bote salva-vidas do navio foi encontrado, e só alguns poucos passageiros que recorreram às jangadas improvisadas foram resgatados com vida. No total, a macabra contabilidade do naufrágio do vapor americano somou perto de 310 mortes. Apenas 85 pessoas sobreviveram: os 61 tripulantes que haviam fugido nos botes surrupiados e 24 passageiros, todos homens. Nenhuma mulher ou criança escapou do naufrágio, porque não lhes foi permitido acesso ao barcos salva-vidas. Uma tragédia abominável.

Mesmo assim, nenhum inquérito foi instaurado, nem ninguém foi punido. Alguns marinheiros do Arctic, sobreviventes dos botes que foram vetados aos demais passageiros, optaram por se fixar no Canadá e não retornaram aos Estados Unidos, por temerem represálias. Já o tal duque francês passou a ser olhado com desprezo por todos que sabiam como ele havia escapado da tragédia.

O comandante Luce passou o resto da vida amargurado pela perda do filho, pelo naufrágio do barco que comandava, e por ter abandonado, sem prestar socorro, tanto o oficial que mandara para o mar quanto os próprios ocupantes do Vesta, cuja capacidade de flutuação ele também subestimou. E ainda por ter precipitadamente partido, logo após a colisão – caso tivesse ficado junto ao navio danificado, talvez os ocupantes do Arctic pudessem ter passado para o Vesta e se salvado.

Como consolo, restou ao comandante Luce apenas a dúvida se a manobra ousada do comandante do Vesta – erguer a proa da embarcação para poder navegar sem inundar – seria igualmente bem-sucedida caso todos os ocupantes do Arctic tivessem passado para o outro barco, o que aumentaria consideravelmente o peso a bordo.

Já o comportamento da empresa concorrente da Collins, a companhia de navegação Cunard, foi igualmente abjeta. Dias depois da notícia do naufrágio do Arctic, a Cunard promoveu um desrespeitoso desfile nas ruas de Nova York, para promover "a segurança dos seus barcos". As vítimas do Arctic não mereciam tal disparate.

O navio do ouro

A tragédia do Central America só não foi maior do que o valor da carga que ele transportava

Quando estourou a Corrida do Ouro, na Califórnia, em meados do século 19, a movimentação de pessoas entre as costas leste e oeste dos Estados Unidos explodiu. Como ainda não haviam estradas – muito menos automóveis –, e as ferrovias não atravessavam o país inteiro, o principal meio de locomoção de uma costa para a outra eram os navios, quase sempre dois deles na mesma viagem: um para o lado do oceano Pacífico, outro para o trecho do Atlântico, com uma baldeação no meio, de trem, pelo istmo do Panamá, que tampouco naquela época já possuía o seu famoso canal.

Entre 1850 e 1860 muitos navios, quase todos movidos a vapor e com propulsão através de grandes rodas laterais de pás, passaram a operar naquela lucrativa rota, na qual, não raro, as passagens eram pagas com parte do ouro extraído das generosas jazidas do norte da Califórnia. Um desses navios foi o S.S. Central America, que tinha casco de madeira e 280 pés de comprimento, ainda um meio termo entre as escunas e os barcos a motor, como habitual na época.

No dia 3 de setembro de 1857, abarrotado com 477 passageiros, 101 tripulantes e uma preciosa carga, estimada em cerca de 15 toneladas de ouro – que valeriam mais de meio bilhão de dólares, em dinheiro de hoje –, o SS Central America partiu do porto panamenho de Colón, com destino a Nova York, na viagem de retorno dos seus agora ricos ocupantes.

Um par de dias depois, o navio fez uma rápida escala no porto de Havana, em Cuba, e, em seguida, tomou a direção da costa leste americana, rumo a Nova York. Mas jamais chegou lá.

Quando navegava na altura da costa da Carolina do Sul, no dia 9 de setembro, o SS Central America foi colhido por um furacão e começou a fazer água. A princípio, lentamente. Mas a intensidade dos ventos, que nas rajadas beiravam os 100 nós, e o mar em plena convulsão, que arremessava o grande navio de uma onda para outra feito um brinquedo, logo trataram de aumentar o drama daquela viagem.

Dois dias depois, sem conseguir avançar em nenhuma direção, uma vez que a violência do vento não deixava, a caldeira do SS Central America começou a falhar, por conta de um vazamento nas vedações do eixo de sua roda de pás. Por volta do meio-dia, o motor parou de vez de funcionar e, com isso, também as bombas de sucção, que vinham tratando de expulsar toda a água que entrava no casco, por causa daquela interminável tempestade.

Não restou outra alternativa ao comandante do SS Central America, William Herndon, se não hastear a bandeira americana de cabeça para baixo no mastro (um pedido de socorro, de acordo com os códigos marítimos da época), na esperança de que surgisse algum navio para socorrê-lo, e convocar todos os homens (inclusive passageiros) para retirar, com baldes, parte da água que entrava.

A batalha durou uma noite inteira, mas manteve o navio na superfície, apesar do massacre das ondas. Na manhã seguinte, dois navios surgiram no horizonte e se aproximaram para recolher parte dos ocupantes do SS Central America, já então semi-submerso. Todos os botes salva-vidas dos três navios foram lançados ao mar, mas neles só couberam 153 pessoas – quase todas, mulheres e crianças.

Por volta das 20 horas daquela noite, 11 de setembro de 1857, o SS Central America afundou de vez no Atlântico Norte, selando o destino de 425 almas – entre elas, a do comandante William Herndon, que, mais tarde, pela sua bravura e resiliência meio a um furacão de proporções bíblicas, acabaria virando nome de cidade (Herndon, na Virgínia) e de duas naves da Marinha americana.

Com a morte de 425 das 578 pessoas que estavam a bordo, o naufrágio do SS Central America foi um dos mais trágicos da história dos Estados Unidos. E, também, o mais valioso, pelo tipo de carga que a esmagadora maioria de seus passageiros transportava: ouro, muito ouro, extraído das generosas jazidas que então brotavam do solo da Califórnia.

Havia tanto ouro nos porões e cabines do SS Central America que o afundamento do navio desencadeou uma crise financeira nos Estados Unidos, conhecida como o "Pânico de 1857", porque os grandes bancos de Nova York contavam com a entrada de grandes somas do precioso metal para financiar seus projetos.

Nunca se soube a quantidade exata de ouro que havia no SS Central America (chegou-se a falar em 24 toneladas, a maior parte não declarada pelos passageiros, que teriam escondidos as pepitas em suas próprias cabines), mas o que aconteceria mais de 100 anos depois, durante as expedições de resgate nos escombros do naufrágio, deixaria claro que era um número assombroso.

O naufrágio do "Navio do Ouro", como o SS Central America passou a ser chamado, tornou-se muito mais conhecido pela quantidade da preciosa carga que transportava do que pelas centenas de vítimas da tragédia. E, como geralmente acontece quando há algo de muito valioso envolvido em um naufrágio, logo a ganância humana gerou um segundo capítulo na sua história.

A segunda parte da história do SS Central America começou em setembro de 1988, quando um ambicioso e inescrupuloso mergulhador, chamado Tommy Thompson, encontrou os restos do navio a 85 metros de profundidade na costa da Carolina do Sul, após mais de 30 anos de uma obstinada busca financiada por um grupo de investidores privados.

O acordo era que os investidores custeariam as despesas das longas e demoradas operações de busca, feitas com uma espécie de protótipo de um minisubmarino remotamente operado, em troca de uma parte do ouro que o mergulhador encontrasse. Mas Thompson não cumpriu o acordo. Muito pelo contrário.

Quando, finalmente, encontrou os despojos do SS Central America, Thompson tratou de fugir com o ouro que retirou dos escombros, deixando os financiadores a ver navios. Eles recorreram aos tribunais e conseguiram que Thompson fosse declarado culpado por quebra de contrato.

Com isso, Thompson passou a ser considerado fugitivo também da justiça. E assim ficou por 27 anos. Até que, em 2015, foi localizado e preso em um hotel da Flórida, onde morava com a namorada, sempre pagando todas as suas despesas com dinheiro vivo, a fim de não deixar pistas de seu paradeiro. Na ocasião foi apurado que ele mantinha contas bancárias em alguns paraísos fiscais, e que, num deles, nas distantes Ilhas Cook, tinha mais de US$ 4 milhões depositados.

Levado à presença do juiz, Thompson admitiu sua culpa e concordou em pagar uma indenização – no valor de 500 moedas de ouro retiradas do navio –, aos financiadores das buscas, que, no entanto, já haviam sido recompensados, porque a justiça já havia autorizado que um interventor atuasse na antiga empresa de Thompson, a fim de tentar resgatar mais ouro do navio e cobrir os prejuízos dos investidores.

Os resultados foram impressionantes. Cerca de 150 milhões de dólares em ouro foram resgatados dos escombros do SS Central America, e uma única barra, pesando mais de 35 quilos, foi vendida por assombrosos US$ 8 milhões, na mais cara transação do gênero na época.

Tais valores levaram algumas seguradoras – que haviam pago indenizações às famílias das vítimas na época do naufrágio, quase um século e meio antes – a também recorrerem à justiça, alegando terem direito a um ressarcimento. Mas o entendimento foi que todo aquele ouro havia sido "abandonado" pelos interessados no fundo do mar, não cabendo, portanto, direito das seguradoras sobre ele.

Além de muito ouro, as expedições posteriores também encontraram alguns objetos curiosos nos restos do naufrágio do SS Central America, como uma mala de couro, que, a despeito de estar há mais de 130 anos debaixo d´água, ainda mantinha suas formas preservadas. E, dentro dela, havia até charutos e roupas preservadas – uma das peças, uma calça de brim da marca Levi Strauss, muito usada pelos mineradores nas jazidas da Califórnia, foi considerada o jeans mais antigo do mundo, e, anos mais tarde, vendida em leilão pelo equivalente a meio milhão de reais.

Já Thompson também não cumpriu nem o que prometera ao juiz. Numa segunda audiência, ao ser indagado o motivo pelo qual não indenizara os investidores como ordenado, alegou "perda de memória, por conta idade avançada". E, pelo mesmo motivo, disse também não se lembrar mais onde o ouro estava.

Tommy Thompson foi preso e segue na cadeia até hoje. Ou até que decida revelar o paradeiro do ouro que retirou do SS Central America – um navio que acabou por se tornar lendário, tanto pela tragédia do seu naufrágio quanto pelo que aconteceu na busca pelo tesouro que transportava.

Um desafio oceânico

A primeira corrida de barcos à vela no Atlântico Norte teve até mortes

Tudo começou em uma mesa de bar, no Yacht Club de Nova York, em outubro de 1866. Naquela noite, dois magnatas, os americanos Pierre Lorillard e George Osgood, discutiam animadamente sobre as vantagens e desvantagens de veleiros com quilhas fixas (como era o barco de Lorillard), ou móveis (como o de Osgood), quando um deles lançou um desafio: uma corrida oceânica entre os dois barcos, de Nova York à Ilha de Wight, na costa da Inglaterra, algo até então inédito. O outro aceitou na hora.

O acordo ia ser celebrado com duas generosas doses de uísque – além de outras tantas que eles já haviam ingerido –, quando um vizinho de mesa, que estava ouvindo aquela conversa com especial interesse, perguntou se o seu barco também poderia participar do duelo. Ele era James Gordon Bennett Jr., filho e herdeiro do todo poderoso criador do jornal The New York Herald, e dono de uma escuna bastante conhecida na região, a Henrietta.

Lorillard e Osgood se entreolharam, um tanto surpresos com aquela proposta, mas aceitaram. Até porque o Henrietta, embora fosse um barco bastante sólido e estável, com uma quilha fixa que cobria da proa à popa, era sabidamente lento – e velocidade seria um elemento fundamental em uma corrida.

De comum acordo, os três determinaram que cada um deles pagaria 30 mil dólares a título de "inscrição" – um bom dinheiro na época –, e que o vencedor ficaria com tudo. Nenhum deles fez nenhuma objeção. Nem mesmo Bennett Jr., dono do barco menos cotado para a vitória em uma longa e improvável regata transoceânica nas águas quase sempre instáveis do Atlântico Norte no inverno, como os três também acordaram que seria a disputa.

Pouco mais de um mês depois, em 11 de dezembro daquele ano, três barcos – o Vesta, de Lorillard; o Fleetwing, de Osgood; e o Henrietta, de Bennett Jr., todos tripulados por marinheiros profissionais e comandados por capitães contratados – alinharam para a largada daquela que ficaria conhecida como A Grande Corrida de Iates de 1866. Os três desafiantes estavam lá, obviamente. Mas só um deles participaria efetivamente da competição, como tripulante: Bennett Jr., cujo veleiro era uma espécie de patinho feio na disputa. Lorillard e Osgood preferiram permanecer em terra firme enquanto seus contratados disputavam a prova em seus nomes.

Mesmo assim, tal qual seus rivais, Bennett Jr. contratara um capitão bastante experiente para comandar seu barco: o americano Samuel Samuels, que detinha o recorde da travessia do Atlântico Norte, com 9 dias e 17 horas, feito alcançado com o cliper cargueiro Dreadnought, que ele mesmo ajudara a construir. Samuels era um dos dois trunfos com os quais Bennett Jr. contava para vencer a prova. O outro era o próprio Henrietta, um barco lento, mas confiável e resistente. E isso – ele acreditava – faria toda diferença no inclemente mar de inverno do Atlântico Norte.

Como previsto, a travessia foi dura, com muito frio, ventos fortes e grandes ondas lambendo os conveses dos barcos. Mas estava equilibrada, embora apenas entre dois dos três barcos: o Vesta e o Fleetwing, que, durante quase duas semanas, passaram dias e noites navegando quase lado a lado. Já o Henrietta seguia sempre atrás, mas não muito distante dos rivais, à espera de alguma oportunidade.

E ela surgiu, na forma de seguidas tempestades, quando os três barcos começaram a se aproximar da costa inglesa. Com o casco mais estável e menos sujeito aos solavancos nas ondas, graças ao seu sistema de quilha integral – no qual nem Lorillard nem Osgood acreditavam –, o Henrietta passou a render bem mais que seus rivais e os ultrapassou quando ainda restavam alguns dias para cruzar a linha de chegada.

Mas, para isso, também contribuiu uma tragédia. No dia 20 de dezembro, quando tentava avançar o máximo que podia em meio a grandes ondas, o convés do Fleetwing foi varrido por uma delas, e oito dos seus 22 tripulantes foram parar no mar – e só dois foram resgatados.

O desaparecimento de seis companheiros afetou emocionalmente os tripulantes do Fleetwing, que ficaram sem ânimo para tentar recuperar a liderança da competição. Na verdade, eles dificilmente conseguiriam isso, porque, na reta final, o Henriette disparou na frente e cruzou a linha de chegada no dia de Natal, após 13 dias e 22 horas de navegação, com uma vantagem de oito horas sobre o segundo colocado, o Fleetwing, de Pierre Lorillard – que, por sua vez, chegou pouca coisa à frente do Vesta, de George Osgood.

O "patinho feio" havia vencido não só o desafio, como, também, a descrença. E seu capitão, Samuel Samuels, entrou para a história como o principal responsável pela vitória em um confronto que inaugurou uma nova era nas competições náuticas: a das regatas transoceânicas – embora a morte daqueles seis competidores tenha deixado claro que o inverno no Atlântico Norte, definitivamente, não era a melhor época para uma corrida de barcos à vela de uma ponta a outra do oceano.

Na chegada, o dono do barco vencedor tomou uma decisão inesperada. Com parte do dinheiro do prêmio pela vitória, James Gordon Bennett Jr. comprou, por 65 mil dólares, a escuna segundo colocada, reconhecendo assim que, apesar de ter sido derrotada, tratava-se de um bom barco – independentemente do tipo de quilha que usava.

Dizem que foi com aquele gesto de Bennett Jr. que teve início a tradição de elegância e fairplay entre os competidores de regatas, o que se mantém até hoje.

Faltou combustível

Não havia carvão suficiente para o vapor chegar ao porto. E a solução foi pior ainda

O Atlantic foi um dos primeiros navios de luxo a vapor a operar regularmente a rota entre a Inglaterra e os Estados Unidos, e já havia feito diversas travessias quando zarpou, uma vez mais, de Liverpool para Nova York, no final de março de 1873.

Com base na experiência adquiridas nas viagens anteriores, ele foi abastecido com 967 toneladas de carvão para alimentar suas caldeiras, o que, frente a um consumo médio diário de 60 toneladas, daria para 16 dias de navegação – mais que os habituais 12 dias das travessias anteriores, nas quais costumavam ser consumidas menos de 750 toneladas daquele combustível sólido. Portanto, em tese, havia carvão de sobra. Mas não foi o que aconteceu na prática.

No décimo primeiro dia daquela travessia – e ainda restando três para chegar à Nova York –, o engenheiro-chefe do Atlantic, John Foxley, deu o alerta de que o navio estava consumindo mais carvão do que o previsto, consequência das seguidas tormentas que enfrentara na travessia e que exigiram mais potência das caldeiras, além de uma duvidosa qualidade do carvão utilizado. De acordo com ele, o estoque de carvão que restava nos porões (pouco mais de 120 toneladas, suficientes para apenas dois dias de navegação), não daria para terminar a viagem, uma vez que ainda estavam a quase 500 milhas de Nova York.

Com base nisso, o comandante James Williams tomou uma decisão tão acertada quanto polêmica: ordenou que o navio mudasse de rumo e seguisse para o porto mais próximo, o de Halifax, na costa leste do Canadá, a cerca de 200 milhas de distância – metade do que faltava para chegar ao seu destino final.

Parecia uma medida prudente. Em Halifax, o navio seria reabastecido de carvão e seguiria viagem. Mas havia um perigoso detalhe: nem o capitão nem nenhum tripulante do Atlantic jamais havia estado no porto de Halifax, famoso por ser precedido por uma perigosa bancada de pedras submersas. Além disso, ao tomar a decisão de alterar o rumo da jornada em busca de mais carvão, o capitão Williams ignorou a principal característica do próprio navio que comandava: o fato de, além da propulsão mecânica, ele também possuir velas, como era comum nas primeiras embarcações a vapor, já que pairava certa desconfiança quanto à novidade.

Bastaria, portanto, diminuir o ritmo das caldeiras e aumentar a proporção da navegação à vela para que o Atlantic chegasse em segurança ao porto de Nova York, ainda que com algum atraso. Mas, aparentemente, o comandante Williams não considerou a hipótese e determinou que o navio rumasse para Halifax, apesar do desconhecimento geral da tripulação das peculiaridades do porto da cidade.

Na noite de 31 de março, quando o Atlantic – com 952 pessoas a bordo, sendo 811 passageiros e 141 tripulantes – se aproximava do porto canadense, o capitão Williams, que sofria de frequentes dores nas pernas desde que fora praticamente esmagado em num incidente em outro navio, anos antes, foi descansar em sua cabine, com ordens de que fosse acordado três horas depois, quando estivessem se aproximando da parte mais crítica daquela escala não prevista.

Pouco antes disso, um denso nevoeiro se abateu sobre toda a região, diminuindo a visibilidade para míseros metros. Preocupado, o segundo oficial do Atlantic decidiu acordar o capitão mais cedo, por precaução. Mas o comandante Williams, que havia tomado algumas pílulas contra a dor antes de deitar, seguiu dormindo, o que deu a entender a tripulação que ele não queria ser incomodado, apesar da ordem anteriormente dada.

Mesmo na hora marcada, ninguém ousou despertá-lo. Só quando os vigias começaram a ouvir barulhos de ondas quebrando em meio à densa neblina – situação agravada ainda mais por uma mudança na direção dos ventos, que passaram a empurrar o navio exatamente na direção daqueles assustadores ruídos – é que o segundo oficial decidiu acordar o capitão a qualquer custo. Ainda grogue pelo sono e pelos medicamentos que tomara, o comandante Williams foi para a ponte de comando e assumiu o navio. Mas já era tarde demais.

Apesar da baixíssima velocidade e de ter conseguido desviar ligeiramente da direção onde as ondas quebravam com mais intensidade, o Atlantic, cego pela neblina, atropelou as pedras semi-submersas de Cabo Prospect, uma proeminente península que marca a entrada do porto de Halifax, danificou seriamente a popa e começou a verter água em grande quantidade para dentro do casco, matando, na hora, os passageiros que dormiam nas cabines inferiores. Era o amanhecer do dia 1º de abril. Mas, apesar da data universalmente conhecida como Dia da Mentira, aquele prenúncio de tragédia era assustadoramente real.

Vendo que o Atlantic estava irremediavelmente perdido, fortemente cravado nas rochas semi-submersas do cabo, o comandante Williams deu ordem de abandonar o navio. Mas isso não foi possível, porque os botes salva-vidas que estavam a bombordo haviam sido danificados na colisão, e os de boreste logo passaram a ser assolados pelas ondas, que passaram a quebrar também sobre aquela parte da barreira de pedras. Desembarcar pelo mar era impossível.

A única alternativa seria "atravessar" sobre as ondas até uma grande rocha saliente que formava uma espécie de ilha entre o navio e o Cabo

Prospect, cujo penhasco jazia ali ao lado. Mas para isso era preciso, primeiro, esticar um cabo-guia entre o Atlantic e a rocha. Quatro tripulantes que sabiam nadar (algo não tão comum assim entre os marinheiros do século 19) foram escolhidos para a missão. Eles amarraram cordas nas cinturas e nadaram até a grande pedra. Dois deles conseguiram, enquanto outros dois foram engolidos pelas ondas.

Com os cabos instalados, teve início a evacuação dos passageiros. Mas só dos homens, já que as mulheres e crianças não tinham força suficiente para deslizar sobre o mar usando apenas os braços. Ainda assim, muitos despencaram no mar, aumentando a cada instante a macabra contabilidade do desastre.

Uma parte dos sobreviventes passou a noite sobre a rocha, sofrendo com o frio potencializado pelo vento gelado, enquanto outra, formada essencialmente por mulheres e crianças, além da tripulação do Atlantic, permaneceu no navio cada vez mais submerso no mar. Foi uma noite dura e sofrida para os dois grupos.

Na manhã seguinte, um solitário morador da região surgiu na beira do penhasco, viu o navio sinistrado, bem como o grupo de homens empoleirados sobre a rocha, e pediu socorro. Barcos de pescadores chegaram horas depois e, mediante oferta de recompensa de 500 dólares para cada grupo de náufragos resgatados feita pelo comandante Williams (que também pediu prioridade para as mulheres e crianças que estavam no navio, mas não foi atendido), conseguiram salvar cerca de 500 pessoas – uma delas, o próprio capitão Williams, enquanto a imensa maioria de mulheres e crianças morreu afogada ou de frio. Só uma criança sobreviveu ao desastre do Atlantic e ao cruel resgate seletivo que se seguiu.

No dia seguinte, o capitão Williams ofereceu outra recompensa aos mergulhadores que chegaram para tentar resgatar parte da carga que o navio transportava. Desta vez, 59 dólares por cada cadáver recuperado de dentro do casco. Nos dias subsequentes, foram resgatados 42 corpos, e outros 225 foram dar nas praias de Halifax – quase todos mulheres e crianças.

No total, das quase mil pessoas que havia no Atlantic, apenas 392 sobreviveram. Nada menos que 585 morreram, naquele que se tornaria o segundo acidente mais letal da história marítima dos Estados Unidos até então, já que a imensa maioria dos passageiros eram americanos que retornavam de uma temporada na Europa.

Dias depois, as imagens de uma escuna partindo de Halifax com destino à Nova York lotada de caixões chocou a opinião pública americana, que passou a imputar toda a culpa do acidente ao capitão Williams. E esta foi, também, a conclusão do primeiro inquérito que analisou o caso.

De acordo com os investigadores, o capitão não só errara ao não priorizar o resgate das mulheres e crianças, como também falhara ao permitir que o navio partisse da Inglaterra com pouco carvão para as caldeiras – sem falar no risco que assumira ao optar por entrar em um porto sabidamente perigoso, no qual ele jamais havia estado.

Mas o capitão e empresa dona do Atlantic, a poderosa White Star, se defenderam, alegando que a quantidade de carvão que fora embarcada tomara como base as travessias anteriores, e que o maior consumo fora decorrência do mau tempo, não de falha no planejamento da viagem. Não adiantou. Um segundo inquérito chegou a mesma conclusão.

A White Star não desistiu e recorreu a uma instância superior, usando desta vez toda a sua capacidade de pressão comercial, já que era a maior companhia do setor. Seis meses depois, saiu a decisão do Tribunal Marítimo: tanto o capitão Williams quanto a empresa foram absolvidos de qualquer responsabilidade no desastre, que passou a ser oficialmente registrado como uma mera fatalidade.

Os interesses comerciais falaram mais alto.

A mão misteriosa

Como um membro decepado encontrado na areia da praia deixou a Polícia desorientada

No final da manhã de 11 de outubro de 1885, um garoto caminhava pelas areias da então deserta praia Summer, na cidade de Christchurch, na Nova Zelândia, quando viu uma pilha de roupas, com um relógio e uma corrente de pescoço com uma medalha na qual estava gravada as iniciais "A.H.", como se o dono daqueles objetos tivesse entrado no mar para nadar. Mas ele olhou ao redor e não viu ninguém na água.

Intrigado, o menino avisou a Polícia, que rapidamente identificou a quem pertenciam aqueles objetos: Arthur Howard, um funcionário da ferrovia local, que, a caminho da praia, fizera questão de comentar com algumas pessoas que iria nadar. A Polícia, então, foi até a casa de Howard e confirmou com sua esposa, Sarah, que o marido "acordara cedo, dizendo que ia à praia, antes de trabalhar". Com base nisso, os policiais deram a triste notícia à jovem viúva: Howard havia desaparecido no mar. Possivelmente, morrido afogado.

Durante dias, a Polícia vasculhou o mar da região em busca de pistas ou do corpo do ferroviário. Mas nada encontrou. Exceto que ele, estranhamente, havia feito três seguros de vida, nomeando como única beneficiária a sua esposa – que, àquelas alturas, já havia entrado com os pedidos de indenização. As seguradoras, no entanto, negaram os pagamentos, sob a alegação de que só fariam isso depois que a Polícia – que já suspeitava de algum tipo de fraude – confirmasse a morte do segurado.

O passo seguinte de Sarah foi publicar um anúncio no jornal da cidade, oferecendo uma pequena recompensa em dinheiro, para quem achasse "o corpo do marido, ou parte dele". Mas ninguém apareceu com nada que comprovasse a morte de Howard, e o caso caiu em um quase esquecimento.

Dois meses depois, no entanto, um homem chegou à delegacia de Christchurch com algo enrolado em um pano. Era uma mão humana, que ele alegara ter encontrado na beira da praia Summer – a mesma na qual Arthur Howard "desaparecera", tempos antes. E o membro continha um anel, também gravado com as iniciais "A.H.".

A Polícia voltou à casa do ferroviário e indagou Sarah se ele usava um anel no dia do seu "desaparecimento", algo que ela não mencionara antes. Ela disse que "sim", mas que "esquecera" de contar isso. Assim que viu o membro decepado – o que comprovava a morte do marido –, Sarah confirmou que aquela mão era de Howard. Mas não era.

Ao mesmo tempo em que um joalheiro consultado pela Polícia afirmava que aquela gravação existente no anel era "recente" e "feita por um amador", um perito legista ia mais longe e garantia que aquela mão jamais poderia ser a de Howard, pois se tratava de uma mão feminina.

A Polícia, cada vez mais confusa, foi atrás do homem que dizia ter achado a tal mão na beira da praia, e, após um longo interrogatório, ele admitiu que mentira: o membro lhe fora entregue por um homem não identificado, que dissera que havia uma recompensa para quem o entregasse à Polícia. O homem misterioso também dissera que não queria entregar o membro às autoridades por ser "uma pessoa influente na sociedade local".

Atraído pela oferta de um dinheiro fácil, o homem foi a delegacia, mentiu, e, em vez da recompensa – um disfarce para convencer as seguradoras sobre a morte de Howard –, acabou preso, por falso testemunho. Em seguida o próprio Howard foi preso, ao ser encontrado circulando com nome falso pelas ruas de Wellington, capital da Nova Zelândia. Bem como sua mulher, por cumplicidade criminosa. Mas, e aquela mão? A quem ela pertencera?

Como tanto Howard quanto Sarah se recusaram a contar sobre a origem do membro decepado, a Polícia seguiu investigando e chegou a testemunhas que contaram ter visto Howard no funeral de Helen Rayner, uma moradora de uma cidade vizinha a Christchurch, que havia morrido pouco antes do "desaparecimento" do ferroviário na praia.

A dedução foi que ele teria se aproveitado do enterro recente da mulher para decepar a mão do cadáver. Apesar dos protestos de familiares, o corpo de Helen Rayner foi exumado e – surpresa! – continha as duas mãos.

Ainda mais desorientada, a Polícia passou a desenterrar outros cadáveres mais ou menos recentes, em busca da dona daquele misterioso membro amputado. Mas não achou nada. Tampouco Howard e Sarah mudaram sua decisão de não revelar a quem aquela mão pertencera.

Consta que Howard só contou a identidade da única vítima daquele caso – a dona da tal mão misteriosa, que, no entanto, já estava morta quando teve o membro decepado – com o juiz que condenou o casal a uma branda pena de dois anos de prisão. A razão para uma pena tão pequena para algo de tamanha repercussão foi que aquele crime, que parecia envolver a morte de alguém, não passara de uma engenhosa tentativa do velho golpe do seguro.

Que quase deu certo.

Dois barcos com o mesmo nome?

Sim. Mas qual deles era o verdadeiro?

O o passado, os americanos tinham o hábito de batizar seus barcos com o nome quase completo de alguém – geralmente o do próprio dono. Quando muito, substituíam o nome do meio pela inicial, de forma que eles não ficassem grandes demais. Além de uma homenagem, o hábito era, também, uma forma de diferenciar um barco do outro, para que não houvessem dois barcos com o mesmo nome, o que poderia gerar confusões. Mesmo assim, elas ocorriam.

Foi o que aconteceu no caso da escuna cargueira americana Charles B. Kinney, que partiu do porto de Townsend, no estado de Washington, com destino à Austrália, em 20 de novembro de 1886, e desapareceu, ao que tudo indica, ali próximo, já que não foi mais vista em nenhum outro ponto da costa oeste americana.

A teoria do desaparecimento logo após a partida foi reforçada pelo fato de que, meses depois, um dos rebocadores de Townsend encontrou os restos de um grande barco totalmente submerso e bastante danificado na região próxima ao Cabo Beale, onde só havia um solitário farol e seu faroleiro, a pouco mais de 100 quilômetros do porto.

Na ocasião, a única identificação possível daquele casco sinistrado foram dois pedaços de madeira, do tipo usado para gravar os nomes dos barcos, com uma letra em cada um deles: "C" e "E". Deduziu-se, então, que aqueles eram os restos da Charles B. Kinney, cujos tripulantes haviam desaparecido junto com o barco. E o mistério do sumiço da escuna foi dado como solucionado.

Tempos depois, no entanto, durante uma caminhada pela costeira do farol, o faroleiro do mesmo Cabo Beale viu, ao longe, apesar do mar revolto, o que parecia ser um grande casco de madeira semissoçobrado, só com a ponta dos mastros fora d´água. Mas, antes que ele pudesse averiguar de perto – o que dependeria de uma melhora nas condições do mar –, o tal casco foi destruído pelas ondas, e apenas pedaços de madeira foram dar na praia, trazidos pela maré. E, em um deles, estava escrito "Charles B.".

Seria o mesmo barco encontrado pelo rebocador meses antes, embora a localização de cada naufrágio fosse distinta? Teriam as marés movimentado os escombros de um lugar para outro? Seriam dois barcos diferentes, mas com nomes semelhantes, que tinham afundado na mesma época e na mesma região? Se um deles fora o verdadeiro Charles B. Kinney, qual dos dois seria? E o outro barco, que nunca ninguém sentiu falta? Todas estas perguntas ficaram para sempre sem uma resposta.

No caso da escuna Charles B. Kinney, nem o seu extenso nome ajudou a decifrar o enigma.

Onde foi parar o preso?

Quando era levado de volta para a prisão, o ex-presidiário desapareceu do navio

Durante uma ronda noturna de rotina pelas ruas de Auckland, a principal cidade da Nova Zelândia, em abril de 1888, um inspetor de polícia estranhou um movimento suspeito em uma velha casa abandonada e decidiu investigar.

Dentro dela, encontrou o italiano Francis Gasparini, que lhe contou uma história tocante: a de como escapara dos horrores de uma prisão francesa na ilha de Nova Caledônia, a mais de 1 500 quilômetros de distância, pelo mar, a bordo de um precário barquinho, após uma travessia de semanas à fio enfrentando seguidas tempestades, na companhia de outro presidiário, que, no entanto, sumira assim que os dois chegaram naquela cidade.

A história sensibilizou o policial, que não deteve o invasor daquela casa abandonada, mas ordenou que ele se apresentasse no dia seguinte na delegacia, para maiores esclarecimentos. E Gasparini se apresentou

– para, imediatamente, ser detido, acusado de suspeita de roubos e receptações de mercadorias furtadas, mesmos crimes que o teriam levado para aquela prisão francesa, na ilha de Nova Caledônia.

Quem contou isso à Polícia fora seu companheiro de fuga, Remi Cury, que também havia sido detido naquela noite por outro policial, e que se defendera acusando o colega. Afirmara que Gasparini era, sim, um criminoso, enquanto ele havia sido preso apenas por questões financeiras.

Na dúvida, a Polícia deteve os dois, e avisou o cônsul francês, que – após confirmar a fuga dos presos da penitenciária da Nova Caledônia – exigiu que eles fossem deportados para a ilha de onde haviam escapado. Gasparini e Cury, então, entraram com um pedido de asilo na Nova Zelândia, alegando que o tratamento naquela prisão francesa era desumano, e que, se fossem mandados de volta para lá, certamente seriam mortos.

Foi quando entrou em cena o ex-prefeito de Wellington, segunda maior cidade do país, George Fisher, uma espécie de líder da comunidade italiana da Nova Zelândia, e que conhecia bem a má reputação daquela penitenciária francesa. Ele também se sensibilizou com a história de Gasparini e decidiu ajudá-lo a permanecer no país, a despeito da ira que isso despertara no cônsul francês.

Mas a manobra não trouxe resultados. Levado à justiça, o caso de Gasparini foi julgado e o asilo negado, porque os crimes que ele cometera eram passíveis de prisão também na Nova Zelândia. Já Cury foi solto, porque, pelas leis neozelandesas, ele nada fizera de errado. E lhe foi permitido permanecer no país, ao contrário de Gasparini, que recebeu ordem para ser extraditado. Mas a extradição teria que ser feita a partir da Austrália, já que a Nova Zelândia não tinha um serviço regular de barcos para a Nova Caledônia.

No dia 11 de agosto daquele ano, escoltado pelo mesmo policial que lhe abordara antes de ser detido – e sob protestos do cônsul francês, que, já bastante incomodado com a soltura de Cury, exigia que o outro fugitivo viajasse algemado, o que a Polícia julgou desnecessário –, Gasparini foi embarcado no vapor Walatipu, com destino à Sydney, onde seria transferido para outro navio, rumo à prisão. Mas isso nunca aconteceu. Gasparini desapareceu de sua cabine na noite anterior à chegada do vapor ao porto australiano.

Horas antes do misterioso sumiço do preso, o policial que o escoltava declarou ter ido à sua cabine e o visto deitado na cama. Mais tarde, quando ficou claro que o preso havia desaparecido, o policial, na companhia do capitão e do carpinteiro do navio, vasculhou o Walatipu de cabo a rabo. Em vão. Nenhum sinal de Gasparini foi encontrado, o que foi testemunhado pelos seus dois acompanhantes.

A conclusão, um tanto óbvia, foi que, entre voltar para a prisão ou se atirar ao mar, o ex-presidiário havia optado pela segunda opção, o que, ainda assim, irritou o cônsul francês, que tanto queria o retorno de Gasparini à prisão e exigira que ele viajasse algemado.

Com a dedução de que Gasparini havia se suicidado, o caso foi dado como encerrado. E assim ficou por anos a fio.

Até que, muito tempo depois, uma carta escrita pelo próprio Gasparini, e vinda dos Estados Unidos, chegou ao escritório do líder da comunidade italiana na Nova Zelândia, George Fisher. Nela o ex-presidiário, que há muito havia sido dado como morto, contava como tinha escapado do Walatipu e desembarcado sorrateiramente em Sydney, como parte da carga do vapor. Ele estava dentro de um caixote de madeira, construído pelo próprio marceneiro do navio – o mesmo que "ajudara" o policial naquela vistoria, na noite do desaparecimento do preso.

Nunca ficou provado que também o policial estivesse mancomunado com Gasparini e o marceneiro do Walatipu, no audacioso plano de fuga do presidiário. Até porque havia o testemunho isento do capitão do navio de que o passageiro havia, de fato, sumido. Mas, sintomaticamente, tempos depois, o ex-prefeito de Wellington, George Fisher, foi homenageado pelo governo da Itália, "por seu empenho em defender a comunidade italiana na Nova Zelândia".

Para o indignado cônsul francês, aquilo foi uma prova cabal de que ele havia sido feito de bobo no episódio do esperto presidiário Francis Gasparini.

Morreu do quê?

Nunca se soube o motivo da morte do capitão que não queria abandonar o seu barco

Quando o fogo consumiu integralmente a escuna americana Richard P. Buck, no mar das Ilhas Bermudas, em 1889, o capitão Jesse Carver sofreu mais um duro golpe. Seu currículo já registrava dois naufrágios e, embora ele não tivesse culpa nos incidentes, a perda de mais um barco agravava ainda mais sua situação financeira, já bastante comprometida.

Mas, como era tido como um capitão competente, Carver tinha boa reputação – e crédito – nos estaleiros de Maine, onde vivia. Assim sendo, ele logo conseguiu ter um novo barco, o St. Mary, uma grande escuna com casco de madeira e 242 pés de comprimento, com a qual esperava sair daquela insolvência financeira, realizando viagens cargueiras entre as costas leste e oeste americana – o que, naquela época, era feito contornando toda a América do Sul, até o Cabo Horn. Mas o seu sonho não passou da primeira viagem.

Logo na travessia inaugural, no ano seguinte, 1891, o St. Mary foi atingido por outro barco americano, o Magellan, durante um denso nevoeiro nas imediações do Cabo Horn, ficando bastante avariado – o outro cargueiro, afundou na hora.

Temendo que seu barco tivesse o mesmo destino, o capitão Carver tratou de rumar rapidamente para o porto mais próximo, em Stanley, nas Ilhas Falklands (Ilhas Malvinas, para os argentinos), para reparos. Mas ao se aproximar das ilhas, o vento aumentou subitamente e a tormenta arremessou o St. Mary de encontro à costa, onde ficou encalhado.

Ninguém se feriu no episódio, e toda a tripulação do St. Mary buscou abrigo em uma fazenda próxima – menos o capitão Carver, que se recusou a deixar o barco, sob o argumento de que já havia perdido três deles "e aquele não seria o quarto".

De nada adiantaram as tentativas dos tripulantes de convencer o comandante de que não seria ele que conseguiria evitar que a escuna afundasse com o tempo. Carver estava irredutível na sua decisão de não abandonar o barco, mesmo não tendo como tirá-lo dali. E chegou a ameaçar os tripulantes com um revólver, caso eles decidissem levá-lo à força para terra firme.

Sem outra opção, os marinheiros partiram no bote salva-vidas, deixando o comandante sozinho no barco condenado. No dia seguinte uma parte deles voltou para tentar convencê-lo. Porém, já era tarde.

Ao entrar na cabine, o marceneiro do St. Mary encontrou o capitão morto, caído no chão, com a boca cheia de espuma – mas sem nenhum ferimento, muito menos causado por um disparo da arma de fogo, como a que ele usara para ameaçar seus comandados no dia anterior. Entre falir de vez ou tirar a própria vida, parecia claro que o capitão Carver optara pela segunda alternativa. Mas como ele se suicidara?

Nunca se soube. Nem mesmo se foi um suicídio. A precária necrópsia feita no corpo do capitão pelo único médico de Stanley atestou que Carver teria sofrido "um colapso cardíaco desencadeado pelo estresse de perder seu barco". Se foi isso mesmo que aconteceu, talvez tenha sido o único golpe de sorte do infeliz comandante, que não precisou tirar a própria vida, deixando que a natureza se encarregasse disso.

A enigmática causa da morte do capitão Carver (teria ele ingerido veneno, bebido algo tóxico ou sido vítima de um providencial ataque cardíaco, como atestado na sua certidão de óbito?) até hoje, quase um século e meio depois, instiga a imaginação dos visitantes do Museu Marítimo do Maine, para onde parte dos destroços do St. Mary foram levados, em 1978, após serem resgatados a milhares de milhas de distância, como uma homenagem ao seu infeliz comandante, que, entre perder o barco ou a vida, aparentemente optou pelas duas coisas.

O Drácula do mar

A história do barco que deu origem a uma lenda

O ritmo intenso de trabalho levou o escritor irlandês Bram Stoker a decidir passar uma temporada de férias em um pequeno povoado da costa nordeste da Inglaterra, chamado Whitby, em julho de 1890. Ali, entre passeios diários pelo povoado e visitas às escarpas que se debruçavam sobre a praia e o porto da cidade, Stoker ficou sabendo de um episódio um tanto dramático envolvendo um barco russo, chamado Dmitry, cinco anos antes.

O Dmitry era uma escuna de madeira movida a vela, como todos os barcos da época, que havia zarpado da então cidade russa de Varna (hoje pertencente a Estônia), praticamente vazio, com destino ao porto de Antuérpia, na Bélgica, onde seria carregado para a viagem de volta. Mas, ao chegar à costa inglesa, a tripulação do Dmitry, composta por sete homens, foi surpreendida por uma sequência de tempestades, ventos fortes e chuvas intensas, que levaram o comandante da embarcação a buscar abrigo no porto natural de Whitby na noite de 24 de outubro de 1885, medida também adotada por outros barcos.

Um deles, a também escuna cargueira Mary and Agnes, que navegava milhas à frente do Dmitry, não teve sorte e encalhou na entrada do porto. Isso fez com que uma equipe de socorro, que acompanhava tudo à distância, do alto do promontório da cidade, colocasse um bote no mar e fosse resgatar os tripulantes, o que foi feito sem maiores problemas.

Outro bote já estava sendo preparado para fazer o mesmo, a fim de socorrer os tripulantes do Dmitry, que parecia fadado ao mesmo destino. Mas não foi preciso. Mesmo debaixo de uma chuva de raios e fortes ventanias, o Dmitry conseguiu entrar no porto de Whitby e ancorar diante da praia, graças a habilidade do seu comandante. O pior parecia ter passado. Mas não.

Na manhã seguinte, a maré subiu rapidamente com força e arrancou a escuna do ancoradouro, arremessando-a na praia, onde passou a ser espancada pelas ondas. O massacre durou pouco. Logo os mastros do Dmitry desabaram e sua tripulação, agora sim com a ajuda dos moradores locais, abandonou o barco, que, semidestruído, foi parar em cima da areia. A embarcação ficou diante da longa escadaria que conduzia ao topo de uma escarpa, onde havia uma antiga abadia com um cemitério desativado ao lado. E foi por ali que os náufragos chegaram à vila. Não houve vítimas.

Embora o episódio do Dmitry tenha tido um final até feliz, com todos os seus ocupantes salvos, o escritor visitante se interessou por aquela história: um sombrio barco do leste europeu chegando à Inglaterra durante uma noite de tempestade e encontrando seu fim bem diante de uma sinistra escadaria que levava às ruínas de uma velha abadia ao lado de um cemitério abandonado – um cenário perfeito para estimular a mente criativa de Stoker.

Ele, então, começou a tomar nota de nomes e detalhes, além de visitar atentamente as ruínas da abadia, o cemitério e a biblioteca da cidade. Lá, Stoker encontrou um livro, escrito por um ex-cônsul britânico na Valáquia (atual Romênia), que narrava a história de um príncipe do século 15 que tinha o pavoroso hábito de empalar seus inimigos em estacas de madeira. Seu nome era Vlad Tepes – muito mais conhecido como "Drakul", ou "Filho do Dragão" – que também significava "Diabo" –, na língua local.

Pronto. Stoker já tinha o roteiro da sua futura obra. O livro contaria a história de uma criatura monstruosa que chega à Inglaterra vinda da Romênia em uma noite tempestuosa, a bordo de um barco condenado, e se esconde em um cemitério abandonado, de onde passa a aterrorizar os moradores da cidade – a história, enfim, de Drácula, o Príncipe das Trevas, que, sete anos depois, ao ser lançado, se tornaria uma das principais obras-primas da literatura gótica de todos os tempos, e origem de todas as lendas sobre vampiros.

Aquelas férias de Bram Stoker em um pequeno e esquecido povoado da costa inglesa não poderiam ter sido mais proveitosas.

Velejando, pelo prazer de navegar

O pioneiro do iatismo que morreu fazendo o que mais gostava de fazer no mar

No início da noite de 15 de junho de 1891, pescadores franceses da região de Beuzeval, às margens do Canal da Mancha, recolhiam suas redes quando viram se aproximar um pequeno barco a vela. Nele havia um homem debruçado sobre o timão. Como de hábito, acenaram, amistosamente. Mas aquele estranho sujeito não retribuiu a saudação.

Mais estranho ainda é que aquele homem, ao contrário de todos os donos de barcos daquele tipo e porte na época, não estava pescando nem puxava uma rede, o que deixou os pescadores intrigados – por qual motivo alguém iria para o mar com um pequeno barco se não fosse para pescar?

Dois deles resolveram se aproximar e – surpresa ainda maior – viram que aquele homem, um senhor de barba branca, bem vestido, na casa dos 60 anos de idade, estava morto, caído sobre o timão – enquanto o barco seguia navegando sozinho, empurrado pelo vento.

Como a Polícia apurou ao ser chamada pelos pescadores, o homem em questão era o inglês Richard McMullen, um bem-sucedido corretor da bolsa de valores de Londres, que morrera de ataque cardíaco 24 horas antes, quando velejava com seu barquinho, o Perseus, de apenas 27 pés de comprimento. E ele estava navegando pelo simples prazer de velejar, algo que, até então, praticamente ninguém fazia.

Naquela época, final do século 19, barcos eram vistos apenas como um meio de transporte ou de ganhar a vida no mar – não como uma forma de lazer, como o pioneiro McMullen passou a usá-los em seus momentos de folga. Na volta dos passeios, ele contava aos amigos o que tinha visto no mar, estimulando que eles comprassem um barco e fizessem o mesmo.

McMullen também escrevia sobre os prazeres da navegação, o que, mais tarde, resultou no livro Descendo o Canal, praticamente o primeiro do gênero na Inglaterra. Nele, o inglês narrava como era prazeroso navegar ao redor da Grã-Bretanha, algo que ninguém fazia se não houvesse um bom motivo para isso – como os povos da antiguidade, que se locomoviam de um lugar para outro por pura necessidade, e não pelo simples prazer de conhecer outros lugares.

De certa forma, à McMullen é atribuído o surgimento do iatismo com pequenos veleiros como uma atividade de lazer, além de alguns valiosos conceitos de navegação que ainda persistem. Como aquele que prega que, em caso de mau tempo, é mais seguro permanecer no mar aberto do que voltar para a costa e tentar retornar ao porto, onde os riscos são sempre maiores.

No mar, Richard McMullen foi um homem à frente de seu tempo. E morreu fazendo o que mais gostava: velejar, pelo simples prazer de navegar com um barco a vela.

A culpa foi da calmaria

O mar estava tão tranquilo que nem a boia sinalizadora impediu o desastre

No passado, quando os recursos eram limitados e as cartas náuticas precárias, sinalizar com boias os pontos mais perigosos das rotas mais movimentadas, como as entradas e saídas de portos, era a única forma de tentar evitar acidentes – artifício que, até hoje, apesar de toda a tecnologia, ainda é utilizado em todo o mundo. Quase sempre dava certo, desde que as condições climáticas permitissem aos capitães enxergarem as boias, o que não costumava acontecer à noite ou sob denso nevoeiro.

Para solucionar este problema, a saída foi adaptar sinos nas boias, de forma que eles emitissem sons ao serem sacudidos pelo mar. Mas havia uma situação em que isso não ajudava. Foi o que o vapor americano San Pedro descobriu, da pior forma possível, no final de novembro de

1891, ao se aproximar do porto da Ilha Victoria, na fronteira oeste entre Estados Unidos e Canadá.

Eram oito da noite, havia um pouco de nevoeiro, mas o mar estava liso feito uma mesa quando o vapor San Pedro, que tinha casco de aço e vinha de San Francisco com um carregamento de carvão, se aproximou das Ilhas Trial, um agrupamento de traiçoeiras ilhotas bem na entrada do Golfo da Columbia Britânica, rodeadas por recifes que quase afloravam na superfície nas marés mais baixas – e que, por isso mesmo, após causarem uma série de naufrágios, haviam recebido boias sinalizadoras.

O capitão do San Pedro sabia disso. E, ao se aproximar das Ilhas Trial na escuridão daquela noite de inverno, ficou procurando avidamente as tais boias sinalizadoras. Mas ele só encontrou uma delas quando seu navio já estava aboletado sobre as pedras do recife de Brotchie, com um grande rasgo no casco. Nem mesmo a chegada de dois rebocadores, e a remoção de todo o carvão dos porões, a fim de aliviar o peso do barco, conseguiu tirar o vapor de cima das pedras.

Não restou outra alternativa ao capitão a não ser dar seu navio como perdido. E tudo porque, até então, ninguém havia se dado conta de que os sinos instalados nas boias só eram eficientes quando o mar os sacudia.

E não nos dias de total calmaria.

Únicas testemunhas

Como só eles sobreviveram ao naufrágio, não houve como apurar a verdade dos fatos

No final do século 19, um dos maiores e mais poderosos navios da Marinha Brasileira era o encouraçado Solimões, que tinha 73 metros de comprimento, quatro canhões e blindagem que passava dos 30 centímetros de espessura em certas partes – uma nave que impunha respeito.

Por isso, quando estourou um movimento separatista na então província de Mato Grosso, em maio de 1892, o governo brasileiro despachou para lá, a fim de combater os insurgentes, uma flotilha composta por três grandes navios – um deles o Solimões, então a cargo do capitão Xavier de Castro.

Mas o percurso pelo mar até Corumbá, cidade base dos revoltosos, era complicado e exigia, inclusive, navegar além dos limites do país, margeando toda a costa do Uruguai, até penetrar no Rio da Prata e, de lá, alcançar o Mato Grosso.

Foi o que fez o Solimões, juntamente com o encouraçado Bahia e a canhoeira Carioca, os três avançando mais ou menos em comboio, mas não próximos um do outro, já que a navegação da embarcação do capitão Xavier de Castro era sabidamente crítica no mar, por conta da pouca altura do casco – algo um tanto incompreensível para um navio daquelas proporções.

Por conta disso, o Solimões navegava sempre mais próximo à costa, e foi o que o fez colidir com as pedras submersas do Cabo Polonio, na costa do Uruguai, na noite de 19 de maio daquele ano, sem que os outros dois navios, que navegavam mais distantes do litoral, percebessem isso.

Sabendo que não poderia contar com o socorro das outras duas naves, e com um grande rombo no casco causado pelo impacto, o capitão Xavier de Castro teria, então, tomado uma estranha decisão: despachado para terra firme, a fim de buscar ajuda, um único bote salva-vidas, com cinco simples marinheiros (entre eles, o enfermeiro José Correa Maguena e o foguista do navio), e nenhum oficial mais graduado, embora o Solimões tivesse 125 homens a bordo.

Pelo menos foi isso que aqueles cinco marinheiros contaram mais tarde às autoridades, já na condição de únicos sobreviventes do Solimões – que, segundo eles, tinha explodido minutos depois de eles abandonarem o navio em busca de socorro, por conta da inundação de suas caldeiras a vapor.

Como eles foram os únicos sobreviventes da tragédia, o relato daqueles cinco marinheiros – nenhum deles com alguma qualificação especial que os habilitasse a cumprir aquela importante ordem – acabou servindo de base para escrever o que aconteceu com o encouraçado brasileiro. Mas o relato foi recebido com desconfiança pelas autoridades.

A suspeita é que eles teriam sabotado o navio – embora não houvesse um motivo para isso, a não ser escapar de um eventual conflito armado com os insurgentes, mais tarde – ou fugido do barco sinistrado antes que o capitão autorizasse.

Dois fatos contribuíram para aumentar as suspeitas sobre aqueles cinco marinheiros: no bote que usaram para abandonar o navio, eles transportavam roupas, casacos, dinheiro e documentos, itens que não fariam parte de uma situação de emergência, e a corda que atava o barco ao navio havia sido cortada, e não desamarrada.

Nenhum outro tripulante do Solimões sobreviveu ao naufrágio do encouraçado, que, na manhã seguinte, com a chegada do socorro – que foi acionado pelos cinco marinheiros, ao atingirem a costa –, já não estava mais visível na superfície.

No total, morreram 120 dos 125 tripulantes do encouraçado, cujos corpos, na medida em que foram chegando às praias da região, foram sendo enterrados em um cemitério local sem maiores formalidades, mesmo sendo de cidadãos brasileiros e não uruguaios.

Já os cinco sobreviventes foram enviados ao Rio de Janeiro, onde passaram a responder a um inquérito instaurado pela Marinha Brasileira, que, no entanto, não chegou à conclusão alguma, mesmo sem encontrar nenhum indício de explosão do navio no mar, como eles haviam afirmado em seus depoimentos. Mesmo quando os restos do encouraçado foram encontrados no fundo do Cabo Polonio, em 1994 – 102 anos depois do naufrágio –, nada indicava que ele tivesse sido vítima de uma explosão.

Nunca se soube a real causa do naufrágio do encouraçado Solimões, assim como o governo brasileiro jamais pediu a devolução dos cadáveres de seus tripulantes, que seguem esquecidos até hoje em um cemitério da cidade uruguaia de Castillos. Mas o desastre acabaria tendo um lado positivo.

Durante as operações de buscas por sobreviventes, no dia seguinte ao desastre, um dos barcos de resgate chegou a tempo de resgatar os cinco ocupantes do cargueiro inglês Dolores, que afundara ali perto, na mesma noite do Solimões. Graças a isso, eles se salvaram.

A desgraça de muitos acabou sendo a sorte de outros.

Eles já estavam salvos. Mas...

Só faltou soltar o cabo para todos sobreviverem ao naufrágio

Era um trabalho quase rotineiro: a varredura eletrônica de certas áreas do fundo da Baía Thunder, no Lago Huron, uma das cinco porções de água doce que formam os Grandes Lagos, na divisa dos Estados Unidos com o Canadá, feito costumeiramente por técnicos do Departamento Oceânico e Atmosférico dos EUA (NOAA). Mas, naquele dia, em março de 2019, eles estavam com sorte. E, ao analisar as imagens subaquáticas captadas pelo robô, viram uma espécie de tesouro: o casco naufragado de uma escuna que ali afundara 125 anos antes. E ela estava em perfeito estado.

Embora estivesse debaixo d'água há mais de um século, aquela velha escuna, um tipo de barco muito utilizado no transporte de carga entre os portos americanos no passado, estava em tão bom estado de conservação (graças às águas doces e congelantes dos Grandes Lagos) que nem foi preciso recorrer a complexas pesquisas arqueológicas para determinar sua identidade.

Uma simples comparação entre as imagens com os registros de naufrágios naquela baía no passado, deram a certeza de que o barco em questão era a Ironton, uma escuna cargueira cujo afundamento acontecera sob circunstâncias raras, em 26 de setembro de 1894, causando a morte de cinco de seus sete ocupantes por um motivo ainda menos provável.

Além de representar um achado arqueológico expressivo, a descoberta da Ironton também ajudou a responder algumas perguntas perturbadoras sobre os momentos finais daquele barco, além de confirmar o que os dois únicos sobreviventes do naufrágio haviam dito às autoridades na época: que todos os sete tripulantes poderiam ter sido salvos, não fosse um mero detalhe perverso.

A Ironton era uma escuna-barcaça, um tipo de embarcação que, na época, final do século 19, passou a ser usada como simples compartimento extra de carga para os navios a vapor, então recém-implantados nos Grandes Lagos. Embora tivesse mastros, velas e capacidade de navegar de forma independente, ela seguia apenas a reboque nos vapores, feito uma espécie de "vagão" em um trem aquático.

No dia de seu naufrágio, era puxada pelo vapor Charles J. Kershaw, juntamente com outra escuna, a Moonlight. Mas, naquela noite, em meio a um forte vendaval em um trecho particularmente perigoso da baía, conhecido como Shipwreck Alley (algo como "Beco do Naufrágio"), as caldeiras do vapor subitamente pararam de funcionar, deixando o comboio, composto pelas duas escunas a reboque, à deriva.

Temendo uma colisão entre as duas escunas, por conta da ventania, o capitão da Moonlight soltou o cabo que o atava à Ironton, deixando-a totalmente livre, mas descontrolada, na superfície do lago. E o vento passou a empurrar a escuna para longe do comboio, na direção de outro vapor que vinha no sentido oposto, o Ohio, com 16 tripulantes a bordo.

O comandante do Ohio não teve como evitar o choque. Até porque o capitão da Ironton, Peter Girard, não tinha velas nem motor para tentar desviar. Na escuridão da noite, os tripulantes do vapor só notaram a presença da escuna quando já estavam praticamente em cima dela.

A colisão abriu um rombo de mais de três metros de diâmetro no casco do vapor, que afundou quase instantaneamente – só deu tempo de seus ocupantes passarem para um bote, que, depois, foi resgatado pela própria escuna Moonlight – que, a despeito do mal tempo, seguiu atada ao vapor que a rebocava.

Já a Ironton, danificada apenas na parte em que houve a colisão, mas enchendo de água aos poucos, continuou sendo empurrada pelo vento por mais de uma hora, até que, inundada, acabou afundando em outra parte da baía – mas não sem antes permitir que seus sete tripulantes também passassem para a segurança de um bote salva-vidas – que, como de hábito, foi colocado na água ainda amarrado ao casco da escuna que afundava. Foi quando o inesperado aconteceu.

Quando tudo indicava que aqueles sete homens escapariam sem nenhum contratempo do naufrágio, veio a face cruel do destino: subitamente, desequilibrada pelo peso da água que entrava no casco, a Ironton mergulhou de vez no lago, levando com ela o bote, que ainda estava atado à sua popa – e com toda a tripulação dentro dele. Não deu tempo de soltar a corda e o bote foi sugado para o fundo do lago, junto com a escuna.

Só dois marinheiros sobreviveram – tanto ao mergulho involuntário, quanto às muitas horas que depois passaram tentando se manter na superfície do lago enquanto aguardavam o resgate. E veio deles os únicos testemunhos do que aconteceu com os outros cinco tripulantes da Ironton. Mas, a princípio, nem todos tenham acreditado em seus depoimentos – teriam eles se recusado a salvar os companheiros em nome da própria sobrevivência?

A dúvida pairou por 125 anos. Até que aquela equipe de técnicos da NOAA encontrou o casco submerso da Ironton, e – detalhe mais que revelador –, ainda atado a ele estava o bote salva-vidas. Aqueles dois sobreviventes não haviam mentido sobre o infortúnio que vitimou a maior parte da tripulação da escuna, quando todos pareciam já ter escapado do naufrágio.

Mais de um século depois, a descoberta do melancólico bote ainda amarado ao casco da escuna submersa inocentou suas almas.

Acidente ou imprudência?

O que levou a primeira expedição científica à Antártica a passar meses presa no gelo?

No final do século 19, o explorador belga Adrien de Gerlache decidiu organizar aquela se tornaria a primeira expedição científica mundial ao continente antártico. Para tanto, comprou um resistente barco baleeiro de 36 metros de comprimento, com casco de madeira de 11 centímetros revestido de ferro , que podia ser impulsionado tanto por velas quanto por um motor a vapor de 35 cv. Rebatizou-o “Bélgica”, em homenagem ao seu país, transformou-o em navio de pesquisa e convidou cientistas e outros exploradores para se juntar à equipe.

Entre eles, dois nomes que, mais tarde, se tornariam autoridades em expedições polares: Frederick Cook, um médico americano que sempre alegou ter sido o primeiro homem a atingir o Polo Norte, em 1908 (embora isso nunca tenha sido comprovado pela comunidade científica), e o explorador norueguês Roald Amundsen, este sim reconhecido universalmente como o primeiro homem a chegar ao Polo Sul, em 1911 – ambos feitos posteriores à expedição pioneira organizada por Gerlache, que, embora tenha sido a primeira a se dedicar a estudar Antártica in loco, acabaria marcada pelo fracasso e por uma quase tragédia.

Em 16 de agosto de 1897, o Bélgica partiu do porto de Antuérpia, com 23 homens, rumo ao extremo sul do planeta, sob o comando de Gerlache. Mas, antes mesmo de chegar lá, enfrentou uma série de problemas com sua tripulação: quatro marinheiros foram desertados por insubordinação, dois renunciaram à expedição no meio da viagem, e um pediu demissão quando o Bélgica fez uma escala no Rio de Janeiro – onde, por sinal, Frederick Cook embarcou, e Roald Amundsen vibrou "com a beleza das mulheres brasileiras", como registrou em seu diário.

Entre entradas e saídas de marinheiros nos portos por onde passou, o Bélgica chegou ao Círculo Polar Antártico em 15 de fevereiro do ano seguinte com apenas 19 tripulantes – e uma latente dificuldade de Gerlache em lidar com todos eles.

A tripulação diminuiu ainda mais dias depois, quando uma onda varreu do convés o marinheiro norueguês Carl August Wiencke, que não pode ser resgatado. Em sua homenagem, Gerlache batizaria a primeira ilha que tocou na Península Antártica com o sobrenome do marinheiro desaparecido: Ilha Wiencke.

Apesar do eminente fim de verão antártico, o belga determinou que o Bélgica se aprofundasse lentamente na Península Antártica, a despeito do que dizia o calendário. O resultado disso era previsível. No dia 3 de março, o barco foi trancado pelo gelo do Mar de Bellingshausen, e não houve esforço que o removesse dali.

Nunca ficou claro se, ao tomar a decisão de se aprofundar tão tardiamente no continente antártico, Gerlache provocara deliberadamente aquele encalhe, com o intuito de estudar o Continente Antártico também durante seu longo inverno. Mas, involuntariamente ou não, a expedição belga se tornaria a primeira da história a "invernar" – ou seja, passar meses com temperaturas de dezenas de graus negativos e nenhuma luz solar – na Antártica. E a experiência não foi nada boa.

A escuridão total começou por volta de meados de maio e se estendeu por mais de dois meses. Esgotados pelo esforço diário, e em vão, de tentar livrar o Bélgica da armadilha de gelo em que se metera – situação agravada pela ausência de luz, dia após dia –, parte da tripulação de Gerlache começou a dar claros sinais de perturbação mental.

Certo dia, um dos marinheiros saiu caminhando sobre o gelo e nunca mais voltou. Outro reuniu os companheiros e anunciou que estava retornando à Bélgica, embora isso fosse impossível. Psicologicamente fragilizados e sem nenhuma esperança de serem resgatados naquele fim de mundo desconhecido, o principal inimigo dos mal treinados homens de Gerlache não era somente o frio, o confinamento ou a escuridão. Era a sanidade mental.

Como se não bastasse, surgiu outro problema, ainda pior: o escorbuto, causado pela dieta pobre em variedades de alimentos, restrita ao que havia nos estoques do barco.

Ao chegar à Antártica, os tripulantes do Bélgica capturaram muitas focas e pinguins, a fim de reforçar o cardápio de bordo. Mas Gerlache não gostou do sabor da carne dos animais e proibiu o seu consumo, a despeito das opiniões contrárias de Amundsen e Cook, que eram favoráveis à variedade alimentar, por suspeitarem que aquilo faria bem à saúde dos homens.

Não por acaso, Gerlache acabou sendo vítima – ele também – do escorbuto, e, acamado e quase morto (em determinado momento, chegou a escrever seu testamento), ficou impossibilitado de seguir liderando a expedição. O comando, então, foi delegado a Cook e, sobretudo, Amundsen, que, entre outras medidas, implantaram o consumo de carne de focas e pinguins nas refeições, por acreditarem que isso ajudaria a evitar e combater a doença. Até Gerlache se beneficiou disso, se recuperou, e, a partir daí, passou a dividir as decisões sobre a expedição com os dois exploradores.

Vencido o escorbuto, o principal problema voltou a ser o mesmo de antes: como sair do gelo? O Bélgica tinha um calado de mais de quatro metros e estava entalado em uma espessa camada de água sólida, que aumentava ainda mais a cada dia de inverno. A única coisa que os homens de Gerlache podiam fazer era tentar impedir que mais neve se acumulasse em torno do casco. Um trabalho insano e pouco produtivo. Quase como tentar enxugar gelo.

Foram sete meses de extremo cansaço e poucos resultados. Quando, enfim, o verão voltou, em janeiro do ano seguinte, o Bélgica ainda estava atado a uma camada de gelo de mais de dois metros de espessura e distante cerca de 11 quilômetros do mar em estado líquido. Mas a apavorante perspectiva de passar um segundo inverno na mesma situação levou aqueles homens a se esforçarem ainda mais para tentar livrar o barco do gelo, antes que terminasse o novo verão.

Foi quando Amundsen teve a ideia de utilizar explosivos para destruir o gelo e criar um "canal" até o mar – apesar de todos os riscos embutidos nesse tipo de operação, inclusive o de destruir o próprio barco. Mas, felizmente, não foi o que aconteceu. Um mês depois, avançando metro a metro após cada explosão, o Bélgica, por fim, voltou a flutuar e, em 14 de fevereiro daquele ano, retomou o caminho de casa, chegando à Antuérpia nove meses depois, para alegria dos belgas, que já davam aqueles homens como mortos.

As táticas de sobrevivência adotadas por Amundsen, Cook e, depois, pelo próprio Gerlache, para suportar o inclemente inverno antártico, mais tarde serviriam de subsídios para expedições posteriores ao continente gelado. Mas as maiores contribuições para a ciência acabaram vindo do tormento mental a que os tripulantes do Bélgica foram submetidos durante os doze meses que passaram trancados no gelo, e a delicada questão da sanidade mental em situações de extremo desespero.

Não por acaso, nas expedições seguintes à Antártica, medicamentos antipsicóticos e até camisas de força passaram a ser incluídos nos barcos, bem como alimentos ricos em vitamina C, então já comprovadamente o melhor antídoto para o escorbuto, embora a intuição de Amundsen e Cook sobre os benefícios terapêuticos da carne crua de focas e pinguins contra aquele mal não estivesse errada.

Um ano depois, Gerlache retornou à Antuérpia e, a despeito do semifracasso da sua expedição, que perdera alguns homens e não conseguira conduzir todos os estudos científicos a que se propora, foi saudado como herói, por ter sobrevivido ao inclemente inverno antártico.

Intencionalmente ou não, Gerlache entrou para a história como o líder da primeira "invernagem" na Antártica que se tem notícia, embora, sem a ajuda de Amundsen e Cook, ele, talvez, nem sequer tivesse voltado vivo.

Tinha um farol no caminho

Naquela noite, o que parecia impossível, aconteceu na costa da Inglaterra

Faróis existem para ajudar e orientar os barcos a navegar com segurança no mar, muitas vezes indicando áreas de risco que devem ser evitadas. Mas foi justamente o oposto disso que aconteceu com o navio cargueiro inglês Blue Jacket na noite de 9 de dezembro de 1898 nos arredores das Ilhas Scilly, um conglomerado de perigosos rochedos ao largo da costa da Cornualha, por isso mesmo sinalizado com um dos mais antigos e lendários faróis do mar que banha a Inglaterra: o de Land's End, "Fim da Terra", em português.

Naquela noite, como de hábito, havia certo nevoeiro na região. Mas a visibilidade beirava duas milhas, nada que impedisse ou dificultasse a navegação. Por isso, o capitão do Blue Jacket, que fazia uma navegação de cabotagem pela costa inglesa entre os portos de Plymouth e Cardiff, se sentiu seguro para passar o timão ao seu primeiro imediato, e, por volta das 21h30, foi dormir, acompanhado da esposa – que, como era costume na época, viajava junto ao marido.

Menos de três horas depois, o casal foi despertado por um solavanco brutal, que fez o capitão pular da cama e sair correndo para o convés. Lá, ainda zonzo pelo despertar prematuro, ele se sentiu momentaneamente cego pela intensa luz lançada do alto de uma torre diante da qual o seu navio jazia espetado. O que parecia impossível havia acontecido: o Blue Jacket tinha colidido com o próprio farol de Land's End.

Sem ter muito o que fazer, já que seu navio estava sobre as pedras da ilha do farol, com a proa totalmente fora d'água, o capitão ordenou o abandono da embarcação, passou todos para o bote salva-vidas e foi buscar abrigo na comunidade que havia na principal ilha do arquipélago. Lá chegando, foram recebidos por uma família especialista no assunto: os Gibson, que, havia anos, se dedicavam a fotografar os naufrágios que ocorriam com impressionante regularidade na região – e que, até hoje, quatro gerações depois, ainda fazem isso.

O patético encalhe do Blue Jacket no farol que deveria orientá-lo nunca teve uma explicação convincente, embora o navio tenha permanecido no local por mais de um ano.

CAPÍTULO 2

VAPORES, GUERRAS E AVENTURAS

1900 A 2000

E o mar levou...

Eles passaram semanas coletando o que tanto buscavam. Até que veio uma tempestade

No início do século 20, o inglês Joseph Weston Martyr, um iatista, marinheiro ou qualquer coisa que rendesse algum dinheiro, caminhava pelo porto chinês de Xangai em busca de trabalho, quando encontrou um velho conhecido: seu compatriota Sam Payne, então capitão de um barco japonês, o Chichishima Maru.

O encontro rendeu uma proposta: Payne estava em busca de um sócio para empreender uma viagem exploratória às Ilhas Caroline, no oeste do Pacífico, em busca de uma espécie de caracol marinho avantajado, o trochus, ali abundante, e muito valorizado no Japão, onde sua concha era usada na confecção de colares de madrepérola. Uma viagem daquelas poderia render mais de 6 000 libras esterlinas aos dois, uma fortuna para quem, como Weston Martyr, não tinha um tostão no bolso.

Ele aceitou na hora, e os dois foram em busca de mais tripulantes para ajudar na travessia e na captura dos moluscos. Logo encontraram quatro chineses disponíveis e, por meio de gestos – já que eles não falavam chinês, nem os chineses, inglês –, os contrataram. No dia seguinte, partiram rumo às distantes Ilhas Caroline, uma travessia que levou quase um mês, navegando contra o vento e sem nenhum conforto.

Também havia um pequeno detalhe: a Alemanha, a quem as desertas Ilhas Caroline pertenciam naquela época, não permitia a exploração comercial dos atóis do arquipélago sem autorização (o que Payne não tinha), de forma que eles teriam que permanecer escondidos por todo o tempo, atentos a qualquer barco que se aproximasse. Isso não chegava a ser um grande problema, já que as ilhas eram desertas, e as fiscalização, mais de um século atrás, praticamente inexistente. Mas a falta de recursos nas ilhas era, sim, um problema.

Payne havia dito a Weston Martyr que bastaria cavar a areia dos atóis para encontrar água doce, e que haveria peixes e cocos em abundância, o que, de fato, era verdade. Mas, água, não havia. Após quatro dias cavando em diferentes pontos da ilha, que rodeava uma lagoa repleta de conchas como as que eles buscavam, tudo o que os dois ingleses conseguiram extrair foi um balde de água salobra, intragável. O jeito foi racionar, de forma severa, a pouca água que havia nos tanques do barco, e torcer para chover, o que também não aconteceu.

Para completar o quadro desanimador, apenas na hora em que começaram a coletas das conchas, o que precisava ser feito com as mãos, mergulhando até o fundo da lagoa, é que os ingleses descobriram que os chineses não sabiam nadar, muito menos, mergulhar – uma consequência da má comunicação entre os grupos, já que um não falava a língua do outro.

A solução foi improvisar. Payne e Weston Martyr entregaram aos chineses varetas de bambu e uma máscara de mergulho, para que eles ajudassem a capturar as conchas sem precisar entrar na água. A operação era patética. Utilizando o bote do Chichishima Maru, um chinês vestia a máscara, enfiava o rosto na água e ficava guiando os outros três, que, com suas varetas, tentavam fisgar os moluscos no fundo da lagoa – que, por sorte, era rasa o bastante para o tamanho das varetas.

A lógica dos ingleses é que, como eram chineses, eles tinham afinidades com varetas, já que comiam com "pauzinhos" – e, de qualquer forma, não havia outra maneira de ajudarem na captura das conchas. Por incrível que pareça, deu certo. Logo, os chineses estavam "fisgando" tantas conchas quanto eles, mergulhando.

Todas as conchas capturadas eram colocadas sob o sol, na praia, para que seus habitantes, os moluscos, incomodados com o calor, abandonassem as carapaças, únicas partes que interessavam aos ingleses. Com o passar dos dias – sempre de olho no horizonte, para ver se algum barco alemão de fiscalização se aproximava do atol –, o grupo coletou milhares de conchas. Logo, o odor na praia se tornou insuportável, pelo apodrecimento dos moluscos. Mas o estoque de conchas só aumentava.

Após seis semanas de trabalho incessante, do amanhecer ao entardecer, o grupo já havia coletado mais de 100 mil conchas, que aguardavam, na praia, o instante de serem embarcadas nos porões do Chichishima Maru. Mas, com o estoque de água doce do barco chegando a níveis bastante críticos pela falta de chuvas, Payne e Weston Martyr decidiram que era hora de partir – o lucro daquela viagem já daria para os dois viverem bem por um bom tempo.

Foi quando, em uma das frequentes checagens que faziam do horizonte, os ingleses viram pesadas nuvens se aproximando – e decidiram adiar a partida para o dia seguinte, na esperança de aquelas nuvens trouxessem chuva, e com isso diminuísse a aflição pela carência de água doce. A expectativa foi correspondida: um dilúvio desabou sobre o Chichishima Maru, naquela noite. Mas o problema é que aquela não era apenas uma tempestade. Era um tufão. E ele varreu o atol sem piedade, arrancando coqueiros e erguendo grandes ondas dentro da lagoa.

O Chichishima Maru resistiu ao massacre. Mas, quando o dia amanheceu, não havia mais praia: as areias haviam sido engolidas pelas ondas, e, junto com elas, todas as conchas. O mar havia pego de volta tudo o que havia sido tirado dele pelos ingleses.

Na volta, havia água de sobra nos tanques do Chichishima Maru. Mas nenhuma concha nos porões.

O mistério do farol

Diversas teorias sempre tentaram explicar o sumiço daqueles três faroleiros

O acidentado litoral da Escócia é repleto de ilhas e faróis. Foi em uma delas, a Ilha Flannan, dona de um solitário farol a cerca de 40 quilômetros da costa, que aconteceu um fato intrigante em dezembro de 1900: o desaparecimento dos três faroleiros que cuidavam do farol da ilha, onde não morava mais ninguém.

Como periodicamente acontecia, James Ducat, Thomas Marshall e Donald MacArthur haviam chegado à ilha no dia 7 de dezembro para mais um habitual turno de seis semanas no farol – que, dada a periculosidade da costa escocesa para a navegação (especialmente na precariedade da época), exigia monitoramento permanente, daí a necessidade de três faroleiros, em vez de apenas um.

Na ocasião, uma forte tempestade de inverno se aproximava, o que levou os três faroleiros a se despedirem rapidamente do barqueiro que os levou até o local e buscar abrigo na única casa que havia, bem ao lado do farol. A tormenta durou alguns dias, mas, aparentemente, estava tudo bem com os faroleiros, já que nenhum deles buscara ajuda no continente com o pequeno barco a remo que lá era mantido para emergências.

Uma semana depois, porém, em 15 de dezembro, ao passar pelas imediações da ilha, o comandante do vapor Archtor estranhou não ver as luzes do farol da Ilha Flannan acesas e comunicou o fato às autoridades. Ao receber a informação, o superintendente dos faróis enviou uma equipe de quatro marinheiros para checar se estava tudo bem com os três faroleiros.

Ao chegar à ilha, a equipe encontrou algumas partes do atracadouro bastante danificadas. O corrimão de madeira estava arrebentado, o baú de equipamentos jazia semidestruído, grandes tufos de grama haviam sido arrancados ao redor do trapiche, e uma enorme pedra rolara sobre parte do píer – sinais claros de que o mar havia massacrado a costeira da ilha durante a tempestade. Mas, estranhamente, nenhum dos três faroleiros apareceu para recebê-los.

Intrigados, os marinheiros caminharam até a casa vizinha ao farol – que seguia apagado –, e lá encontraram uma refeição ainda intacta sobre a mesa da cozinha, além de uma cadeira tombada, sinal de que quem estivesse sentado ali, prestes a se alimentar, abandonara o local na correria.

Também encontraram, pendurado, apenas um dos três macacões que havia na ilha para os homens se protegerem do mau tempo, evidência concreta de que a pessoa que largara a comida na mesa saíra da casa realmente às pressas – e isso só uma emergência envolvendo os outros dois homens (que estariam vestindo os dois macacões que faltavam no cabide) justificaria. Mas, dos três faroleiros, nenhum sinal.

Como as regras proibiam que os três faroleiros saíssem de seu posto ao mesmo tempo, a conclusão da equipe foi a de que aqueles homens haviam sido vítimas da tempestade que atingira a ilha.

A hipótese mais provável era a de que dois deles teriam saído para inspecionar os equipamentos no atracouro durante a tormenta, mas foram colhidos pelas ondas. E o terceiro, ao ouvir gritos ou pedidos de socorro, tinha partido em disparada da casa (daí não ter ao menos vestido o macacão de abrigo) e encontrado o mesmo fatídico destino. Embora nenhum corpo jamais tenha aparecido, o caso parecia esclarecido. Só que não.

Logo começaram a surgir rumores e teorias conspiratórias sobre o desaparecimento dos três homens, alimentadas pelo fato de um deles, James Ducat, ser conhecido pelo temperamento forte e instável, características incompatíveis com a vida isolada, reclusa e quase psicótica dos faroleiros.

Uma das teorias pregava que Ducat, um encrenqueiro nato, fomentara uma briga com os companheiros na beira de um dos despenhadeiros da ilha, e, na confusão, os três caíram no mar. Outra dizia que ele teria empurrado os colegas no mar, e, depois, vítima de remorço ou sabendo que seria preso, se suicidado da mesma forma. Certo é que nenhum dos três nunca mais foram vistos nem seus corpos jamais encontrados.

Apesar da proliferação de teses contrárias (surgiram muitas outras, uma delas envolvendo um suposto tesouro que minara a relação entre aqueles homens isolados do resto do mundo, como explorado em um filme lançado 100 anos depois), a conclusão mais aceita para o "Mistério da Ilha Flannan", como o caso passou a ser conhecido, foi mesmo a mais óbvia de todas: a de que os três faroleiros foram vítimas da tempestade (a grama arrancada nas proximidades do píer e a grande pedra rolada sobre ele não deixavam dúvidas de que grandes ondas haviam varrido a ilha) e da própria imprudência, ao abandonarem a segurança da casa para inspecionar os equipamentos no atracouro durante a tormenta.

Ou seja, não houve mistério algum. Apenas uma tragédia.

O drama do vapor Valencia

A salvação estava ali ao lado. Mas o destino não quis assim

Havia anos que o vapor americano SS Valencia vinha fazendo longas viagens entre a Califórnia e o Alasca. Mas, naqueles primeiros dias de janeiro de 1906, ele havia sido realocado para outra rota: a movimentada linha marítima entre São Francisco e Seattle.

Tinha, também, um novo comandante, Oscar Johnson, e uma grande tripulação, composta por nove oficiais e 56 marinheiros. E foi com sua equipe completa, mais 108 passageiros (entre eles, 17 mulheres e 11 crianças), que o SS Valencia partiu do porto de São Francisco, naquela segunda-feira, 22 de janeiro, para mais uma travessia até Seattle.

A viagem era curta, prevista para durar apenas quatro dias, mas o mau tempo logo fez com que se tornasse bastante incômoda para os passageiros. E também dramática para a tripulação, por conta de um denso e persistente nevoeiro, que não permitia enxergar nada à frente. A falta de visibilidade, aliada a uma forte correnteza, levou o vapor a desviar da sua rota, passando reto pela entrada do Estreito Juan de Fuca, que conduz à Seattle, sem que o seu comandante percebesse.

Só quando o hábito da época de lançar na água linhas com pesos embebidos em sebo a fim de medir a profundidade (já que ainda não tinham sido inventados equipamentos para isso) é que o comandante Johnson percebeu que havia algo de errado: estava demasiadamente raso. Mas já era tarde.

Uma mancha escura surgiu bem diante da proa do vapor, e nem a ordem de desviar a qualquer custo fez efeito. O SS Valência bateu em uma pedra, em seguida em outra, e girou no mar, ao mesmo tempo em que a água começou a invadir o casco danificado pelos impactos.

Temendo que o navio afundasse ali mesmo, o comandante Johnson ordenou que avançassem a todo vapor na direção do que parecia ser a costa, e, deliberadamente, provocou o encalhe do SS Valência próximo a um íngreme promontório, com cerca de 30 metros de altura, assolado por grandes ondas. Nem ele nem ninguém a bordo sabia dizer onde estavam: se dentro do estreito ou em águas canadenses.

Certo é que o capitão Johnson não poderia ter escolhido lugar pior para tentar salvar seu navio e as pessoas que estavam nele, porque as ondas não davam trégua e explodiam, de tempos em tempos, de encontro ao penhasco no qual o SS Valência jazia espetado.

Como o local não permitia nenhum tipo de desembarque, a única solução foi baixar os botes salva-vidas e com eles tentar chegar a algum lugar menos inóspito. Foi quando começou o segundo desastre do SS Valência: a operação de evacuação do navio.

Na ânsia de abandonar o vapor o mais rápido possível, a combinação de desespero (dos passageiros) e desorganização (da tripulação) gerou uma grotesca sequência de falhas e precipitações, que resultaram em dezenas de mortes e perda de boa parte dos botes que o navio possuía.

O SS Valência era equipado com dez barcos salva-vidas, algo um tanto incomum na época, com capacidade para todas as pessoas que ele transportava. Além disso, tinha uma espécie de canhão capaz de disparar, por meio de um projétil atado à ponta de um cabo, uma longa corda, chamada "Linha Lyle", para evacuar pessoas pelo ar, deslizando pelo cabo, desde que fosse bem atada em terra firme – outro equipamento que poucos navios da época possuíam.

Mas o pânico dos passageiros e a falta de treinamento dos marinheiros para lidar com uma situação como aquela, fez com que todas aquelas vantagens fossem por água abaixo. Literalmente.

Apavorados, os passageiros pulavam para dentro dos botes e ordenavam aos marinheiros que fossem baixados ao mar, apesar da superlotação ou, ao contrário, não estando todos os assentos ocupados. Já os atônitos tripulantes encarregados de fazer isso, não sabiam exatamente como fazê-lo – nem tinham o menor controle da situação.

O primeiro bote, com cerca de 20 pessoas, todos homens, despencou do seu turco bem antes de tocar a água, por excesso de peso. Em seguida, emborcado, foi engolido por uma onda e não deixou sobreviventes. Já o segundo, com ainda mais homens a bordo, ficou com a popa travada no suporte, girou e arremessou todos os ocupantes no mar. Só um deles sobreviveu e foi resgatado de volta para o navio.

Outros quatro botes, com outros tantos passageiros amontoados, foram desastrosamente jogados na água, mas só um escapou das ondas – para nunca mais ser visto. Em pouco mais de meia hora, o vapor do comandante Johnson havia perdido mais da metade de seus botes salva-vidas. E a chance de tentar salvar todo mundo.

O comandante, então, ordenou a suspensão dos lançamentos até que fosse traçado um plano de evacuação do navio, que, à essas alturas, já começava a se desintegrar por conta do intermitente espancamento das ondas. Os passageiros foram alocados no salão de jantar, a salvo das explosões das ondulações, enquanto Johnson arrebanhava voluntários entre os marinheiros para um desembarque em busca de ajuda.

Dez deles se ofereceram para a missão, e um sétimo bote, ocupado apenas por marinheiros, foi baixado ao mar. Este, com relativo sucesso, já que apenas um dos ocupantes, desequilibrado pelas ondas, caiu no mar e desapareceu. Os nove sobreviventes remaram por um bom tempo, até que chegaram a um ponto daquela íngreme costa que permitia o desembarque.

Feito isso, escalaram a duras penas um paredão rochoso, mas, no topo dele, encontraram uma recompensa: postes com fios, que pareciam ser de uma estação telegráfica, e a linha telefônica que ligava as comunidades de Carmahah e Cape Beagle, na Ilha Vancouver, já em território canadense, onde o SS Valência tinha ido parar – embora tivesse como destino o porto de Seattle, bem antes disso.

A sequência de postes era como uma trilha que conduziria os náufragos inequivocadamente até alguma comunidade, em busca de ajuda. Mas, para qual lado seguir? Qual direção seria a mais curta?

Acreditando que estavam no estado americano de Washington, e que aqueles fios eram da cidade de Cape Flattery, eles optaram por avançar para a esquerda, onde os penhascos se acentuavam ainda mais. Se tivessem caminhado no sentido oposto, para a direita, logo chegariam a uma espécie de praia, que permitiria receber um disparo da Linha Lyle e fixá-la com segurança, para que os ocupantes do navio deslizassem e se salvassem. Mas, quis o destino que eles escolhessem o lado errado, por julgarem que estavam na área certa.

Mesmo assim, foram bem-sucedidos. No dia seguinte, caminhando, chegaram à cabana de um pequeno comerciante que possuía um telefone. Só então ficaram sabendo que haviam naufragado no Canadá, e não nos Estados Unidos. Mas isso era o que menos importava. Importante era pedir ajuda, o que foi feito imediatamente.

Na manhã seguinte, dois navios, os vapores Queen e City of Topeka, e dois pequenos rebocadores chegaram às imediações do penhasco onde o SS Valência estava encalhado, cada vez mais demolido pelas ondas. Mas o local era tão perigoso que não havia como se aproximar do vapor. O socorro estava ali, bem pertinho dos náufragos, mas não havia como resgatá-los. Uma agonia. Tanto para os salvadores quanto para as vítimas.

Nem mesmo os pequenos rebocadores conseguiam driblar as ondas a fim de resgatar as mais de cem pessoas que ainda estavam no vapor semidestruído, e que, com a chegada do socorro, saíram do abrigo no salão de refeições para acelerar o processo de remoção, julgando que o pior já havia passado. Mas não.

Ao perceber que tanto os rebocadores quantos os dois vapores não se aproximariam de seu navio, o comandante Johnson ordenou que os três últimos botes salva-vidas do SS Valência fossem baixados ao mar, apesar do permanente mau tempo, e preenchidos com o máximo possível de passageiros, sob o comando de um marinheiro.

Os passageiros seriam desembarcados nos barcos de socorro, estacionados a não mais que um quilômetro de distância, e os botes trazidos de volta, para uma nova viagem – uma missão ainda dura, mas não tão desafiadora quanto tentar chegar à alguma praia, como nas primeiras tentativas. E foi bem-sucedida.

Os três barcos chegaram até os navios e rebocadores, desembarcaram os passageiros e se preparavam para retornar, quando aconteceu o pior: uma onda excepcionalmente alta lambeu o convés repleto de pessoas do SS Valência, fez o casco se mover abruptamente e o partiu ao meio – bem diante dos olhos incrédulos dos que estavam ali justamente para salvá-los.

Ninguém que restava no navio escapou com vida. Os únicos sobreviventes foram aqueles nove marinheiros que haviam partido em busca de socorro, e os 28 ocupantes dos três últimos botes salva-vidas – todos homens, porque as mulheres haviam se negado a embarcar com as crianças na primeira viagem dos botes, porque duvidaram que eles conseguiriam chegar até os navios.

No total, das 173 pessoas que estavam no SS Valência quando ele partiu de São Francisco, 136 morreram naqueles quatro dias de aflição e agonia. Nenhuma mulher ou criança sobreviveu. Muito menos o comandante Johnson, que, mais tarde, também seria considerado culpado pela investigação que analisou o caso.

Ele foi acusado de errar o rumo de navegação, não se afastar da costa ao perceber que não sabia onde estava, não aguardar o tempo melhorar para seguir viagem, e, acima de tudo, não ter treinado e orientado devidamente os seus marinheiros sobre como agir em situações de emergência.

Como legado da tragédia do SS Valência, a rota telegráfica seguida pelos marinheiros em busca do socorro virou uma trilha salva-vidas para náufragos, equipada com cabanas para abrigo. A trilha existe até hoje na Ilha Vancouver, agora como parte de um parque nacional canadense bastante popular entre os caminhantes.

Dela, do alto de um certo ponto batizado de "Valencia", ainda é possível ver os escombros que restaram do casco do velho vapor, agora transformados em patrimônio histórico. Mas a parte que costuma arrancar mais arrepios nos visitantes do parque é a do último capítulo da fatídica história do SS Valência.

Em 1933, um bote vazio surgiu ali perto, em uma das enseadas da própria Ilha Vancouver. Dentro dele, não havia nada. Mas, pintado no seu casco havia um número e o nome "SS Valência". Era o bote número 5 do vapor – aquele que sumira no mar com seus ocupantes durante a primeira tentativa de desembarque do navio. Desde então, ele está exposto no Museu Marítimo da Colúmbia Britânica, na cidade canadense de Victoria.

Vinte e sete anos depois, o bote número 5 do fatídico vapor SS Valência chegou, por fim, à terra firme. Vazio, mas em bom estado.

A corrida de transatlânticos

No início do século passado, todos queriam ter o navio mais veloz do oceano

No início do século 19, quando todas as viagens entre Europa e Estados Unidos só podiam ser feitas pelo mar, já que os aviões ainda não tinham sido inventados, alguns donos de empresas marítimas inglesas decidiram criar uma espécie de prêmio a ser dado ao navio de transporte de passageiros que fizesse a travessia entre os dois continentes com a maior velocidade – mas não necessariamente o que a fizesse em menos tempo, porque isso dependeria das rotas escolhidas. Pura jogada de marketing, numa época em que isso nem havia sido inventado.

O objetivo era atrair passageiros usando a capacidade de navegar rápido de seus barcos, na época ainda com cascos de madeira, movidos a vapor, e com grandes pás laterais em vez de hélices.

O prêmio escolhido foi simbólico, inspirado nas corridas de cavalo: uma flâmula azul ("Blue Ribbon", em inglês), que, no entanto, só foi utilizada na sua forma física, pendurada no mastro principal, no início do desafio, sendo depois substituída por um troféu.

Já a disputa – no fundo, uma corrida de grandes navios transatlânticos de um lado a outro do oceano, com centenas de pessoas a bordo –, foi dividida em dois percursos: o de ida, no sentido leste-oeste, entre Inglaterra e Estados Unidos, contra o fluxo da Corrente do Golfo, e o de volta, a favor dela, portanto, mais veloz.

Como a regra também determinava que apenas as empresas que oferecessem serviços regulares de travessia do Atlântico Norte poderiam participar da disputa, o primeiro navio a se inscrever foi o Great Western, da companhia inglesa do mesmo nome, seguido pelo Sirius, da British & American Company, duas das maiores da época.

Em 4 de abril de 1838, o Sirius partiu do porto irlandês de Cork, com destino a Nova Jersey, disposto a navegar o mais rápido possível e a se tornar o primeiro detentor do prêmio. E conseguiu, depois de chegar a queimar partes do próprio barco para alimentar as caldeiras e assim aumentar sua velocidade. Dezoito dias depois, o Sirius chegou aos Estados Unidos, com uma média horária de 8,03 nós (14,8 km/h), durante toda a travessia – o primeiro recorde da Blue Ribbon.

Mas a alegria da British & American Company durou pouco. No dia seguinte, o Great Western, que havia zarpado do porto inglês de Avonmouth quatro dias após o Sirius deixar a Irlanda, tocou o porto de Nova York e derrubou a marca do concorrente, com pouco mais de meio nó acima de velocidade média: 8,66 nós – cerca de 15 km/h.

O recorde do Sirius durou apenas um dia. Mas a repercussão que a disputa teve no mercado levou outras empresas a investirem na agilidade de seus navios, para que eles ficassem cada vez mais velozes e faturassem a Fita Azul – mesmo que isso implicasse em recorrer também a velas, para ajudar a impulsioná-los.

Logo todas as empresas marítimas que exploravam a rota Europa-Estados Unidos queriam ter aquela flâmula azul tremulando no mastro de seus barcos, um incontestável atestado de que não havia outro navio tão veloz na travessia do Atlântico Norte. Velocidade, no caso, significava mais pessoas interessadas em viajar neles. Portanto, além de prestígio, mais dinheiro.

Ao longo dos primeiros cinco anos de existência da Blue Ribbon, o Great Western dominou a disputa, tornando-se, inclusive, o primeiro navio a superar a marca de 10 nós (18,5 km/h) de velocidade média – um espanto para a época.

Mas, depois disso, a posse do cobiçado prêmio passou a ser domínio quase que exclusivo das duas maiores empresas do setor, as inglesas Cunard e White Star, esta última particularmente famosa, já que lançaria, alguns anos depois, o Titanic – que, apesar de igualmente veloz, privilegiava o luxo, não a velocidade, embora também ambicionasse a Blue Ribbon.

Quando isso aconteceu, a posse da Blue Ribbon já havia adquirido um caráter também político, e virou uma espécie de competição paralela de poder entre a Inglaterra e os demais países da Europa, pelo status de possuir o navio de passageiros mais veloz do mundo.

A rivalidade se acirrou ainda mais quando a Alemanha anunciou, no final da segunda metade do século 19 (quando os navios transatlânticos já utilizavam hélices e cascos de aço, o que fez a velocidade dar um salto, passando dos 20 nós de média), que entraria na disputa pela fita azul com o seu principal transatlântico: o Deutschland – que não só conquistou a flâmula logo em seguida, como a manteve por três anos, na primeira década do século 20.

Preocupado com o sucesso alemão em um setor (a navegação transatlântica para a América) que a Inglaterra sempre havia dominado, o governo inglês decidiu financiar a construção de dois supertransatlânticos para a empresa Cunard, a fim de deter o avanço da Alemanha. Em 1906, os dois novos navios, o Lusitania e o Mauretania, foram lançados. E o sucesso foi imediato.

O Lusitania (que, mais tarde, seria afundado por um submarino alemão na Segunda Guerra Mundial, gerando uma catástrofe, que, para muitos, levou os Estados Unidos a entrar no conflito) conquistou a Blue Ribbon logo no ano seguinte. Mas, dois anos depois, a perdeu para o Mauretania, que manteve o prêmio por nada menos que 20 anos, consolidando a supremacia dos navios da Cunard – bem como da Inglaterra, dona de 25 dos 35 transatlânticos que tiveram a honra de ostentar a Blue Ribbon, ao longo da sua história.

Apesar da supremacia inglesa, o início do século 20 foi a fase áurea da disputa pela Blue Ribbon, com transatlânticos italianos, americanos e franceses entrando na disputa. Mais do que um simples prêmio pela performance excepcional, a Blue Ribbon indicava que seu possuidor era um navio superior aos demais. Em todos os aspectos. Inclusive na sofisticação. Dois deles fizeram história por isso.

O primeiro foi o transatlântico francês Normandie, considerado "o mais glamouroso de todos os tempos". O outro, o igualmente majestoso Queen Mary, um dos navios mais icônicos da Inglaterra.

Em meados da década de 1930, o Normandie e o Queen Mary protagonizaram um empolgante duelo pela posse do título de mais veloz do Atlântico. O transatlântico francês venceu logo em sua viagem inaugural, em maio de 1935, chegando à Nova York com a estupenda média horária de 29,9 nós, pouco mais de 55 km/h. Mas perdeu o recorde para o Queen Mary no ano seguinte, quando o navio inglês quebrou a barreira de 30 nós.

Um ano depois, em julho de 1937, o Normandie recuperou a Blue Ribbon, cruzando da Inglaterra para os Estados Unidos à uma velocidade média de 30,5 nós. Mas o Queen Mary resgatou, uma vez mais, a honra inglesa no ano seguinte, com 31 nós. E ainda fez o mesmo no caminho de volta, quando ultrapassou sua própria marca.

Ano após ano, aqueles dois estupendos transatlânticos foram superando um ao outro, até que, em fevereiro de 1942, quando estava atracado no porto de Nova York sendo preparado para o transporte de tropas para os campos de batalha da Segunda Guerra Mundial, um incêndio provocou o fim do Normandie.

Sem o eterno concorrente francês, por mais dez anos, a Fita Azul do Atlântico ficou em posse do Queen Mary, que também fora requisitado para o transporte de tropas na guerra, mas voltara à linha regular depois disso.

Em julho de 1952, apesar do declínio nas travessias oceânicas causado pelo surgimento dos voos comerciais para Europa e Estados Unidos, sua marca foi trucidada pelo último grande transatlântico a operar regularmente a rota entre Inglaterra e Nova York: o ágil navio americano USS United States, que alcançou a impressionante média horária de 34,5 nós (perto de 64 km/h). E ele foi ainda mais rápido na volta, com 35,5 nós, ou quase 66 km/h. Nenhum outro navio jamais havia navegado tão rápido nas águas do Atlântico Norte.

Como, pelos critérios da Blue Ribbon, só participariam da disputa navios de passageiros de linhas regulares entre Europa e Estados Unidos, o recorde estabelecido em 1952 pelo USS United States ficou para sempre, já que esse tipo de viagem não existe mais. E isso também decretou o fim do prêmio em si.

Da época de ouro das grandes viagens transatlânticas ficaram apenas as lembranças das memoráveis disputas entre gigantescos navios abarrotados de passageiros pela honra de ser o mais veloz do Atlântico.

A revolta dos marinheiros

O "Almirante Negro" que desafiou a Marinha Brasileira

Até o início do século 20, a Marinha do Brasil ainda punia com castigos físicos, quase sempre chicotadas, os marinheiros que, na visão de seus superiores, tivessem cometido falhas ou irregularidades.

Oficialmente, a abominável prática havia sido extinta em 1889, 65 anos após o castigo corporal ter sido proibido na população em geral pela Constituição Imperial de 1824, e um ano após a abolição da escravatura no Brasil. Mas, na prática, a bordo dos navios da corporação, ela persistia, disfarçada sob o nome de "Companhias Correcionais", decisões arbitrárias que davam aos oficiais o direito de aplicar punições aos marinheiros de má conduta, "cujas falhas não fossem tão severas a ponto de serem julgadas por um Conselho Militar". A prática, abominável, havia sido herdada dos antigos comandantes portugueses.

As punições eram aplicadas nos conveses dos próprios navios, diante dos demais marinheiros, "para que servissem de lição e alerta" aos demais membros da tripulação – uma barbaridade só comparável ao tratamento dedicado aos escravizados. E aquilo sempre incomodou muito um dos marinheiros mais especiais da corporação: o jovem negro João Cândido Felisberto, que ingressara na Marinha aos 14 anos de idade, levado por um almirante amigo do patrão de seus pais, que eram cativos em uma fazenda no interior do Rio Grande do Sul – naquela época, a totalidade dos marinheiros e grumetes da Marinha do Brasil eram negros, pobres e igualmente tratados como escravos.

Na corporação, no entanto, João Cândido logo se destacou pela facilidade que tinha no aprendizado. Em pouco tempo, tornou-se um timoneiro confiável, e sua habilidade o levou a ser incluído na tripulação brasileira que, no início do século 20, foi levada para a Inglaterra, para ser treinada nos dois mais novos – e poderosos – navios encomendados pelo governo brasileiro, os encouraçados São Paulo e Minas Geraes.

Lá, além de aprender a movimentar perfeitamente as duas grandes embarcações, o jovem timoneiro – que já era uma espécie de líder natural entre os marinheiros, justamente por se opor aos castigos a bordo –, tomou conhecimento de dois fatos: o fim das punições na Marinha Inglesa, muitos anos antes, e o bem-sucedido motim no encouraçado russo Potemkin, ocorrido em 1905, contra o regime tirânico dos oficiais daquele navio. E aquilo fez com que a semente da revolta brotasse dentro dele.

A gota d'água viria logo depois, quando, no retorno ao Brasil, em novembro de 1910, o capitão do Minas Geraes, comandante João Batista das Neves, navio no qual ele passou a servir, determinou que um dos marinheiros, o também negro Marcelino Rodrigues de Menezes, fosse punido com 250 chibatadas, por ter, segundo ele, "cometido falta grave" – sem, contudo, detalhar o ocorrido.

O castigo fez com que o acusado chegasse a desmaiar durante as chicotadas, mas, ainda assim, a punição continuou, para total indignação dos demais marinheiros, especialmente João Cândido.

Naquele dia, junto dos companheiros, o carismático marinheiro, então com pouco mais de 20 anos de idade, decidiu que, a exemplo do que haviam feito os ingleses e russos, era preciso pôr um ponto final na barbárie dos castigos físicos na Marinha do Brasil. E marcou para o dia seguinte, 22 de novembro de 1910, quando o Minas Geraes, acompanhado de outras embarcações, inclusive o encouraçado São Paulo, estaria na Baía de Guanabara, então sede do governo brasileiro, a insurreição contra os maus-tratos nos navios da corporação.

O plano original previa aproveitar uma saída do comandante para terra firme para os insurgentes tomarem posse do navio e, juntamente com aliados em outras embarcações da Marinha, forçar o governo do então recém-empossado presidente Hermes da Fonseca a determinar o fim da prática abusiva dos castigos físicos, além de melhorar os soldos dos marinheiros, que quase nada recebiam pelo trabalho que faziam. Mas o comandante Batista das Neves voltou antes do esperado e, após uma discussão com um dos rebeldes, foi morto, bem como outros dois oficiais.

João Cândido se opôs às mortes, mas assumiu o controle do motim. Em seguida, enviou uma mensagem ao governo brasileiro e mandou que seus companheiros nos demais navios tomados pelos marinheiros, também estacionados na Baía de Guanabara, apontassem os canhões para a cidade do Rio de Janeiro. E, como forma de pressão, autorizou um disparo de advertência que, por acidente, atingiu uma casa e matou duas crianças.

A Capital Federal ficou sob a mira dos canhões dos navios da própria Marinha por quatro dias, comandados por João Cândido que, com a destreza um bom timoneiro e com o que aprendera na Inglaterra sobre as capacidades do Minas Geraes, manobrava com maestria o grande encouraçado dentro da baía. Nascia assim o "Almirante Negro", como os jornais da época passaram a chamar o líder dos revoltosos – apelido que ficaria para sempre ligado ao seu nome.

Acuado e temendo que a audácia daqueles marinheiros causasse o bombardeio da cidade, o governo brasileiro descartou uma retaliação militar e optou pela saída diplomática. O próprio presidente Hermes da Fonseca negociou com João Cândido o fim do levante – que entraria para a história como a "Revolta das Chibatas" –, aceitando banir os castigos físicos nas instituições do país e dando anistia aos revoltosos. Mas não foi bem assim que aconteceu depois.

Terminado o movimento, mais de 1 200 marinheiros foram expulsos da corporação, e muitos outros foram presos – especialmente João Cândido, um dos dois únicos que sobreviveu às insalubres condições do cárcere em uma base da Marinha, na própria Baía de Guanabara, onde 16 companheiros seus morreram na mesma noite, vítimas da cal viva usada para desinfetar as celas.

De lá, João Cândido foi enviado para um hospício, sob a alegação ter enlouquecido. Quando conseguiu provar que não estava doente, veio outro golpe vingativo: foi mandado para julgamento pelo levante contra o governo. Julgado, foi absolvido. Mas, em seguida, expulso da Marinha.

João Cândido passou a viver como pescador na Baía de Guanabara, já que sempre que conseguia emprego como timoneiro em algum barco era rapidamente demitido por pressões políticas. E assim foi até sua morte, em 6 de dezembro de 1969, aos 89 anos, de câncer no intestino.

O "Almirante Negro" foi homenageado até em música: o sucesso "Mestre-sala dos mares", de Aldir Blanc e João Bosco, imortalizado na voz de Elis Regina, na década de 1970. Mas, até a canção sofreu alterações, por pressão dos militares: a expressão original "marinheiro" virou "feiticeiro", "negros" deu lugar a "santos" e "almirante" foi trocado por "navegante".

A perseguição da Marinha (que, até hoje, se refere ao movimento como a "Revolta dos Marinheiros", e não "da Chibata") persistiu mesmo após a morte de João Cândido. Em 2021, 13 anos após o Senado brasileiro ter concedido anistia post mortem a ele e outros marinheiros participantes do levante (o que desagradou aos militares), a corporação também se opôs à proposta de que o nome do líder dos marinheiros fosse incluído na lista dos "Heróis da Pátria", como um "símbolo da luta antirracista". E conseguiu.

Hoje, além de batizar um grande navio petroleiro brasileiro e de ter virado estátua em um dos principais pontos do Rio de Janeiro – não por acaso, bem diante do palácio onde a Princesa Isabel assinou a lei que aboliu a escravidão no Brasil, em 1888 –, a vida do marinheiro que entrou para a história por sua bravura e senso de justiça já foi retratada em três filmes e virou enredo de escola de samba em meia dúzia de oportunidades.

Na última delas, foi tema do desfile da Paraíso do Tuiuti, na Marquês de Sapucaí, no Carnaval de 2024. O povo aplaudiu de pé.

A mulher inafundável

Ela sobreviveu a três naufrágios, incluindo o pior de todos

Sorte ou azar demais? O que você diria de uma pessoa que tivesse sido vítima de dois dos piores naufrágios no século passado, mas sobrevivido a ambos?

Pois a camareira e enfermeira argentina Violet Jessop conseguiu esta proeza. Ela estava no Titanic quando ele atingiu um iceberg e afundou, em 1912, e também a bordo do seu irmão gêmeo, o transatlântico Olympic, quando ele foi abalroado por outro navio no Canal da Mancha, e só não afundou por pouco.

Mas, pior que tudo foi o seu terceiro infortúnio – sim, houve mais um. Foi no navio-hospital Britannic, no qual ela trabalhava como enfermeira, na Primeira Guerra Mundial. Vítima de uma explosão, ela foi sugada para baixo do casco e quase decepada pelos hélices. Mas – adivinhe só –, uma vez mais, sobreviveu.

Filha de ingleses criadores de ovelhas que se mudaram para a Patagônia no final do século 19, Violet nasceu na cidade argentina de Bahia Blanca, mas, aos 16 anos de idade (após a morte do pai, e quase dela própria, por tuberculose), migrou para a Inglaterra com a mãe para tentarem uma nova vida.

Na viagem, feita pelo mar, único meio de locomoção entre a América do Sul e a Europa na época, Violet teve a ideia de tentar um emprego de camareira em navios e assim que chegou à Inglaterra colocou o seu plano em prática. Procurou diversas empresas marítimas, mas foi recusada em todas, por ser jovem demais. Mudou então de estratégia, passou a se vestir como uma senhora, e assim conseguiu emprego em um pequeno navio, de uma pequena empresa, o Orinoco.

Mas o emprego durou pouco. Com sua juventude descoberta, passou a ser assediada pelo capitão do navio e pediu demissão. No entanto, com a experiência adquirida no Orinoco, Violet conseguiu uma vaga no transatlântico Majestic, da poderosa companhia White Star Lines, a mesma que, mais tarde, lançaria o Titanic.

Dois anos depois, como prêmio por sua eficiência e dedicação aos passageiros, foi promovida a camareira em outro navio da empresa, o recém-lançado Olympic, irmão gêmeo do Titanic, no qual manteve o hábito de disfarçar sua pouca idade sob vestimentas antiquadas. Contudo, sua estreia naquele grande navio não foi muito promissora.

Em 20 de setembro de 1911, meses após começar no novo emprego, o Olympic quase foi a pique após colidir com outro navio, o cruzador da Marinha Inglesa Hawke, logo após a partida de ambos do porto de Southhampton, na Inglaterra. O acidente foi causado pelo próprio tamanho colossal do transatlântico, cujo deslocamento no estreito canal do porto "sugou" o cruzador, causando a colisão das duas embarcações. O choque gerou dois grandes rombos no casco do Olympic – e ainda mais danos no Hawke –, mas ambos conseguiram retornar ao porto antes que inundassem e afundassem.

Violet não se importou com o episódio e continuou trabalhando no navio. Mas não por muito tempo. Logo foi convidada a assumir a função de camareira da primeira classe na viagem inaugural do mais novo transatlântico da companhia, o Titanic, cujo capitão, Edward Smith, era o mesmo que havia comandado o Olympic – e que, como se sabe, resultou na mais famosa tragédia marítima de todos os tempos, em 14 de abril de 1912.

Naquela noite fatídica, em meio ao pânico dos passageiros do Titanic, Violet não se abalou. Ao acordar com o impacto do navio contra o iceberg, agarrou um terço, já que acreditava piamente no poder das orações, vestiu seu uniforme e foi para o convés auxiliar os passageiros – especialmente os que não falavam inglês, já que ela dominava outros idiomas, sobretudo o espanhol.

Acabou sendo instruída a embarcar em um dos botes salva-vidas, junto à um grupo de poloneses, para ajudá-los com questões de segurança, como o uso dos coletes salva-vidas. Ao fazer isso, ela recebeu – nunca soube de quem – um bebê, que ficaria em seu colo até a manhã seguinte, quando o seu bote se tornou o último a ser resgatado por um dos navios que vieram em socorro às vítimas do Titanic, o Carpathia.

Ao embarcar no navio com o bebê no colo, uma mulher – que ela também jamais soube quem era – correu na sua direção e arrancou a criança das suas mãos. Violet nunca mais voltou a ver a tal mulher, nem o bebê. O episódio a incomodou bem mais do que o próprio naufrágio.

Um mês depois, Violet voltou a trabalhar no Olympic. Mas, com a eclosão da Primeira Guerra Mundial – e o declínio das viagens marítimas –, decidiu fazer um curso de enfermagem e, aos 29 anos, se alistou como enfermeira voluntária no navio-hospital Britannic, que antes da guerra também fizera parte da frota da White Star Line, como transatlântico de passageiros. Mas, tal qual acontecera no Titanic, no Britannic ela não completou sequer sua primeira viagem.

Na manhã de 21 de novembro de 1916, quando transportava soldados feridos no Mar Egeu, o Britannic tocou em uma mina marinha (ou foi torpedeado – nunca se soube realmente o que aconteceu) e explodiu, obrigando a evacuação de todos os sobreviventes em botes salva-vidas. Entre eles, a resiliente ex-camareira, já chamada de "Senhora Inafundável". Violet foi última mulher a abandonar o navio, porque ficou ajudando a embarcar os feridos. Mas, desta vez, por muito pouco, ela não perdeu o apelido. E a própria vida.

Como o capitão do Britannic mantivera o navio em movimento, na esperança de conseguir encalhá-lo em águas rasas, seu deslocamento gerou um movimento de sucção dos botes que estavam sendo baixados, e o de Violet foi parar debaixo do casco, bem diante das hélices. Ela só não foi triturada pelas lâminas porque, ao ser sugado, o bote virou de cabeça para baixo, formando uma espécie de escudo sobre a enfermeira, salvando-a de uma morte certa.

Violet foi resgatada apenas com um corte na cabeça, consequência da pancada que sofreu quando o bote virou sobre ela – e isso, mais tarde, acrescentaria outro surpreendente dado ao seu currículo de sorte extraordinária. Anos depois, ao fazer um exame de rotina, Violet descobriu que havia fraturado o crânio naquele episódio do Britannic. Mas nem percebeu.

Quando a guerra terminou, a inabalável camareira voltou a trabalhar em navios transatlânticos, e assim permaneceu até se aposentar, aos 63 anos de idade. Foi, então, viver em uma fazenda no interior da Inglaterra, criando galinhas e escrevendo suas memórias — que, na época, ninguém se interessou em publicar.

Certo dia, o telefone tocou em sua casa e, do outro lado da linha, uma voz masculina perguntou se fora ela que salvara um bebê no naufrágio do Titanic. Violet respondeu que sim, mas a conversa parou por ali. O homem apenas riu e desligou, sem dizer mais nada. Ela jamais soube quem era aquele homem. Mas a suspeita é que ele tenha sido o bebê que ela protegera naquela terrível noite.

Um ano depois, em maio de 1971, Violet Jessop morreu, de ataque cardíaco, aos 83 anos, deixando uma incrível história de vida (ou, melhor dizendo, de sobrevivência), e um livro pronto, que só seria publicado 26 anos depois. Só quando isso aconteceu, veio o reconhecimento do valor – e da sorte – desta brava mulher, que, apesar de ter sobrevivido a tantos infortúnios no mar, jamais aprendeu a nadar.

O clandestino que entrou numa fria

Aquele garoto tanto fez que acabou sendo aceito na mais dramática das expedições antárticas

Após a conquista do Polo Sul pelo norueguês Roald Amundsen, em 1911, o explorador irlandês Ernest Shackleton concluiu que a única façanha que restara na Antártica era a travessia a pé do continente gelado. Foi com este objetivo que ele partiu da Inglaterra, em meados de 1914, com mais de duas dezenas de homens, a bordo do Endurance, um grande e resistente barco com casco de madeira e 44 metros de comprimento, com destino a uma certa baía do Mar de Weddell, na Península Antártica, onde desembarcaria para sua travessia inédita.

Mas, por uma falha no planejamento da viagem, a área onde o Endurance foi ancorado congelou bem mais cedo que o previsto e trancou a embarcação no gelo, o que, mais tarde, geraria uma das maiores façanhas marítimas da história, como se verá mais adiante.

Bem antes disso, no final de 1914, ainda a caminho da Antártica, o Endurance fez uma escala no porto de Buenos Aires para repor suprimentos e completar a tripulação. Enquanto o barco era carregado com mantimentos, Schackleton buscou marinheiros dispostos a enfrentar o frio antártico. Foi quando, no quase vizinho porto de Montevidéu, no Uruguai, do outro lado do Rio da Prata, dois jovens marinheiros – um deles bem jovem mesmo – ficaram sabendo da oferta de trabalho e se interessaram.

Um deles era o americano William Bakewell, de 26 anos, que perambulava pelo porto da capital do Uruguai havia tempos, em busca de algum barco que precisasse de tripulante. O outro, ainda mais jovem, era o galês Perce Blackborow, de apenas 18 anos de idade, que ficara amigo de Bakewell depois que o barco no qual trabalhava afundou na costa uruguaia. Os dois viajaram para Buenos Aires e se inscreveram para as vagas oferecidas no Endurance.

O próprio Shackleton conduziu as entrevistas com os candidatos e, ao final, deu o seu veredito: Bakewell, por ser mais experiente, estava contratado, mas Perce Blackborow, não – era jovem demais para a dura empreitada que eles teriam pela frente, nos bravios mares da Antártica. Só que Perce acabaria embarcando naquela viagem de qualquer forma, acobertado pelo amigo, como clandestino.

Pouco antes de o Endurance partir de Buenos Aires, Perce se escondeu na cabine de Bakewell e ali ficou por três dias, sendo alimentado pela comida que o amigo desviava da cozinha. Só quando o Endurance já navegava a muitas milhas da costa argentina – o que tornava praticamente inviável retornar –, é que Perce se reapresentou a Shackleton, agora na condição de clandestino a bordo, algo levado muito sério na época.

O irlandês ficou furioso, esbravejou por longos minutos, mas, sem outra alternativa que não fosse retornar – ou atirar o intruso ao mar –, concordou em manter a bordo, como ajudante de cozinha, o jovem marinheiro, que, além de audacioso, também era um bocado arrogante.

Mas, antes, deixou clara a sua posição a respeito daquela atitude: “Em uma expedição como esta, em que a comida é escassa, você será o primeiro a ser devorado caso falte alimento para nós”, disse Shackleton, em tom de brincadeira e, ao mesmo tempo, ameaça. Ao que o petulante Perce respondeu: “Pois o senhor teria mais carne a oferecer”. Secretamente, Shackleton começou a simpatizar com o rapaz.

A raiva inicial deu lugar a uma certa afinidade, que se materializaria dias depois, quando, durante a navegação para o sul do continente, Shackleton decidiu se divertir – bem como o restante da tripulação –, promovendo o “batismo” do jovem tripulante.

Perce foi amarrado à proa de um dos botes do Endurance e lançado ao mar, em meio a um cardume de orcas. Intrigados, os animais, também conhecidos como “baleias assassinas” – embora pertençam à família dos golfinhos –, rodearam o bote, emergiram diversas vezes bem ao lado do jovem marujo e chegaram a cheirá-lo. Mas nada de ruim aconteceu com ele, porque a carne humana não faz parte do cardápio das orcas.

Shackleton sabia disso – daí ter tramado aquela brincadeira com o garoto. Mas Perce, não. Ao ser levado de volta ao Endurance, em meio a gargalhadas dos demais tripulantes, o jovem marinheiro ganhou um abraço de Shackleton e a sua definitiva amizade. Ele tinha sido, enfim, aceito como tripulante – o 28º daquela expedição, que, no entanto, fora planejada para ter só 27 homens. Perce era, de longe, o mais jovem de todos.

Sua função continuou sendo a cozinha, onde descascava batatas e ajudava a preparar a comida. Não era bem o que ele gostaria de fazer, mas, ao menos, agora fazia parte da equipe. Porém, mais tarde, Perce teria motivos de sobra para se arrepender de ter embarcado naquela viagem.

O primeiro sinal de que aquela expedição poderia não terminar bem veio quando o Endurance ficou trancado e imobilizado pelo gelo no Mar de Weddell, e, dez meses depois, foi abandonado antes de rachar e afundar, o que aconteceu logo depois.

Quando isso ocorreu, o estoque de comida da malfadada expedição já estava perigosamente baixo, o que levou Shackleton a ordenar a captura de focas, pinguins e o que mais surgisse pela frente, inclusive os cães do ártico que ele havia levado para puxar os trenós na travessia inédita que pretendia fazer, e que nem sequer iniciou.

Cabia a Perce cozinhar a carne dos animais, usando como combustível para o fogareiro a própria gordura contida nela. Isso gerava uma permanente nuvem de fumaça na improvisada cozinha do acampamento, e lhe rendia a cara permanentemente escurecida de gordura e fuligem.

Apesar do inclemente inverno antártico, quando as temperaturas despencavam abaixo dos 30 graus negativos e os dias eram tão escuros quanto as noites, Shackleton e seus homens mantiveram o moral alto. Para isso, faziam seguidas brincadeiras com a aparência sempre escurecida do jovem cozinheiro, então já transformado em uma espécie de mascote do grupo.

Mas toda a alegria terminou quando Shackleton concluiu que não haveria escapatória para o Endurance, que, dia após dia, era comprimido pelo gelo do mar congelado. Se eles quisessem permanecer vivos, teriam que buscar a salvação por conta própria, em outro local.

Shackleton optou pela Ilha Elefante, bem na ponta da Península Antártica. De lá, ele partiria com um pequeno grupo de homens, a fim de buscar ajuda na distante Ilha Geórgia do Sul, a mais de 1 500 quilômetros de distância, onde havia uma estação baleeira. Mas, para isso, era preciso arrastar os pesados botes de madeira do Endurance até onde não houvesse mais gelo, e, dali em diante, seguir praticamente remando até a Ilha Elefante. Antes disso, porém, o jovem Perce Blackborow voltou a se tornar motivo de preocupação para Shackleton.

Ao deixar o Endurance, Perce vestira botas inadequadas – de couro, como as que usava no gelo, não impermeáveis, como as que os experientes marinheiros calçavam quando sabiam que ficariam em contato com a água –, o que fez com seus dedos dos pés congelassem durante a travessia. Quando o grupo chegou à Ilha Elefante, após uma jornada estafante, Shackleton até pensou em dar ao jovem grumete a honra de ser o primeiro homem a pisar naquela ilha. Mas, àquelas alturas, Perce sequer conseguia ficar em pé.

Por conta do frio e do contato permanente com o mar congelante, seus pés haviam se transformado em duas bolas escuras de sangue coagulado. O diagnóstico do médico da expedição foi conclusivo: era preciso amputar todos os dedos do pé esquerdo de Perce para que ele sobrevivesse. E isso foi feito tão logo eles chegaram à ilha.

A "cirurgia", feita com materiais precários e usando apenas um pouco de clorofórmio como anestésico, durou quase uma hora, mas foi bem-sucedida – embora Perce tenha sofrido um bocado.

Shackleton, porém, já havia partido para buscar ajuda, com cinco dos seus homens em um dos botes e a promessa de que voltaria para resgatar o restante do grupo.

Tal qual a dolorosa cirurgia de amputação do jovem marujo, Shackleton e seus companheiros sofreram o pão que o diabo amassou no furioso mar antártico, tentando cruzar quase mil milhas de um dos mares mais perigosos do mundo com um simples barquinho de pouco mais de seis metros de comprimento.

A travessia, a remo e a vela, guiada apenas por um precário sextante que o mar em constante convulsão mal permitia ser operado corretamente, transcorreu sob temperaturas sempre negativas, ondas colossais de até 15 metros de altura e ventos, muitas vezes, acima dos 100 km/h.

Shackleton e seus homens passaram dias e noites permanentemente encharcados, tentando evitar que o pequeno barco inundasse, e torcendo para que o rumo estivesse correto; caso contrário, teriam o mesmo fim que os demais companheiros deixados na Antártica. Foi uma travessia insana. Mas a única alternativa que eles tinham.

Até que, no 17º dia de purgatório, o pequeno barco tocou o solo vulcânico da Ilha Geórgia do Sul, finalizando aquela que é considerada a mais épica de todas as jornadas da exploração antártica. Mas fez isso no lado oposto ao do povoado da ilha, o que obrigou Shackleton e dois voluntários (os outros três ficaram no local do desembarque) a passarem mais alguns dias escalando grandes e geladas montanhas, já que era impossível contorná-la com aquele barquinho. Depois de tanto sofrimento no mar, ainda foi preciso vencer montanhas cobertas de gelo e neve.

Quando os três finalmente chegaram, famintos e exaustos, à estação pesqueira de Grytviken, único povoado da ilha, Shackleton imediatamente tratou de conseguir um barco para resgatar seus homens, tanto os que estavam do outro lado da ilha, quanto na distante Antártica.

Três meses depois, a bordo de um baleeiro chileno, Shackleton partiu da Ilha Geórgia do Sul para recuperar seus homens. Todos ainda estavam vivos. E assim retornaram à Inglaterra, inclusive o jovem Perce, único que voltou com sequelas daquela viagem.

Mas o que parecia ser um infortúnio para o resto da sua vida, acabou sendo, talvez, a salvação de Perce Blackborow. Por causa da deficiência física adquirida na Antártica, ele escapou de ser convocado para a fase final da Primeira Guerra Mundial, que estourara enquanto estava retido no continente gelado. De certa forma, foi o único aspecto positivo da intempestiva decisão daquele jovem marinheiro de embarcar de gaiato na mais dramática expedição antártica de todos os tempos.

Já Shackleton retornou planejando partir de novo. Apesar do fracasso da expedição anterior, anunciou uma nova investida no continente gelado, com outro barco, o Quest ("busca", em português), uma demonstração da sua obstinação.

O objetivo da nova expedição era realizar pesquisas e mapeamentos da costa antártica, pagas pelo governo inglês – uma forma de quitar as dívidas contraídas pelo explorador na malograda viagem do Endurance. Mas Shackleton, desta vez, não chegou nem até a Antártica.

Durante uma escala na mesma Ilha Geórgia do Sul, nos primeiros dias de janeiro de 1922, um infarto fulminou o explorador enquanto ele descansava na cabine de seu barco – cabine que, mais tarde, seria retirada do Quest e transportada para um pequeno museu em Athy, na Irlanda, onde

Shackleton nasceu, e que pode ser visitada pelos seus admiradores até hoje.

Shackleton morreu aos 48 anos de idade, mas deixou um histórico extraordinário de bravura, liderança e determinação, embora o lado irônico disso seja o de que ele só se tornou herói por conta de um fracasso.

Sua épica travessia até as Ilhas Georgia do Sul com um simples bote, em busca da salvação de seus comandados, é considerada um dos mais eloquentes exemplos de heroísmo no mar que se tem notícia, e símbolo maior da dura conquista da Antártica. E que teve até clandestino a bordo.

Vítima do próprio veneno

O abandono do navio parecia ser tranquilo. Até que suas próprias bombas explodiram

De certa forma, todas as vítimas do naufrágio do contratorpedeiro americano USS Jacob Jones, durante a Primeira Guerra Mundial, 66 vidas ao todo, foram consequência das bombas que o próprio navio transportava – e não do torpedo disparado à queima-roupa contra ele pelo submarino alemão U-53, minutos antes.

No dia 6 de dezembro de 1917, quando retornava, sozinho, da França para a Irlanda, após participar de um comboio de navios Aliados, o USS Jacob Jones foi detectado no periscópio do U-53, comandado pelo capitão Hans Rose, quando navegava a cerca de 40 milhas da costa irlandesa.

A ordem de disparo foi imediata. E embora o rastro na água deixado pelo projétil tenha sido visto pelos marinheiros americanos bem antes de se chocar com o casco do navio, não houve tempo bastante para desviar o contratorpedeiro. O petardo atingiu o leme e a casa de máquinas do USS Jacob Jones, que logo começou a encher de água, mas sem nenhuma vítima fatal.

Sabendo que não teria como escapar, já que ficara sem leme nem propulsão e à mercê do submarino inimigo que permanecia à espreita na região, o comandante do contratorpedeiro, David Bagley, ordenou o lançamento de todos os botes salva-vidas ao mar e decretou o abandono do navio.

Como o impacto havia sido na popa, distante dos paióis de bombas e munições do USS Jacob Jones, o abandono do navio começou a ser feito sem maiores problemas, já que o torpedo não causara nenhuma vítima. Mas o tamanho do rombo no casco fez o contratorpedeiro inundar com rapidez, erguendo vertiginosamente sua proa, e acelerando o processo de afundamento. E foi isso que transformou o naufrágio do primeiro contratorpedeiro americano naquele conflito em uma tragédia.

Em menos de oito minutos, antes mesmo que todos os botes fossem baixados ao mar, o USS Jacob Jones ergueu totalmente a proa na direção do céu e deslizou feito uma pedra para o fundo do mar. Quando isso aconteceu, os marinheiros que ainda estavam no navio – e que completavam a tripulação inteira do contratorpedeiro – pularam na água. Mas foram vítimas de um infortúnio.

Ao mergulhar, a inundação dos paióis de munição detonou as bombas de profundidade que o próprio navio transportava, justamente para atacar os submarinos inimigos. A violenta sequência de explosões atingiu não só os homens que estavam na água como também os botes mais próximos, deixando 66 mortos e dezenas de feridos – uma ironia, já que o impacto do torpedo em si não causara nenhuma vítima.

Minutos depois, impressionado com a surpreendente autoimplosão do contratorpedeiro – o que lhe poupou o disparo de um novo torpedo –, o comandante alemão Rose emergiu ao lado de alguns botes vitimados, e não só socorreu dois marinheiros feridos, como informou, através do rádio, a base americana em Queenstown, na Irlanda, sobre o naufrágio do USS Jacob Jones, passando as coordenadas exatas, para que o resgate do demais tripulantes fosse providenciado.

Graças a isso, novas vítimas foram poupadas, e Rose pode dormir com a consciência tranquila, já que, diretamente, seu torpedo não matara ninguém. Quem fez isso foi o próprio navio, com bombas que, ironicamente, deveriam protegê-lo justamente dos submarinos.

O USS Jacob Jones foi vítima do próprio veneno.

Amigos, amigos; guerras à parte

Apesar do encontro inesperado, a missão teve que ser cumprida

O americano Bob Wharton, capitão da escuna pesqueira Robert and Richard, puxava suas redes ao largo da costa do Maine na manhã de 22 de julho de 1918, quando viu surgir diante de seu barco um grande submarino alemão. Era o U-156, que vasculhava aquelas águas em busca de presas, já que estava em curso a Primeira Guerra Mundial.

O submarino emergiu bem ao lado da escuna e dele saíram dois tripulantes: o comandante Richard Feld e o seu segundo oficial, que, por meio de um bote, embarcaram no pesqueiro. Foi quando veio a mútua surpresa: o capitão Wharton e o segundo oficial do submarino já se conheciam.

O alemão, que falava inglês fluentemente, fora dono de um hotel em Portland, no mesmo estado onde Wharton vivia, cujo bar costumava ser frequentado pelos pescadores da região. Os dois passaram bons minutos conversando sobre o passado, enquanto o comandante do submarino inspecionava o interior da escuna.

Aquele encontro improvável e inesperado tornou a abordagem alemã menos traumática. Mas não mudou o objetivo da missão dos alemães: explodir a escuna do capitão americano.

Quando a conversa entre o capitão Wharton e o segundo oficial do U-156 acabou, o comandante alemão comunicou que era seu dever afundar o máximo possível de barcos inimigos, e isso inclua aquela escuna – embora ela fosse um simples pesqueiro. E depositou uma bomba com disparo programado no porão da Robert and Richard, que explodiu e afundou em seguida.

Antes, porém, os alemães permitiram que os pescadores recolhessem seus pertences, enchessem o bote salva-vidas com água e suprimentos, e o capitão americano e o segundo oficial do submarino ainda trocaram sugestões sobre a rota mais rápida até a costa.

Dois dias depois, o capitão Wharton chegou à terra firme com seus homens, e uma incrível história para contar aos demais pescadores da região, à noite, no bar.

Que começou com uma pergunta para todos: "Adivinhem quem eu encontrei no mar?".

Só sobreviveu quem não queria

O capitão havia decidido afundar com o próprio navio. Mas não conseguiu

Em novembro de 1919, o cargueiro a vapor Myron seguia de Michigan para Buffalo, nos Grandes Lagos dos Estados Unidos, com 17 homens a bordo, quando o acúmulo de neve no convés desestabilizou a embarcação de tal forma que o seu capitão, Walter Neal, mandou deter o avanço do barco, a fim de tentar livrar o convés daquele perigoso peso extra.

Mas, também por conta do acúmulo de neve, a caldeira se recusou a voltar a funcionar, e o Myron ficou à deriva, em meio a ventos que chegavam a 60 nós nas rajadas. Em seguida, veio algo ainda pior: algumas pranchas de madeira do casco começaram a descolar, vertendo água para dentro do cargueiro – que, cada vez mais pesado e instável por conta da neve acumulada, começou a afundar.

Ciente que seria impossível salvar o navio condenado, o capitão Neal deu ordem para que todos os tripulantes passassem para os botes salva-vidas – todos, menos ele próprio. O comandante do Myron decidira que afundaria junto com o barco, por se sentir culpado por tê-lo parado em meio a tempestade. Tão logo os dois botes foram lançados na água com seus 16 comandados, Walter Neal se trancou na cabine de comando e ficou, resignadamente, esperando o fim. Mas o destino não quis assim.

Quando a água chegou até ele, o fez com tamanha velocidade e intensidade que a pressão no cômodo fechado arrancou o teto da cabine de comando, e Neal foi lançado longe, caindo na água. Em seguida, ao subir acidentalmente até a crista de uma onda, o capitão, agora transformado em náufrago voluntário, viu ao longe os dois botes com seus homens tentando chegar à terra firme. Mas eles só conseguiram isso duas semanas depois, quando já haviam sido transformados em cadáveres congelados.

No início de dezembro, um rebocador encontrou, à deriva, na Baía de Whitefish, os dois botes do Myron com os corpos completamente enrijecidos de seus 16 marinheiros. Alguns cadáveres estavam tão petrificados que foi preciso improvisar uma fogueira na funerária da cidade mais próxima para descongelá-los.

Já o capitão suicida do cargueiro teve bem mais sorte, embora buscasse justamente o oposto disso. Resgatado milagrosamente ainda vivo por um vapor no dia seguinte ao naufrágio, o comandante Neal apresentava um severo quadro de hipotermia e suas mãos estavam tão inchadas que os anéis que tinha nos dedos não eram mais visíveis. Mesmo assim, ele se recuperou e tempos depois voltou a navegar, com outro navio.

Por fim, o único sobrevivente do Myron foi justamente aquele que, espontaneamente, havia decidido morrer com o barco.

Mas o acaso não permitiu.

O mistério do Valbanera

Onde foram parar todos os ocupantes daquele transatlântico?

Mesmo após sua independência da Espanha, em 1902, Cuba continuou sendo um dos principais destinos de imigrantes espanhóis em busca de trabalho, já que a ilha havia perdido boa parte da sua mão de obra durante o conflito. Não por acaso, era para lá que o transatlântico espanhol Valbanera seguia, naquele início de outono de 1919, com uma nova leva de famílias, quando aconteceu o que até hoje ninguém sabe exatamente o quê.

O Valbanera, da poderosa empresa espanhola Pinillos, Izquierdo y Cía (a mesma do também transatlântico Príncipe de Astúrias, que naufragara tragicamente três anos antes ao colidir com uma das pontas da ilha de Ilhabela, na costa brasileira, causando a morte de mais de 440 pessoas), havia partido das Ilhas Canárias no dia 21 de agosto, com 1 230 pessoas, sendo 1 142 passageiros, para uma travessia com duração prevista de cerca de 15 dias. E a estava cumprido sem nenhum inconveniente, exceto pela perda de uma das âncoras ainda na partida das Canárias, o que, para os marinheiros mais supersticiosos, não deixou de ser um mau presságio.

Em 5 de setembro, o Valbanera – cujo nome era uma homenagem a Nossa Senhora de Valvanera, uma santa muito venerada na região de La Rioja, terra natal dos donos do navio, mas escrita de forma errada no casco, com um "b" no lugar do segundo "v" – atracou no porto da cidade cubana de Santiago, onde boa parte dos passageiros desembarcou antes de o navio seguir para a capital, Havana, destino final da viagem. Mas não foi o que aconteceu.

Logo após o transatlântico zarpar de Santiago, com os 488 passageiros restantes, além dos mesmos 88 tripulantes, um pavoroso ciclone atingiu o Golfo do México, e o porto de Havana foi fechado. Quando chegou diante da capital cubana, em meio a fortíssimos ventos, o capitão do Valbanera, Ramón Martín Cordero, de apenas 34 anos de idade e que fazia a sua primeira travessia transoceânica, foi informado, por meio de sinalização luminosa, que não poderia atracar. Sem alternativa, respondeu dizendo que se afastaria da ilha, rumo ao mar aberto, a fim de aguardar o tempo melhorar. Foi a última vez que se teve notícias do transatlântico espanhol. O que aconteceu depois disso, jamais se saberá.

Dez dias depois, quando o desaparecimento do navio já era tido como fato consumado, um navio de guerra dos Estados Unidos, em patrulha no extremo sul da Flórida, encontrou a ponta de um mastro aflorando na superfície, sobre um famoso banco de areia da região, o Half Moon, a cerca de 60 quilômetros de Key West, no extremo sul do estado. E, abaixo dele, havia um transatlântico inteiro: o Valbanera. O navio não apresentava nenhum dano estrutural e tinha todos os barcos salva-vidas ainda presos aos turcos, no convés. Mas nenhum sinal dos 576 ocupantes que zarparam nele, rumo à Havana.

Nenhum sobrevivente foi encontrado, bem como nenhum dos mais de 500 corpos das vítimas. O que teria acontecido? Por qual motivo o Valbanera – que acabaria apelidado de "Titanic dos Pobres", já que só levava imigrantes em busca de uma nova vida em Cuba – se afastara tanto da ilha? Por que afundara, se aparentemente seu casco estava em perfeito estado? Por que os barcos salva-vidas não foram lançados na água? Por que ele não enviou nenhum pedido de socorro? E, mais intrigante que tudo: onde foram parar todos os seus ocupantes? Teriam todos eles morrido no naufrágio e seus corpos levados pelas águas? Além de afundar o navio, teria o furacão feito com que nenhum cadáver jamais aparecesse nas praias da região?

Perguntas como estas, que nunca tiveram respostas, transformaram o naufrágio do Valbanera no mais perturbador mistério naval da história da Espanha – e uma das maiores catástrofes marítimas daquele país, em todos os tempos.

A rigor, os únicos sobreviventes do Valbanera – que, no entanto, em nada puderam ajudar a solucionar o mistério, pois já não estavam mais a bordo – foram os 742 passageiros que haviam desembarcado em Santiago, muitos deles de forma estranha, pois haviam comprado passagem até Havana. O por que de a maioria dos passageiros desembarcar antes da hora foi outro mistério nunca explicado. É certo que alguns deles desceriam ali mesmo. Mas muitos outros mudaram de ideia no próprio porto, por diferentes motivos – um deles, a intuição de que aquela viagem poderia não terminar bem, como, de fato, não terminou.

Um caso em particular ficou marcado pelo desfecho igualmente trágico. Ao parar no porto de Santiago, um dos passageiros, que viajava com esposa e filhos pequenos, decidiu desembarcar e seguir por terra para a capital, a fim de procurar uma casa para morar antes da família chegar. Reza a lenda que, ao saber do desaparecimento do navio, o tal homem teria enlouquecido e passado a visitar diariamente o porto de Havana em busca da família, que nunca chegou. Virou o "Louco do Valbanera", e manteve o ritual até morrer, de remorso e desgosto, anos depois.

Meio século depois, a tragédia do Valbanera também serviu de inspiração para Ernest Hemingway, um assíduo frequentador de Cuba, escrever o conto "Depois da tempestade", que mais tarde também viraria filme, embora com um enredo completamente diferente. Na tela, o drama do Valbanera deu lugar à história de um simples pescador que aceita conduzir um iate repleto de contrabando. Mas o barco afunda e o coloca em apuros.

História por história, o que aconteceu na vida real com o Valbanera foi bem mais impactante.

Quatro jangadeiros que fizeram história

Mesmo assim, em seguida, eles foram esquecidos

Na última semana de agosto de 1922, quatro bravos jangadeiros alagoanos partiram de Maceió com um objetivo tão audacioso quanto, até então, inédito: navegar da capital de Alagoas até a cidade do Rio de Janeiro, na época sede do governo brasileiro, com uma simples jangada de feitas troncos amarrados, igual à que usavam na lida diária da pesca de subsistência no mar.

Mas aquela viagem tinha outro propósito, que não pescar: homenagear o primeiro centenário da Independência do Brasil, ocorrido em 1822, com uma travessia jamais feita por uma jangada, embarcação típica do Nordeste brasileiro, que, na época, ainda era praticamente desconhecida pelos brasileiros da região sudeste. Não por acaso, a embarcação foi batizada de "Independência".

Seria uma façanha extraordinária, que – acreditavam os envolvidos – chamaria a atenção das pessoas e do governo federal para os jangadeiros, uma classe de pescadores ignorada, que não era reconhecida pelas leis brasileiras como trabalhadores. E aquela viagem acabaria mesmo chamando a atenção de todo mundo. Mas pela dureza da jornada.

Ao longo de torturantes três meses de navegação, se equilibrando sobre a Independência, uma "jangada de seis paus" (ou seja, um feixe de meia dúzia de toras de madeira piúva amarradas umas às outras, com um mastro fincado no meio e uma única vela, feita de tecido grosseiro), aqueles quatro homens – Umbelino José dos Santos, mestre da embarcação, de 45 anos, Joaquim Faustilino de Sant'Ana, de 41, Pedro Ganhado da Silva, de 36, e Eugênio Antônio de Oliveira, de 25 – sofreram horrores no mar, mas atingiram o objetivo de chegar ao Rio de Janeiro. Lá, foram recebidos pelo próprio presidente da República, Artur Bernardes. No entanto, erraram feio tanto no dimensionamento da empreitada quanto na duração da viagem.

Ingenuamente, os quatro jangadeiros haviam estimado fazer a travessia, de mais de 2 000 quilômetros de mar, costeando o litoral brasileiro, em apenas 11 dias. Levaram 98 – quase nove vezes mais. O cálculo equivocado – mas perfeitamente compreensível, já que nenhum deles jamais havia ido além do mar de Alagoas – fez com que as provisões que levavam na jangada acabassem rapidamente. Especialmente a palha de coco, material usado como combustível para o "fogareiro" (nada mais do que uma lata vazia), no qual iam cozinhando os peixes que pescavam pelo caminho, único alimento com o qual contavam.

O grupo navegava durante o dia, mas quase sempre buscava o abrigo de praias para descansar quando a noite chegava. Mas isso só quando as condições do mar e das arrebentações das ondas permitiam chegar até a areia. Quando não era possível "arribar", ou seja, tomar o rumo de alguma praia, eles tentavam dormir como podiam sobre a própria jangada em movimento e permanentemente molhados, porque aquele tipo de embarcação não oferecia a menor resistência à passagem da água sobre o seu "casco" – embora, por outro lado, fosse justamente isso que tornava aquela jangada tão resistente, pois a água passava livremente sobre os troncos em que os jangadeiros se equilibravam, sem nenhuma resistência.

No entanto, conforme o esforço e o desconforto foram se acumulando no corpo dos quatro homens, a travessia foi ficando cada vez mais dura e cansativa. Eles, no entanto, seguiam em frente, determinados a chegar à Capital Federal. Não pensaram em desistir nem quando veio a primeira das nove tempestades que enfrentariam ao longo do caminho, ainda no mar da Bahia, uma dúzia de dias após a partida de Maceió.

A tormenta foi tão forte que virou a jangada, quebrou o mastro e fez os quatro alagoanos perderem não só a vela como tudo o que tinham. Para não perderem, também, a própria jangada, eles a rebocaram, a nado, até uma praia da Baía de Camamu, onde foram acudidos por moradores. Dias depois, refeitos do esforço de arrastar, apenas com a força dos braços, um feixe de toras de madeira no mar encapelado, os jangadeiros retomaram a viagem. Mas não por muito tempo. Logo surgiu outra tempestade, tão violenta quanto a primeira – mas, felizmente, sem os mesmos danos à jangada –, que os obrigou a buscar abrigo em Ilhéus, onde passaram mais alguns dias.

Como naquela época as comunicações eram extremamente precárias, ninguém em Maceió tinha notícias de seus conterrâneos, nem mesmo se ainda estavam vivos. A única certeza é que, contrariando a estimativa de duração da jornada que eles haviam feito, ainda não haviam chegado ao Rio de Janeiro, porque nenhuma notícia do grupo havia chegado da Capital Federal – o que só aconteceria dois meses depois.

Só em 2 de dezembro de 1922, três meses e sete dias após ter zarpado da capital alagoana, a jangada Independência entrou na Baía de Guanabara, para assombro dos cariocas – que jamais haviam visto uma embarcação daquele tipo em suas águas. Muito menos legítimos jangadeiros, com suas vestimentas rústicas, sempre encharcadas. A jornada daquele quarteto – quem diria? – havia dado certo. Uma autêntica epopeia.

O feito levou os quatro jangadeiros alagoanos, apelidados de "Lobos do Mar" pelos jornais cariocas, a serem recebidos pelo próprio presidente Bernardes no Palácio do Catete, então sede do Governo Federal. Lá, eles entregaram uma mensagem enviada pelo líder da comunidade de jangadeiros a qual pertenciam, que dizia: "Já que os alagoanos nada podiam oferecer para a comemoração do centenário da independência do Brasil, contribuíam apenas com o esforço e o sacrifício daqueles quatro homens". Imediatamente, eles passaram a ser admirados por toda a cidade.

Mas o verdadeiro clamor e reconhecimento veio quando os quatro alagoanos retornaram – de navio a vapor – à Maceió, onde foram recebidos como heróis. O desembarque dos jangadeiros na capital alagoana, no final daquele mês de dezembro, teve até desfile com banda de música pelas ruas da cidade – mais tarde eles próprios virariam nome de rua, a Jangadeiros Alagoanos, hoje principal avenida do elegante bairro de Pajuçara. Também houve uma homenagem oficial, com a criação de um monumento à beira-mar e a cunhagem de sete medalhas comemorativas, de ouro, que foram cunhadas pelo governo do estado – uma para cada jangadeiro, mais três para autoridades.

Não se sabe o destino daquelas moedas, exceto que uma delas foi parar no Museu Histórico Nacional, no Rio de Janeiro, onde hoje faz parte do acervo, e outra que por muito pouco não foi derretida, depois que o principal membro da expedição, mestre Umbelino, penhorou seu prêmio para pagar dívidas. Apesar do feito heroico, aqueles quatro jangadeiros continuaram vivendo na miséria.

Mas não foram apenas aquelas medalhas que desapareceram com o tempo. A própria jangada Independência também sumiu, após ter sido supostamente doada pelos jangadeiros ao próprio Museu Histórico Nacional, no Rio de Janeiro, quando o quarteto chegou à Capital Federal. Nos registros do museu carioca, nunca constou tal jangada.

O mais provável é que a lendária embarcação, de cerca de sete metros de comprimento por pouco mais de um metro e meio de largura, tenha sido esquecida e apodreceu em algum galpão da instituição, a despeito da relevância histórica de ter sido a primeira jangada a sair do Nordeste brasileiro e chegar, navegando, ao outro lado do país, onde jamais as pessoas haviam visto nada igual.

Aqueles quatro jangadeiros alagoanos fizeram história. Mas, tal qual a sua jangada, foram esquecidos em seguida.

Encalhe coletivo

O comboio apenas seguia o líder. Mas o líder não sabia para onde estava indo

Qual a probabilidade de sete poderosos navios militares encalharem e naufragarem praticamente ao mesmo tempo, no mesmo local, um atrás do outro, sem que nenhum deles conseguisse escapar a tempo? Pois foi o que aconteceu na noite de 8 de setembro de 1923, na parte mais visível e saliente de uma espécie de canal existente na costa da Califórnia, conhecida como Honda Point.

O comboio, formado por 14 navios militares da Marinha Americana, fazia um exercício militar após a Primeira Guerra Mundial, e ia de São Francisco para San Diego a toda velocidade, porque isso fazia parte do treinamento – a despeito do habitual nevoeiro da costa sudoeste dos Estados Unidos.

No comando da operação estava o capitão Edward Watson, comandante do destróier USS Delphy, que liderava o comboio. Apesar de sua função de liderança, e de ser o responsável por mostrar o caminho a ser seguido pelos outros navios do comboio, Watson não confiava nos recém-criados instrumentos de navegação (como o rádio-navegador) e preferia, sempre, seguir sua intuição e experiência. Já os demais navios se limitavam a seguir o líder da frota, procedimento chamado de "cálculo morto" – porque não calculavam nada durante a jornada.

Como se tratava de uma simulação de combate, havia também a determinação do total silêncio ao rádio, de forma que os navios não trocavam mensagens entre si – apenas seguiam os que estavam à sua frente, feito um rebanho de ovelhas.

Desta combinação de fatores – falta de confiança nos instrumentos, soberba do comandante, alta velocidade, forte nevoeiro, baixa visibilidade, ausência de comunicação e a entrada traiçoeira de um canal rente à costa –, resultaria a maior perda de navios de guerra em tempos de paz na história americana.

Nada menos que sete destróieres da poderosa Marinha Americana encalharam ou foram parar nas implacáveis pedras de Honda Point, não por acaso apelidadas de "mandíbulas do diabo", porque costumavam triturar os barcos que errassem a entrada do canal, como tragicamente faria o capitão do USS Delphy naquela noite, levando junto com ele outros seis navios.

O desastre começou a se desenhar quando, por volta das nove horas da noite, o capitão Watson mandou desligar o rádio-navegador do USS Delphy, por não confiar nas informações vindas dele, e, a despeito do forte nevoeiro, manteve a acelerada marcha de 20 nós de velocidade para o comboio.

Instantes depois, julgando estar onde não estava, ordenou uma curva acentuada para "penetrar no canal" (formado por um conglomerado de ilhas de um lado e o continente do outro), embora estivesse longe dele, ainda nas proximidades de Honda Point.

A manobra foi copiada por todos os navios que vinham no seu rastro. Menos de cinco minutos depois, o USS Delphy estancou abruptamente nas pedras de Honda Point e rachou ao meio.

O capitão Watson ainda tentou disparar um alarme para as embarcações que vinham atrás, mas já era tarde. O destróier seguinte na fila de navios, o USS S. P. Lee, navegava a menos de 100 metros de distância e acabou sobre as mesmas pedras que vitimaram o USS Delphy, sem tempo para evitar o choque. O mesmo aconteceu com o USS Young, que bateu de costado nas mesmas pedras, rasgou o casco, adernou e emborcou, ficando de ponta cabeça no mar – felizmente, um local raso o bastante para ele não afundar.

Ao ver o pandemônio que havia se formado à sua frente, o capitão do navio seguinte, o USS Woodbury, tentou desviar, mudando rapidamente de direção. Mas bateu de proa nas pedras do outro lado do canal. Em seguida, ganhou a companhia de dois outros navios: o USS Nicholas e o USS Fullersubiu, que fizeram o mesmo que ele e bateram nos mesmos obstáculos.

Já o USS Chauncey, sétimo navio da fila, conseguir escapar da arapuca que a ordem equivocada de Watson impusera a todo o comboio, e, após desviar das pedras dos dois lados do canal e emitir um alarme sonoro que evitou que os demais navios caíssem na mesma armadilha, se aproximou do casco emborcado do USS Young, a fim de resgatar suas vítimas. Mas, ao fazer isso, foi atingido pela hélice do navio virado, teve o casco danificado e por ali ficou também – felizmente, no seu caso, sem vítimas. Mas o mesmo não pode ser dito das tripulações de dois outros navios daquele trágico comboio.

Ao final do caos que se instalou nas pedras de Honda Point na escuridão daquela noite, enquanto marinheiros desorientados pelo denso nevoeiro tentavam nadar na direção da margem sem saber para qual lado ir e sob o risco de serem atropelados pelos outros navios, havia 23 mortos: 20 marinheiros do emborcado USS Young, e três do USS Delphy, que se dividira em duas partes após causar tudo aquilo.

Só escaparam daquele inédito engavetamento de navios os que estavam da metade do comboio para trás, graças ao alarme dado pelo capitão da última vítima das pedras de Honda Point, o USS Chauncey.

Nos dias subsequentes, o mar sempre agitado da entrada do canal se incumbiu de destruir ainda mais os navios, arremessando um de encontro ao outro. Ao cabo de uma semana, restavam apenas grandes pedaços de cascos e milhares de toneladas de escombros dos sete destróieres sobre as pedras de Honda Point.

O grau de destruição dos navios foi tão grande que o governo americano nem tentou resgatá-los, preferindo vendê-los como sucata, pelo preço simbólico de US$ 1 000 – míseros US$ 1 000 por sete destróieres que valiam milhões de dólares!

Após a tragédia, a Marinha Americana instalou um inquérito para apurar responsabilidades e, após concluir o óbvio – que o desastre fora causado por um erro de navegação do comandante Watson –, enviou o caso para o conselho militar da Corte Marcial da instituição, que, por sua vez, praticamente inocentou todos os envolvidos, inclusive o capitão Watson.

As maiores condenações se limitaram a decretar a aposentadoria compulsória de alguns dos comandantes, incluindo Edward Watson – uma pena branda demais para as dimensões da tragédia. Praticamente ninguém foi punido, embora o desastre tenha causado mais de duas dezenas de mortes e a perda de sete navios.

A Marinha dos Estados Unidos perdeu mais navios em Honda Point do que no ataque japonês a Pearl Harbor, 18 anos depois.

O verdadeiro marinheiro Popeye

O criador do famoso personagem se inspirou em pessoas reais. Talvez mais que uma

Em 1929, o cartunista americano Elzie Segar decidiu criar um novo personagem para as histórias em quadrinhos que publicava nos grandes jornais dos Estados Unidos: um marinheiro encrenqueiro, dono de uma força excepcional, mas com coração mole e uma paixão eterna por uma namorada magricela, que ele vivia protegendo à base de muitos socos e confusões. Seu nome: Marinheiro Popeye.

O personagem logo virou um estrondoso sucesso, especialmente entre as crianças, que passaram a copiá-lo, comendo doses cavalares de espinafre, principal combustível do personagem para ganhar força descomunal. Por conta disso, o consumo do vegetal no país cresceu 30% e se tornou o terceiro alimento mais consumido pelas crianças, além de se tornar um sinônimo eterno da alimentação saudável – até hoje, a marca de espinafre em lata mais vendida nos Estados Unidos leva o nome Popeye.

Quando Segar morreu, de leucemia, nove anos depois, aos 44 anos, a popularidade do seu personagem entre os americanos era maior que a de Mickey Mouse, e isso logo se alastrou mundo afora. Em seus últimos anos de vida, o cartunista virou celebridade e passou a ser convidado para grandes eventos nos Estados Unidos, nos quais invariavelmente era bombardeado com muitas perguntas. A principal delas era se ele havia se inspirado em alguém para criar o famoso personagem.

Segar nunca respondeu a pergunta objetivamente, mas sempre deu a entender que "sim". Contudo, jamais revelou quem havia servido de fonte de inspiração para o marinheiro briguento e adoravelmente romântico. E levou o segredo junto consigo para o túmulo.

Ao morrer, em 1938, começaram as especulações sobre quem teria sido o verdadeiro Popeye – de certo, alguém com quem o cartunista tivesse tido estreito contato no passado. Logo, os primeiros indícios apontaram na direção de um antigo morador da cidade em que Segar crescera, a pequena Chester, no estado americano de Illinois.

Ali vivera um brutamontes descendente de poloneses chamado Frank Fiegel, que se tornara folclórico pelas confusões que arrumava como segurança de uma taverna da cidade, e por se gabar de nunca ter perdido uma boa briga – embora, quase sempre, fossem meras histórias inventadas.

Seu físico avantajado, o rosto embrutecido por um queixo proeminente, a boca sempre torta (porque não tirava o cachimbo para falar), e os olhos esbugalhados – o que explicaria o curioso nome do personagem, uma junção das palavras "pop" ("estourar") e "eye" ("olho"), em inglês – bastavam para intimidar os desafetos. Não por acaso, eram os mesmos atributos físicos do famoso personagem criado por Segar, que na juventude frequentara bastante o local.

Para completar o quadro, na mesma cidade vivia Dora Paskel,

uma mulher alta e muito magra, dona de um pequeno mercado também frequentado pelo futuro cartunista, que sempre prendia o cabelo com um coque na parte de trás – exatamente como a célebre namorada de Popeye, Olívia Palito.

Com base em tantas "coincidências", a prefeitura de Chester mandou erguer uma estátua de Popeye em homenagem ao ilustre ex-morador da cidade, bem como instalar uma lápide na sepultura de Frank Fiegel com o desenho do icônico personagem.

Assim, ficou determinado – pelo menos entre os moradores da cidade – que o verdadeiro Popeye fora inspirado no briguento ex-cidadão de Chester. Mas havia dois empecilhos: Frank Fiegel fora um sujeito muito mais inclinado a beber barris de álcool em vez de comer saudáveis espinafre, e nunca fora marinheiro – embora a cidade fosse banhada por um grande rio. E foi este segundo detalhe que levou os pesquisadores póstumos da vida do famoso cartunista a buscar o autêntico Popeye em outra cidade dos Estados Unidos: a costeira Santa Monica, na Califórnia, aonde Segar morou quando saiu de sua terra natal.

Ali, os pesquisadores descobriram que, durante algum tempo, em seus frequentes passeios pelo píer da cidade, Elzie Segar conhecera um marinheiro norueguês chamado Olaf Olsen, de quem se tornara amigo.

Tal qual Frank Fiegel, Olaf também era uma figura um tanto bruta, com bíceps avantajados e temperamento tão salgado quanto o mar no qual conduzia rebocadores para o porto. Também da mesma forma, sempre portava um cachimbo na boca, o que o levava a falar com os lábios tortos – igualmente um protótipo perfeito para o personagem, embora Olaf tampouco consumisse espinafre aos borbotões, embora isso possa ter sido um subterfúgio do cartunista para um dos seus vícios preferidos: o consumo de maconha.

Mas, qual daqueles dois homens teria sido a verdadeira inspiração para um dos mais famosos protagonistas de histórias em quadrinhos e desenhos animados de todos os tempos? O mais provável é que tenham sido ambos.

Da mistura do rude marinheiro com o segurança briguento teria nascido a verdadeira inspiração para o célebre marinheiro Popeye, que, de certa forma, existiu de fato.

A tragédia das crianças

O objetivo era levar meninos e meninas para longe da guerra. Mas, no caminho, havia um submarino.

Logo no início da Segunda Guerra Mundial, certo de que os alemães atacariam a Inglaterra, Winston Churchill criou um plano de evacuação de crianças inglesas para países considerados mais seguros, como Estados Unidos, África do Sul, Austrália, Nova Zelândia e Canadá.

Batizado de CORB, iniciais de "Children Overseas Reception Board" ("Comitê de Recepção no Exterior para Crianças"), o programa previa uma espécie de "adoção por tempo determinado", até que a guerra terminasse, de meninos e meninas inglesas entre 5 e 15 anos de idade, por famílias estrangeiras. As crianças seriam transportadas em navios de passageiros, sem os seus pais, mas acompanhadas por "cuidadores", quase sempre professores voluntários.

O programa entrou em ação em julho de 1940, com a partida do primeiro lote de crianças para o Canadá, a bordo do SS Anselm, que chegou são e salvo ao seu destino, apesar dos riscos que as travessias marítimas partindo do Reino Unido representavam, por conta dos submarinos alemães que patrulhavam intensamente a costa inglesa.

O sucesso da primeira viagem fez acelerar as demais partidas. E cada vez mais famílias inscreviam seus filhos no programa. Só para o Canadá já haviam sido enviadas mais de 1 500 crianças quando houve o primeiro incidente.

No final de agosto daquele ano, o transatlântico Volendam, mesmo viajando em comboio com outros navios e escoltado por embarcações militares, foi atacado pelo submarino alemão U-60, mas, sem maiores danos, não teve vítimas – todos os ocupantes foram socorridos pelos demais navios, inclusive as 321 crianças do CORB que estavam a bordo.

Duas delas, porém – Patricia Allen, de 12 anos de idade, e Michael Brooker, de 10 –, não puderam voltar para casa, na Inglaterra, porque seus lares não existiam mais: os ataques aéreos alemães haviam destruído as cidades onde elas moravam e matado seus familiares. Com isso, ambas foram alocadas como "prioridade" no navio seguinte, o SS City of Benares, que partiria duas semanas depois, com destino também ao Canadá. Mas, desta vez, a história seria outra.

Quatro dias depois de zarpar do porto de Liverpool, quando navegava a cerca de 250 milhas da costa da Irlanda, também em comboio sob escolta de navios militares, o SS City of Benares foi vítima de dois torpedos disparados pelo submarino alemão U-48, mas ambos erraram o alvo. O terceiro, contudo, não.

Em pouco mais de meia hora, o navio afundou completamente, deixando no mar todos os sobreviventes que haviam escapado da explosão gerada pelo torpedo. Destes, 105 foram recolhidos em seguida pelo destróier HMS Hurricane, que escoltava o comboio. Mas outros 42, que estavam no único bote que pode ser lançado ao mar, só foram resgatados oito dias depois. Das 407 pessoas que havia no SS City of Benares, só 147 sobreviveram. E das 79 crianças do CORB, apenas sete. Desta vez, Patricia Allen e Michael Brooker não tiveram a mesma sorte.

A "tragédia das crianças", como o naufrágio do SS City of Benares passou a ser chamado, gerou indignação contra os alemães nos Estados Unidos e Canadá, para onde aqueles meninos e meninas seriam levados, e fez com que Churchill voltasse atrás no seu plano de evacuar os pequenos dos riscos que a Inglaterra em guerra oferecia. Dias depois, ele aboliu o projeto CORB, mesmo sabendo que, para muitas daquelas crianças, permanecer em suas casas na Inglaterra fosse potencialmente mais perigoso do que tentar chegar à outro país.

A morte violenta de tantas crianças em um só naufrágio causou mal-estar até entre os que o provocaram. Tempos depois, ex-tripulantes do U-48 relataram ter ficado "tocados" quando souberam que o navio que haviam mandado para o fundo transportava tantos meninos e meninas desacompanhados de seus familiares.

Já o capitão do submarino, Heinrich Bleichrodt – que, após o fim do conflito, foi julgado por crimes de guerra, justamente por conta do afundamento do SS City of Benares – se defendeu dizendo que não tinha como saber da presença das crianças no navio, que aquele era um "alvo militar legítimo" (uma vez que havia suspeitas de que, na volta, o transatlântico levaria material bélico para a Inglaterra), e que Churchill era o verdadeiro culpado, por permitir que crianças viajassem em navios em zonas de guerra, sendo que a Alemanha já havia alertado que os atacaria.

Bleichrodt acabou inocentado e viveu o restante de seus dias em Munique, onde morreu, de causas naturais, em 1977. Já as vítimas infantis do SS City of Benares foram eternizadas no interior da catedral de St. Paul, em Londres, em um painel que, até hoje, retrata crianças dentro de um barco inundado.

Um estranho comportamento

Ao acenar para os seus tripulantes, estaria o capitão pedindo ajuda ou dando adeus?

Quando o SS Arlington, um navio graneleiro canadense que transportava trigo pelo Lago Superior começou a afundar, em meio a uma tempestade no dia 1º de maio de 1940, sua tripulação, formada por 16 marinheiros, correu para os botes salva-vidas e se afastou o máximo que pode do casco que estava sendo engolido pelas águas. E foi de lá, a certa distância, em meio a ondulações que passavam dos três metros de altura, que eles tiveram uma estranha visão.

Junto à cabine de comando do navio condenado, ainda estava o seu capitão, o americano Frederick Burke, acenando à distância para eles. Mas não parecia ser um pedido de socorro, embora o navio afundasse vigorosamente. A impressão é que era apenas uma despedida. E isso, talvez, tivesse a ver com dois fatos anteriores.

O primeiro deles foi a estranha decisão do capitão de manter o navio navegando no meio do lago, em vez de buscar abrigo junto à margem, quando as primeiras rajadas de vento começaram, o que contrariava a ordem que já havia sido dada pelo seu primeiro imediato ao timoneiro do barco – ao saber do comando dado, o capitão Burke mandou que o navio voltasse à posição original.

Já o outro fato foi ainda mais expressivo. Mesmo quando ficou claro que não haveria escapatória para o SS Arlington, o capitão não recorreu aos botes salva-vidas como o restante da tripulação. Ele preferiu permanecer na cabine de comando, de onde apenas acenou para os seus comandados, então em uma fuga desesperada.

Mas, por quê? Por que o capitão não se juntou ao restante da tripulação, preferindo afundar com o navio, uma vez que, como manda o protocolo, ainda assim seria o último a abandoná-lo? Por que ele teria optado pelo suicídio em vez de uma provável salvação, já que outro navio, o Collingwood, estava ali por perto, acompanhando o drama do SS Arlington? O estranho comportamento do capitão Burke jamais foi explicado, e se transformou em um mistério eterno.

Uma das teses posteriormente criadas é que ele estivesse doente, com os dias mais ou menos contados, e por isso optou por um desfecho rápido – embora não tivesse feito nenhum comentário a respeito. Outra, que o capitão não teria autorizado o abandono do barco pela tripulação, o que o teria levado a acenar em tom de reprovação. Ou, ao contrário disso, que tivesse optado pelo suicídio, movido pelo remorso de ter colocado seus homens em risco, ao ordenar que o navio retornasse ao rumo original, no meio do lago, onde as condições de navegação eram bem mais difíceis. Qual teria sido o motivo daquela incompreensível decisão?

Isso, nem a descoberta dos restos incrivelmente bem preservados do SS Arlington no fundo do Lago Superior, em 2023, a 180 metros de profundidade, conseguiu responder. Quando o barco foi achado, 83 anos depois, sua cabine de comando ainda estava intacta, bem como o timão e todos os instrumentos de navegação.

Só o que não foi encontrado foram os restos mortais do capitão Frederick Burke, que preferiu morrer sem dizer por quê.

Mistério submerso

O que um esqueleto estava fazendo naquele cômodo secreto, dentro de um navio afundado?

Originalmente, o Empress of Britain foi um requintado transatlântico canadense de transporte de passageiros, um dos mais luxuosos de seu tempo. Entre outros luxos, tinha salas de banho turco e até uma quadra de tênis a bordo.

Mas, em novembro de 1939, quando estourou a Segunda Guerra Mundial, ele foi requisitado pelo Almirantado Britânico, expurgado de todo o seu conforto, pintado de cinza-escuro e transformado em navio de transporte de tropas. E foi nesta condição que o outrora garboso Empress of Britain partiu de Liverpool rumo à Suez, no final do primeiro semestre de 1940, com uma tropa de soldados e suprimentos para as bases inglesas no norte da África.

Semanas depois, o navio iniciou a viagem de volta, levando agora famílias inglesas que fugiram da guerra e voltavam para casa – um total de 647 pessoas, incluindo a tripulação. No caminho, o Empress of Britain fez uma parada na África do Sul, onde mercadorias foram embarcadas. Algumas delas cercadas de sigilo.

Embora navegando sem escolta, a viagem de volta à Europa não teve sobressaltos. Mas, no dia 28 de outubro de 1940, quando se aproximava da Irlanda, a menos de 60 milhas da costa, o Empress of Britain foi detectado por um avião bombardeiro alemão, que o atacou. O lançamento de bombas sobre o convés do ex-transatlântico não chegou a colocar o navio sob risco de naufrágio, mas gerou 49 mortes e um princípio de incêndio, que se alastrou rapidamente.

Ao saber do ataque, o Almirantado Britânico despachou dois destróeirs para socorrer o navio e resgatar seus ocupantes. A operação foi bem-sucedida, todos os sobreviventes foram retirados do navio, e ele passou a ser rebocado, lentamente – envolto por uma espessa camada de fumaça –, pelos próprios destróieres, até o porto mais próximo. Mas, no mesmo dia, a mesma patrulha aérea alemã que quase pôs o navio a pique, o viu sendo rebocado e deu o alerta. Foi quando o submarino alemão U-32, que estava nas imediações da costa irlandesa, recebeu a missão de acabar de vez com o ex-transatlântico, o que fez com precisão e rapidez.

Naquela noite, o U-32 chegou à região e, antes do alvorecer do dia seguinte, localizou o grande navio sendo rebocado – algo fácil, não só pelo tamanho do Empress of Britain, mas também pela intensidade da fumaça que ele emanava. Sem falar que estranhas luzes pareciam acessas no interior do navio em chamas.

Três torpedos, um na sequência do outro, deram conta da missão, enquanto os dois destróieres partiam em disparada, levando em segurança os ex-ocupantes do ex-transatlântico.

A história do Empress of Britain teria terminado aí, não fossem aquelas estranhas luzes que o comandante do submarino alemão garantiu ter visto dentro do navio sendo rebocado, e que, por isso mesmo, deveria estar vazio. Aparentemente, havia pessoas dentro dele. E isso, mais tarde, geraria um grande mistério, capaz de fomentar até uma operação de resgate aos restos do navio, em busca de um suposto carregamento de ouro que ele secretamente transportava da África do Sul para a Inglaterra. E, mais de meio século depois, as suspeitas se confirmaram.

Em 1995, uma expedição milionária aos escombros submersos do Empress of Britain encontrou um compartimento reforçado em sua proa, feito uma espécie de câmera-cofre, que não fazia parte do projeto original do navio. O cômodo parecia ter sido criado especialmente para aquela viagem, a fim de transportar bens valiosos – como o tal ouro, já que, na época, a África do Sul era um dos maiores produtores mundiais do cobiçado metal.

Ao penetrar naquele compartimento secreto – ao qual, aparentemente, apenas algumas pessoas da tripulação tinham acesso –, os mergulhadores nada acharam de valioso, muito menos barras de ouro. Mas ficaram perplexos ao encontrar um desconcertante esqueleto humano, que nunca se soube a quem pertencera.

O que aquela pessoa estava fazendo naquele cômodo? Teria ela morrido no bombardeio aéreo, no torpedeamento do navio ou depois disso, ao tentar retirar algo antes do naufrágio? Teria aquele esqueleto algo a ver com as estranhas luzes que o comandante alemão do U-32 disse ter visto quando o navio era rebocado? Seriam os restos de um encarregado do Almirantado cumprindo ordens, ou de um oportunista tentando ficar milionário? Quem havia sido aquela pessoa, e o que ela estava fazendo naquela espécie de sala secreta do Empress of Britain?

Nunca houve respostas para estas perguntas. O Almirantado Britânico jamais confirmou que o Empress of Britain estivesse transportando algo além de pessoas quando foi afundado.

Mas tampouco negou isso.

O incrível homem-torpedo

Ele foi admirado até pelo inimigo

Passava pouco mais das nove da noite do dia 19 de dezembro de 1941, quando teve início a mais ousada – e extraordinária – ação militar italiana na Segunda Guerra Mundial: a sabotagem de dois couraçados ingleses no porto de Alexandria, no Egito.

Os dois navios seriam explodidos por seis mergulhadores italianos, que chegariam até eles semissubmersos. Mas o que tornaria aquela missão realmente original – e inédita – era a forma como eles avançariam até os navios: montados sobre três minissubmarinos, que, na verdade, eram torpedos adaptados.

A engenhoca havia sido criada ainda na Primeira Guerra Mundial, mas nunca funcionara a contento. Mas, após uma série de aprimoramentos, parecia finalmente ter se tornado eficiente. Os submarinos-torpedo tinham cerca de sete metros de comprimento, um pequeno motor elétrico e dois "assentos" sobre o casco, nos quais os mergulhadores (sempre um par sob cada máquina) seguiam sentados, como se estivessem montados sobre um cavalo.

Nos deslocamentos, os mergulhadores avançavam só com a cabeça fora d'água, feito periscópios humanos, para dar direção ao engenho. Mas, na hora dos ataques, vestiam máscaras e mergulhavam juntos com sua bomba submarina.

O objetivo, porém, não era arremessar os torpedos sobre os quais os mergulhadores estavam aboletados de encontro aos inimigos, porque isso resultaria na óbvia morte deles, feito kamikazes italianos. Mas cada um deles tinha um pequeno compartimento nos quais eram levados explosivos para serem atados aos cascos dos navios.

Ainda assim, navegar sentado sobre uma espécie de bomba não era algo lá muito seguro, razão pela qual os envolvidos nas operações – todos voluntários, como os kamikazes – eram obrigados a fazer seus testamentos e a se despedirem de suas famílias antes de entrarem em ação. O mais provável é que não retornassem vivos. E, caso sobrevivessem às explosões, teriam que tentar fugir a nado, porque só assim seriam mais velozes do que os seus lentos minissubmarinos. E, neste caso, certamente seriam capturados.

Foi o que aconteceu com aqueles italianos no ataque aos dois navios ingleses, os couraçados Valliant e Quenn Elizabeth. Assim que fixaram seus petardos, eles foram facilmente presos. Mas o que se seguiu à detenção do líder da missão, o italiano Luigi La Penne foi surpreendente.

Detido no mar logo após colocar sua carga explosiva bem debaixo do casco do Valliant (na hora agá, a bomba caiu das mãos do mergulhador e desceu até o fundo, ficando, porém, bem debaixo do navio), Penne foi levado para interrogatório. Os ingleses queriam saber em qual parte do casco ele colocara a bomba. Penne nada respondeu.

Diante do silêncio do italiano, o oficial que conduzia o interrogatório decidiu transferi-lo para o próprio navio ameaçado de voar pelos ares, agora, com ele junto. Não adiantou. Mesmo sob o risco de se tornar vítima da própria bomba que implantara, Penne continuou calado, mas olhando seguidamente para o relógio, pois sabia que o petardo estava programado para explodir dali a um par de horas.

Quando restavam menos de dez minutos para a detonação, Penne mandou chamar o comandante do Valliant, Charles Morgan, e disse para ele retirar todos os seus homens do navio, pois não havia necessidade de tantas mortes desnecessárias.

Os tripulantes foram imediatamente evacuados, instantes antes de o couraçado ser sacudido por uma explosão vinda de baixo, que fez com que Penne fosse arremessado longe. Mas nada de ruim aconteceu com o italiano, embora, em seguida, o Valliant tenha afundado, pouco antes de ele ser retirado do porão no qual ele estava detido – se o comandante Morgan soubesse que a bomba estava sob o navio, e não atada ao casco, poderia ter salvo também o couraçado, apenas afastando-o do explosivo.

Penne tampouco revelara isso. Mas, graças ao seu aviso, nenhum dos 1 700 homens do Valliant ficou sequer ferido no episódio.

Preso, o italiano passou a maior parte da guerra em uma penitenciária inglesa. Até que, em outubro de 1943, após a Itália romper com a Alemanha, foi colocado em liberdade, sob a condição de usar as suas habilidades em favor do Aliados, o que passou a fazer com a mesma eficiência e fidelidade – embora os ingleses nunca tenham conseguido desenvolver um engenho semelhante aos torpedos humanos italianos.

Quando a guerra terminou, Penne foi homenageado pelo governo italiano com uma medalha, por sua ação em Alexandria. Na cerimônia, estava presente um almirante inglês, que pediu para ter a honra de colocar a comenda no peito do mergulhador. Era o ex-comandante do Valliant, Charles Morgan, em reconhecimento à bravura do italiano, e como forma de agradecimento por ele ter poupado a vida de seus comandados.

Dali em diante, os dois se tornaram grandes amigos.

Faltava um

Mas a contagem dos tripulantes mostrava que estavam todos a bordo

Quando o vigia de convés do couraçado americano USS Washington deu o alerta de "homem ao mar", na manhã de 27 de março de 1942, o comandante Howard Benson imediatamente mandou estancar o navio (que liderava uma frota de embarcações militares em uma travessia do Atlântico Norte sob o comando do poderoso Almirante John Wilcox, que, inclusive, estava bordo), preparar as equipes de buscas e fazer uma contagem da tripulação para identificar quem havia caído ao mar.

A contagem dos mais de 2 000 homens não resultou em nada: estavam todos a bordo. Uma nova contagem foi feita e, de novo, não faltava ninguém na tripulação. Quem teria sido a vítima?

Intrigado, o comandante Benson mandou que um marinheiro reportasse o fato ao almirante da esquadra, que descansava em sua cabine. Ele foi, bateu na porta, mas ninguém respondeu. A cabine estava vazia.

A conclusão – óbvia – foi que a vítima havia sido o próprio almirante, único homem a bordo que não havia participado das contagens, para não ser importunado enquanto descansava.

Já o que causou a sua queda no mar (a primeira de um almirante na história da Marinha Americana) rendeu diversas especulações e nenhuma conclusão. Teria ele tido um mal súbito? Perdido o equilíbrio? Sido empurrado amurada afora por algum desafeto? Aparentemente, nada disso.

Durante a investigação sobre as circunstâncias da morte do almirante John Wilcox – cujo corpo nunca foi encontrado –, o depoimento de um dos marinheiros, que o vira caminhando no convés instantes antes, um tanto quanto pálido, contribuiu para solidificar a hipótese mais provável: queda acidental no mar, ao vomitar.

O almirante deveria estar enjoado pelo balanço do mar e buscado a amurada para se aliviar. Mas, ao fazer isso, teria esticado demais o corpo para fora do barco e desabado na água – um erro primário para quem ocupava o mais alto cargo de uma corporação cuja essência era a vida no mar.

Além do vexame de morrer vomitando por conta de um simples enjoo, mal com o qual todo verdadeiro marinheiro aprende a conviver.

Inversão de papéis

Na Segunda Guerra Mundial, um comandante alemão virou herói e os americanos, vilões

Na noite de 12 de setembro de 1942, um incidente envolvendo o submarino alemão U-156 e o navio inglês Laconia, um ex-transatlântico requisitado pelo Almirantado Britânico para o transporte de tropas durante a Segunda Guerra Mundial, subverteu a imagem que a maior parte do mundo tinha de alemães e Aliados, fomentou uma decisão que custaria milhares de vidas e gerou um improvável herói: o comandante alemão Werner Hartenstein, capitão do U-156, então parte da Kriegsmarine, a Marinha de Guerra da Alemanha nazista.

Naquele dia, ao avistar pelo periscópio do U-156 a fumaça das chaminés do Laconia, que navegava sozinho no Atlântico em baixa velocidade e sem nenhuma escolta, Hartenstein fez o que qualquer capitão de submarino faria contra o inimigo naqueles tempos de guerra: ordenou o disparo de torpedos e pôs o grande navio inglês a pique. Até aí, nada de excepcional: usar submarinos para afundar navios inimigos na Segunda Guerra Mundial era uma triste rotina para os dois lados do conflito. Surpreendente foi que aconteceu depois disso – um fato, até então, sem precedentes.

O Laconia tinha saído do Norte da África e navegava rumo à Inglaterra levando a bordo mais de 2 800 pessoas – 1 791 delas, prisioneiros de guerra italianos que estavam sendo enviados para campos de aprisionamento, já que a Itália era aliada da Alemanha no conflito. Já o U-156 havia partido do porto de Lorient, na parte ocupada da França, para vasculhar a costa da África em busca de navios inimigos. Em algum ponto do Atlântico, entre a Ilha de Ascenção e a costa africana, as duas embarcações se encontraram – com um desfecho dramático para o ex-transatlântico inglês, e não muito diferente para o capitão alemão Hartenstein.

Mesmo navegando em ziguezague e com total silêncio no rádio, como habitualmente faziam os comandantes dos navios Aliados para tentar evitar os ataques de submarinos alemães, o Laconia foi presa fácil. E valiosa, já que era enorme. Entre outros predicados, tinha sido o primeiro navio de cruzeiros da história a dar uma volta ao mundo com passageiros, 20 anos antes de ser adaptado para transportar soldados, na guerra.

Às 20h15, o Laconia foi atingido pelo primeiro torpedo disparado pelo U-156. E logo depois, pelo segundo, que selou o destino do ex-glamoroso transatlântico, que afundou em pouco mais de uma hora – uma repetição do que havia acontecido com o primeiro Laconia, também afundado por submarinos alemães, em fevereiro de 1917, durante a Primeira Guerra Mundial. A diferença é que, naquela ocasião, morreram 12 pessoas. No segundo Lacônia, 150 vezes mais.

Vinte minutos depois do segundo disparo, vendo que seu navio estava irremediavelmente condenado – até porque o U-156 continuava à espreita, observando tudo à distância –, o comandante do Laconia, Rudolph Sharp, mandou soltar os prisioneiros e deu ordem de abandonar o navio – o que ele, no entanto, não fez, porque não havia lugar para tantas pessoas nos botes salva-vidas.

Pelo mesmo motivo, o pânico logo se instalou entre os prisioneiros italianos, que passaram a se atirar ao mar, assim que o navio começou a afundar. E, uma vez na água, a pedir socorro. E foi este detalhe – os pedidos de socorro, "aiuto", em italiano – que fizeram o comandante Hartenstein perceber que havia algo errado quando desembarcou do submarino para conferir in loco a sua obra. As vítimas eram italianas.

Ao se dar conta de que havia afundado um navio inglês, mas que, por alguma razão, estava repleto de aliados italianos, Hartenstein retornou ao submarino e deu ordens para que seus subordinados recolhessem o maior número possível de náufragos, qualquer que fosse a nacionalidade, e enviou uma mensagem ao chefe maior da Kriegsmarine, Karl Dönitz, narrando o ocorrido.

Com base no Protocolo Naval de 1936, que estipulava que naves de guerra só poderiam afundar navios não militares se tivessem condições de resgatar seus sobreviventes – regra sistematicamente desrespeitada pelos dois lados –, mas sobretudo porque aquele incidente poderia estremecer as relações entre a Alemanha e a Itália, Dönitz não só concordou com o resgate das vítimas, como enviou outros três submarinos que estavam na região para ajudar na missão. Entre eles, o U-507, comandado pelo capitão Harro Schacht, que, mais tarde, ficaria tristemente famoso no Brasil por afundar meia dúzia de navios brasileiros na costa do Nordeste, levando o país a aderir à guerra.

Ao mesmo tempo que transformava seu submarino em abrigo para náufragos amigos e inimigos, resgatando soldados ingleses e prisioneiros italianos (que, minutos antes, estavam presos em celas do navio inglês), Hartenstein enviou mensagens para bases militares dos Aliados com as coordenadas do naufrágio, comunicando que nenhum navio que fosse ajudar no resgaste seria atacado, em uma incomum declaração unilateral de neutralidade.

Mesmo no mar, o sentimento de solidariedade entre vítimas de diferentes lados do conflito era surpreendentemente praticado. Um oficial inglês do Laconia, que passara horas flutuando sobre um cadáver porque não tinha um colete salva-vidas, só sobreviveu porque foi resgatado por um bote no qual só haviam italianos. Por outro lado, soldados ingleses recolhiam, na água, quantos ex-prisioneiros coubessem nos seus barcos. E, mais tarde, todos foram socorridos pelos submarinos alemães, que, atendendo à ordem de Dönitz, chegaram ao local do naufrágio.

O plano dos comandantes dos submarinos alemães era resgatar todos os sobreviventes e entregá-los aos navios de uma frota militar francesa que estava estacionada na costa da África, a cerca de 600 milhas de distância. Para isso, eles teriam que navegar na superfície, levando os botes salva-vidas a reboque e com os conveses lotados de vítimas (só no U-156 havia 256 resgatados), se expondo ao risco de serem avistados e eventualmente bombardeados por inimigos mal informados daquela incomum ação humanitária – embora Hartenstein tivesse enviado a mensagem de trégua. E foi exatamente o que aconteceu.

Na manhã do terceiro dia após o afundamento do Laconia, um avião americano de reconhecimento sobrevoou aquele estranho comboio de submarinos alemães e informou sua base, na Ilha de Ascenção, no meio do Atlântico. A estranheza vinha do fato de que os U-boats rebocavam botes, e, ao contrário do que sempre acontecia nessas ocasiões, não dispararam contra o avião. Ingleses, italianos, até alemães, comemoraram aquela aparição no ar, julgando que fizesse parte da operação de resgate das vítimas. Bandeiras improvisadas, com cruzes vermelhas pintadas em lençóis, foram estendidas sobre os conveses e canhões dos submarinos, reforçando que aquela era uma operação humanitária, como Hartenstein já havia informado pelo rádio.

O avião deu duas voltas em torno dos submarinos e retornou na mesma direção em que veio. Os náufragos se entreolharam, tentando imaginar por que o piloto fora embora, sem lançar sequer balsas na água, procedimento padrão em casos de vítimas de naufrágio. Talvez ele tivesse ido buscar ajuda. Ou, quem sabe, estivesse apenas avaliando a situação para dimensionar o tamanho do socorro que teria que ser enviado. Nada disso.

Horas depois, o avião surgiu novamente no horizonte, e os náufragos comemoraram ainda mais. Agora, ele certamente lançaria víveres e balsas salva-vidas no mar. Mas não. Em vez de comida e ajuda, a aeronave despejou bombas sobre os submarinos e seus botes a reboque, depois que o encarregado da base americana na Ilha de Ascenção, um oficial de apenas 24 anos de idade, ordenara que os submarinos fossem atacados. Uma das bombas atingiu um dos submarinos. Outra caiu sobre um bote com mais de 50 soldados.

Surpreendidos com aquele ato inesperado e moralmente condenável, os comandantes dos submarinos não tiveram outra opção a não ser soltar os botes, devolver ao mar os náufragos que estavam a bordo, e submergir, buscando a segurança das profundezas. O U-156 foi o último a fazer isso, já que transportava nada menos que dezenas de resgatados, dentro e fora do casco.

Uma vez mais, as vítimas do Laconia ficaram à deriva no mar, boa parte dela – como no caso dos prisioneiros italianos – sem ao menos um colete salva-vidas. O resgate definitivo só chegou no dia seguinte, quando a maioria dos botes, todos superlotados, já haviam sumido na vastidão do oceano, em busca da terra firme mais próxima – que ficava a centenas de milhas de distância. Trinta e seis dias depois, um dos botes chegou à costa da Libéria, na África, após uma jornada de 700 milhas no mar, só com metade dos seus ocupantes. Os demais foram morrendo pelo caminho.

No final, a macabra contabilidade do afundamento do Laconia, e do criminoso ataque americano ao comboio alemão que tentava salvar as vidas dos ocupantes do navio, somou mais de 1 600 mortos, entre os estimados 2 850 soldados – italianos e ingleses – que havia a bordo. Entre os prisioneiros, apenas pouco mais de 450 deles sobreviveram. Um massacre. Mas que, a princípio, os oficiais da base americana da Ilha de Ascenção comemoraram, condecorando inclusive o piloto do avião que promoveu o infame bombardeio. Pelo menos até serem interpelados pelos próprios Aliados, além da indignada chancelaria nazista.

Os americanos tentaram se defender alegando que haviam sido informados sobre o afundamento do transatlântico, mas não sobre a ação dos submarinos inimigos no resgate das vítimas – muito menos que havia ingleses a bordo dos botes e dos U-boats. Depois, mudaram o argumento, afirmando que julgaram que os alemães só haviam resgatado os prisioneiros italianos que, para os Aliados, eram igualmente inimigos.

Por último, os americanos disseram que o piloto do avião julgara que os ocupantes dos barcos salva-vidas eram tripulantes alemães que estavam abandonando os submarinos, como se, ainda assim, fosse justificável bombardear indefesos botes abarrotados de pessoas. Sobre a sinalização com bandeiras de cruzes vermelhas ignoradas pelo piloto, nenhuma palavra. Por fim, a propaganda de guerra Aliada preferiu abafar o caso. Mas a resposta alemã veio rápida.

No dia 17 de setembro, apenas cinco dias após o infame ataque americano, Karl Dönitz emitiu uma ordem (que ficaria conhecida como "Ordem Laconia") que entraria para a história e tornaria a Segunda Guerra Mundial ainda mais cruel: a partir daquela data, nenhum comandante da Kriegsmarine poderia pôr em risco a sua embarcação para resgatar inimigos no mar.

Era uma violação explícita ao Protocolo Naval de 1936. Mas o que os americanos haviam feito contra os tripulantes dos submarinos alemães no incidente do Laconia fora ainda pior. Depois disso, as duas partes do conflito passaram a não respeitar regra alguma no mar. Quer dizer, nem todos.

Dias depois da frustrada tentativa de resgate das vítimas do Laconia, o capitão Hartenstein afundou outro navio Aliado: o cargueiro inglês Quebec City. Mas, em seguida, pediu desculpas aos tripulantes por não poder resgatá-los, e conversou longamente com o seu comandante sobre a melhor rota a ser seguida pelos náufragos – além de permitir que ele consultasse as cartas náuticas do submarino.

Seis meses depois, o U-156 foi bombardeado e afundado por outro avião americano, com toda a sua tripulação, incluindo o capitão Werner Hartenstein, que, por conta do incidente do Laconia, entraria para a história como um herói, deixando para os americanos o inverso papel de vilões.

Unidos até na morte

Quando o navio foi atacado e afundou, uma família americana perdeu o que tinha de mais valioso

O ataque japonês a Pearl Harbour despertou dois sentimentos no povo americano: indignação e patriotismo. Perplexos com aquela ousadia e covardia, logo após o ataque muitos jovens se alistaram para lutar na guerra e defender os Aliados. De norte a sul do país, brotaram milhares de voluntários que nem precisaram ser convocados.

Foi o que aconteceu com os Sullivan, uma pacata família de classe média do interior de Iowa. Quando os cinco filhos do casal Thomas e Aletta – George, Francis, Joseph, Madison e Albert, todos na faixa entre 20 e 28 anos de idade – decidiram que se juntariam ao esforço de guerra se alistando na Marinha dos Estados Unidos, seus pais não só apoiaram a decisão dos rapazes como se sentiram orgulhosos. A única condição que impuseram foi que eles servissem juntos, no mesmo batalhão ou embarcação, já que sempre tinham sido muito unidos.

A rigor, a Marinha Americana não permitia isso. Para poupar as famílias de perdas coletivas, irmãos não podiam sequer fazer parte da mesma corporação – que dirá cinco ao mesmo tempo. Mas, na época, aquela era uma regra que não era levada muito a sério, porque as Forças Armadas precisavam avidamente de novos combatentes. E como recusar um pedido de cinco preciosos voluntários?

Em janeiro de 1942, praticamente um mês após os ataques em Pearl Harbour, os cinco irmãos Sullivan se alistaram. Pouco depois, foram designados para atuar em um dos cruzadores da frota que estava sendo enviada para o Pacifico Sul, a fim de surpreender e se vingar dos japoneses, invadindo as Ilhas Salomão. Lá, eles haviam acabado de construir uma pista de pouso em uma ilha chamada Guadacanal, que seria usada para alastrar o domínio japonês em toda a região.

A invasão deu certo e os americanos, de fato, tomaram posse do pequeno aeródromo, em agosto daquele ano. Mas os japoneses não eram de desistir facilmente, e sangrentas batalhas aconteceram no entorno da ilha nos dias subsequentes, visando a reconquista da pista.

Até que, sem conseguir bons resultados por terra, o Japão decidiu instituir outra batalha marítima em Guadacanal, três meses depois, e enviou uma frota de navios e submarinos para a região, disposta a aniquilar os americanos. Não conseguiu. Mas causou muitos danos e baixas na frota inimiga, sobretudo pela agilidade e destreza de seus submarinos.

Um deles, o I 26, chegou a atacar mais de cinco navios americanos em pouquíssimo tempo, mandando a maioria deles para o fundo do mar de Guadacanal. Entre as vítimas do I 26, estava o cruzador americano USS Juneau, que afundou poucos minutos depois de ter sido atingido por um torpedo no exato local onde ficava o seu paiol de munições.

A explosão foi tão violenta e fulminante que o líder da frota americana, que naquele instante estava a bordo de outro cruzador próximo ao Juneau, o USS Helena, nem se deu ao trabalho de tentar resgatar eventuais sobreviventes – tarefa que deixaria o outro navio também à mercê do submarino japonês. Ele apenas deduziu que todos os homens a bordo do Juneau teriam morrido. Entre eles, os irmãos Sullivan. Mas não foi bem assim.

Cerca 100 marujos americanos sobreviveram ao ataque ao cruzador, ao serem ejetados para a água pela explosão. Entre eles estavam dois dos irmãos Sullivan, Albert e George. Mas, abandonados à deriva no mar, sem nenhuma proteção ou resgate, quase todos os sobreviventes do Juneau morreriam nos dias subsequentes, vítimas do esgotamento físico, de ferimentos, de fome e sede, ou dos tubarões, que atacavam sem parar os mutilados.

Oito dias após o naufrágio do cruzador, um avião da Marinha Americana localizou uma balsa improvisada flutuando no mar, e nela estavam os únicos dez remanescentes do USS Juneau – que teriam sido onze, não fosse o fato de que, pouco antes de serem encontrados, George Sullivan se suicidara, inconformado com a morte de seus quatro irmãos – o último deles, Albert, por afogamento, no dia seguinte ao afundamento do cruzador.

Como a política vigente na época impedia a Marinha Americana de notificar grandes perdas ocorridas no mar, para não desestimular os esforços de guerra e para que a informação não fosse interceptada pelo inimigo, meses se passaram até que, na manhã de 13 de janeiro do ano seguinte, oficiais da Marinha Americana bateram na porta da casa dos Sullivan com a péssima notícia.

Reza a lenda que, antes mesmo de receber a notícia, o pai dos rapazes teria perguntado aos oficiais qual dos cinco filhos tinha morrido. E que, como resposta, ouviu um doloroso "sinto muito, todos os cinco". Também há quem diga que o famoso filme de Steven Spielberg, O resgate do soldado Ryan, que narra a saga de um batalhão para salvar um soldado na Segunda Guerra Mundial, teve inspiração na triste história dos irmãos Sullivan.

Certo é que, após a tragédia dos Sullivan, a Marinha Americana nunca mais permitiu que irmãos combatessem juntos.

Em vez de bombas, cervejas

O curioso navio de guerra que virou cervejaria

Na Segunda Guerra Mundial, nem todos os navios militares tinham como único objetivo combater o inimigo. Em pelo menos um deles, o foco era outro: a diversão dos próprios marinheiros.

O HMS Menestheus, um ex-caça-minas da Marinha Inglesa que atuara durante algum tempo nas águas da Islândia, implantando explosivos contra submarinos alemães, acabou sendo designado para algo bem menos bombástico: produzir e distribuir cerveja aos soldados Aliados.

Tudo começou quando a Marinha Real Inglesa detectou uma sensível queda no entusiasmo e na moral de seus comandados. Abalados com as frequentes perdas de companheiros nos combates, os marinheiros, especialmente os que atuavam nos sangrentos combates contra os japoneses no Pacífico, começaram a entrar em um quase estado de depressão coletiva.

Foi quando o chefe máximo do Almirantado inglês, Winston Churchill, teve a ideia de reviver uma antiga prática nas naus inglesas do passado:

a distribuição de bebida alcoólica para elevar a moral das tropas – algo vital na situação em que os ingleses se encontravam. Mas, em vez de apenas determinar que todos os navios de combate fossem carregados com algumas garrafas, Churchill foi além e decidiu transformar um deles em uma autêntica cervejaria flutuante, que produziria e distribuiria cerveja entre as flotilhas. E o escolhido foi o HMS Menestheus, que havia ficado sem nenhuma função na guerra.

Por ordem do próprio Churchill, um admirador confesso de um bom copo, o HMS Menestheus foi levado para um estaleiro da costa oeste do Canadá e ali passou por uma grande – e inusitada – reforma. Sua artilharia foi praticamente removida e, nos espaços que restaram livres, foram instalados equipamentos incomuns em navios militares, como salões, balcões, mesas e cadeiras, como nos mais legítimos pubs ingleses.

Mas o mais extraordinário foi a implantação, nos porões do HMS Menestheus, de uma grande caldeira feita de cobre, com seis fermentadores e depósitos apropriados para estocar lúpulo e extrato de malte. Ou seja, uma legítima cervejaria, capaz de produzir, em pleno mar – e com água salgada destilada –, barris e mais barris de bebida. Muito possivelmente, o HMS Menestheus foi o único navio militar da história que, além de um comandante, teve, também, um mestre cervejeiro.

Toda a produção era servida aos marinheiros ingleses e Aliados nos intervalos dos combates, em salões que haviam sido criados dentro do navio – um deles, uma espécie de teatro com 350 lugares no qual eram apresentadas pequenas sessões de comédias, e outro, tão grande quanto, para danças entre os soldados. O sucesso da cervejaria flutuante entre as tropas foi imediato – e os benefícios na autoestima dos marinheiros, notável.

Porém, a bem-sucedida estratégia de Churchill ficou pronta um tanto tarde. Por conta dos atrasos na reforma do navio – afinal, nunca um estaleiro militar havia feito tal empreitada –, o HMS Menestheus só chegou à região do Pacífico onde a frota britânica atuava em setembro de 1945, um mês após a rendição japonesa.

Mas foi igualmente útil, de duas formas: para animar as forças Aliadas que permaneceram na região, e, mais tarde, para que todos comemorassem, com muita cerveja, o fim da guerra.

Nunca houve navio mais propício para isso.

Tinha tudo para dar errado

Mas quem haveria de convencê-lo de que não era possível fazer o que ele pretendia?

Quando a Segunda Guerra Mundial terminou, o marinheiro americano John Caldwell, que passara o conflito inteiro dentro de um navio mercante transportando suprimentos para os Aliados, só pensava em uma coisa: viajar para Austrália e reencontrar a esposa, que ele conhecera em Sydney e com quem se casara durante uma escala na costa australiana. O problema era como ele faria isso, uma vez que o transporte marítimo de pessoas ainda estava caótico por conta do fim recente da guerra e os voos comerciais apenas engatinhavam.

Caldwell, na época com 27 anos de idade, bem que tentou embarcar como clandestino em um navio que partiria do Panamá para a Indonésia, no final de 1945. Mas foi descoberto e acabou preso por isso. Na penitenciária, ele teve um companheiro de cela que lhe deu uma ideia para viabilizar aquela viagem: já que Caldwell era marinheiro, por que não conseguir um veleiro e ir navegando até a Austrália?

O americano, um sujeito um tanto desmiolado, mas dono de uma determinação que beirava a teimosia, adorou a sugestão. Só havia dois pequenos problemas: ele não tinha um barco e não sabia velejar. Mas o que eram estes dois detalhes frente a sua inquebrantável vontade de encontrar a esposa, que ele mal tivera tempo de conhecer após o casamento?

Tão logo saiu da prisão, Caldwell foi até uma livraria, comprou um livro que ensinava como conduzir um barco a vela, e arrematou um velho veleirinho, de apenas 29 pés de comprimento, com casco de madeira e quase 30 anos de uso, o Pagan, que estava jogado num canto de uma marina do Panamá. Pronto: ele já tinha tudo o que precisava para colocar em prática o plano de encontrar a esposa, navegando seu próprio barco até a Austrália. Agora, só faltava cruzar o maior oceano do planeta, uma travessia de 9 500 milhas, seguindo o que aquele livrinho ensinava. Claro que tinha tudo para dar errado. E deu. Mas não totalmente.

O plano inicial previa fazer aquela longa travessia na companhia de um amigo, dono de alguma experiência em barcos a vela. Mas, assim que o futuro companheiro de jornada viu o barco no qual Caldwell queria navegar até o outro lado do mundo, desistiu na hora. Já o americano, não. Se o amigo não queria ir, ele iria sozinho, mesmo sem saber direito como manejar um veleiro.

Após uma semana "treinando" diante da marina, com o livro na mão, Caldwell decidiu que já estava pronto para partir. Foi ao mercado, comprou 250 latinhas de comida, 85 galões de água, colocou tudo no barco, ligou o motor, amarrou o leme, caminhou até a proa e começou a puxar a âncora. Seus problemas começaram ali mesmo. Ao recolher o ferro, Caldwell tropeçou nos cabos da âncora e caiu na água, enquanto o barco, impulsionado pelo motor ligado – e livre do que o mantinha preso ao fundo –, saiu navegando sozinho.

A primeira reação do americano foi nadar atrás do veleiro fujão. Mas Caldwell logo percebeu que, por sorte, havia prendido o leme de forma errada, em apenas um dos lados, de forma que o Pagan começou a dar voltas e mais voltas em torno de si mesmo, navegando em círculos. Menos mal. Bastava agarrar o barco quando ele passasse.

Caldwell fez diversas tentativas, quase foi atropelado pelo próprio barco, mas conseguiu recuperá-lo quando o veleiro bateu em uma boia e parou – já sem a âncora, que foi arrancada do cabo pelo movimento do barco e afundou. Não foi um bom começo. Mas coisas bem piores ainda estavam por vir.

Após substituir a âncora por um saco cheio de ferramentas, já que ele não tinha um equipamento sobressalente, Caldwell decidiu treinar um pouco mais antes de encarar o grande oceano. Avançou até um amontoado de ilhotas diante da capital panamenha, chamadas Ilhas Perlas, e ali quase naufragou ao passar sobre um tronco de árvore que boiava no mar. Só deu tempo de acelerar até uma das praias e encalhar o veleiro antes que ele inundasse.

Os reparos no casco, que ele mesmo fez com as ferramentas que tinham acabado de virar lastro de âncora (a partir daí, ele abriu mão de ter este equipamento no barco, já que dizia que seu objetivo era navegar, não ancorar!), duraram uma semana e atrasaram sua partida rumo à Austrália. Isso fez com que Caldwell ficasse levemente preocupado, porque ele tinha lido em um guia de navegação que a temporada de furacões do Pacífico começaria dentro de alguns meses, e precisava chegar do outro lado do mundo antes disso.

Claro que também não deu tempo. Até porque, logo depois, quando ainda estava no início da travessia, Caldwell teve uma ideia desastrosa: capturar um tubarão para presentear sua esposa com a mandíbula do animal.

A fim de impressioná-la, ele escolheu um tubarão de bom tamanho entre os muitos que passavam dia e noite rodeando o Pagan. A duras penas, após fisgá-lo com uma espécie de gancho, conseguiu trazer o animal ainda vivo para dentro do barquinho. Para terminar o serviço, pegou uma machadinha e, ao preparar o golpe de misericórdia, foi arremessado longe pelo tubarão, que passou a se debater furiosamente. Por muito pouco, Caldwell não foi parar no mar, numa total inversão de papéis: ele na água, e o peixe no barco.

Seguiu-se um embate selvagem entre dois seres mais ou menos irracionais: o americano tentando acertar o tubarão com a machadinha; e o tubarão tentando destruir tudo à sua volta com cabeçadas e rabadas que mais pareciam marretadas. Aos poucos, o veleirinho foi sendo demolido pelo animal enfurecido, enquanto Caldwell tentava apenas permanecer vivo.

Quando o insano conflito terminou, quase 15 minutos depois, o convés do Pagan e o próprio Caldwell estavam tingidos de vermelho pelo sangue do animal, que, por sua vez, se vingara destruindo o motor do barco com uma cabeçada, e feito o controle do leme voar pelos ares com um golpe certeiro da cauda. Nem se tivesse enfrentado um furacão, o barco de Caldwell estaria tão destruído. Mas foi justamente isso que aconteceria, dias depois.

Como tinha pressa em chegar à Austrália, Caldwell decidiu não parar nas Ilhas Marquesas, na Polinésia Francesa, a fim de repor água e comida, como havia previsto que faria. Mesmo após meses no mar – e com seu estoque de suprimentos dando claros sinais de que não durariam muito mais –, o infatigável americano seguiu em frente, na direção das Ilhas Fiji, algumas centenas de milhas adiante, onde por fim chegou, semanas depois. Mas em outra condição: a de quase náufrago.

Meia dúzia de dias depois de ignorar a escala para repor alimentos – e também o bom senso –, o Pagan e seu abilolado comandante encontraram pela frente aquilo que o calendário, há muito, já alertava: que a temporada de furacões do Pacífico estava prestes a começar – um motivo a mais para ele ter parado e aguardado nas Ilhas Marquesas. Mas nada haveria de convencer Caldwell de que não era prudente seguir adiante, muito menos daquele jeito. Sua determinação em chegar à Austrália o mais rápido possível só não era maior do que sua autoconfiança. Ou, no caso, imprudência.

Quando a primeira tempestade chegou, apocalíptica, erguendo montanhas de águas enfurecidas no mar, de nada adiantou Caldwell amarrar tudo a bordo, inclusive ele próprio à cama. Logo, a tormenta derrubou o mastro do seu precário barco, que também começou a encher de água, já que o mar entrava por todos os lados.

Ignorando o que dizia o livro que tentava ensiná-lo a navegar direito – naquelas alturas, já devidamente inutilizado –, o americano não cortou os cabos que ainda atavam o mastro caído à lateral barco, embora isso implicasse em apavorantes pancadas no casco, porque não sabia que deveria fazê-lo. Com água pela cintura no interior do barco, dedicou-se apenas a "aliviar" peso, atirando ao mar tudo o que encontrava pela frente, inclusive boa parte do que lhe restava de água e comida.

Caldwell começou a retirar com um balde, cautelosamente, a água que tinha entrado. Logo, porém, tudo o que balde capturava era arremessado para o lado de fora do barco. No final, jogou até o próprio balde fora. Era a sua luta pela sobrevivência elevada a enésima potência, sem nenhum critério. Mas não é que ele e o Pagan sobreviveram ao furacão?

Quando a tempestade passou, dias depois, Caldwell fez um balanço da situação. Não lhe restara nenhuma carta náutica ou instrumento de navegação, ele não tinha a menor ideia onde estava, e contava apenas com quatro galões de água, uma embalagem de ketchup e duas latinhas de comida. Dali em diante, comer e beber dependeriam apenas da sorte, da chuva e de ele conseguir capturar alguns peixes, embora não tivesse nenhum equipamento de pesca. Ou da sua engenhosidade em "produzir" alimentos. Foi o que ele fez.

Quando não havia mais nada para mastigar, Caldwell transformou creme de barbear, pasta de dente e pedaços de carmuça do estofamento do barco em comida, e chegou a fritar o couro de um calçado que resistira à enxurrada. Também comeu as algas que cresciam grudadas ao casco do barco como se fossem salada, e devorou os batons que havia comprado para dar à esposa, a título de sobremesa. Por fim, esculpiu um remo em forma de lança e passou a tentar fisgar algum peixe – mas não os tubarões, porque, ao menos, havia aprendido a lição. A fome se tornou sua companheira permanente.

Navegar também havia se tornado um problema. Sem o mastro, sem mapas, muito menos equipamentos de navegação (seu sextante também desaparecera na inundação, possivelmente por conta da frenética ação dele com o balde na mão), o americano passou a contar apenas com uma vela improvisada, amarrada ao casco, se arrastando no mar a um nó por hora, e seguindo na direção do que sua memória registrara dos mapas – uma odisseia fadada a não dar certo. Mas...

Quarenta e oito dias e quase mil milhas depois, Caldwell e seu veleirinho em frangalhos foram dar em um remoto e desabitado atol das Ilhas Fiji, chamado Tuvuca, onde quase naufragaram após atropelarem uma barreira de corais. O aventureiro só chegou vivo à praia graças ao mastro do barco, que usou como flutuador – o que, de certa forma, ainda que acidentalmente, mostrou a validade de não ter abrido mão do equipamento quando ele desabou.

Três dias depois, sobrevivendo apenas dos cocos que conseguia pegar, Caldwell foi encontrado por nativos de uma tribo da ilha vizinha, com quem ficou morando por quatro meses – nu, caçando e pescando para viver –, até que um barco aparecesse para resgatá-lo e, por fim, o levasse à Austrália, onde já tinha sido dado como morto pela esposa.

Mas nada disso traumatizou o inabalável Caldwell. Ao contrário, surpreso com a vida que encontrou a bordo de um pequeno barco no mar, ele escreveu um livro sobre a travessia, intitulado Desperate Voyage (Viagem desesperada), que ficou famoso entre os velejadores justamente por todos os erros que ele havia cometido, e voltou a navegar.

Em 1954, Caldwell construiu um veleiro um pouco maior que o Pagan, o Outward Bound, de 36 pés, e partiu, com a esposa e dois filhos, da Austrália para o Caribe, onde, após ganhar a vida levando turistas para passear e plantando pés de coqueiros nas ilhas mais distantes (o que lhe rendeu o apelido de "John Coco"), se estabeleceu em uma ilha deserta das Granadinas, onde construiu um pequeno resort que logo passou a ser frequentado por todos que queriam ouvir suas histórias sobre como atravessou o Oceano Pacífico sozinho, sem nunca antes ter navegado.

John Caldwell morreu em 1998, aos 80 anos de idade, tão feliz quanto no dia em que partiu do Panamá em um barco que ele não sabia como manejar para encontrar a esposa.

Uma história que tinha tudo para dar errado, mas acabou tendo um final feliz.

Longa jornada pela liberdade

A tumultuada viagem do navio que ajudou a formar o Estado de Israel

Ao longo da história, poucos povos conheceram tão bem o que é não ter um território para viver quanto os judeus – que, de tempos para cá, tentam fazer o mesmo com os palestinos da Faixa de Gaza.

Como geralmente acontece nesses casos, a conquista do território de Israel como sendo uma terra para chamar de sua (o que só aconteceu em 1948, após o horror do Holocausto na Segunda Guerra Mundial ter comovido o mundo) custou aos judeus muita resiliência e sofrimento.

Na época, uma das ações que mais contribuíram para o povo judeu angariar apoio mundial a fim de ter um território próprio para viver envolveu uma sofrida – e proibida – viagem de navio que, em 1947, um grupo de 4 500 pessoas se propôs a fazer mesmo sabendo que aquela jornada tinha tudo para não terminar bem, como, de fato, não terminou: a travessia que o decrépito navio Exodus fez, da Europa para a Palestina, 77 anos atrás.

Após o final da Segunda Guerra Mundial, a Haganah, uma organização judaica clandestina que tentava implantar um território judeu na Palestina a qualquer custo, passou a comprar pequenos barcos para transportar os judeus sobreviventes dos campos de concentração nazistas, ou que não quisessem voltar para suas casas destruídas.

O destino daquelas viagens era a Palestina, a Terra Prometida, então sob o poder dos ingleses, que, no entanto, não queriam a chegada de judeus à região, muito menos em massa. Mas foi exatamente o que a Haganah decidiu fazer, ilegalmente, em 1947.

Em vez de continuar utilizando pequenos barcos, que invariavelmente eram capturados pelos ingleses e desviados para campos de refugiados, a Haganah decidiu comprar um grande navio, lotá-lo com famílias judias e despachá-lo para a Palestina, estabelecendo assim, também, novas bases para o futuro estado de Israel.

O navio escolhido foi um decrépito ex-cargueiro americano, o SS President Warfield, construído 20 anos antes, em 1927, e utilizado na Segunda Guerra Mundial tanto pelos Estados Unidos quanto pela Inglaterra, que fora vendido como sucata, após o conflito, por cerca de US$ 40 mil – dinheiro que os poucos recursos da Haganah podiam pagar.

Mas, embora em péssimo estado, o SS President Warfield tinha uma vantagem: seu pequeno calado, a parte submersa do casco, de apenas 2,5 metros, favoreceria um eventual desembarque clandestino de seus passageiros na costa palestina, caso não fosse permitido a atracagem do navio em algum porto controlado pelos ingleses, como a Haganah já imaginava que poderia acontecer.

Além disso, ele era grande para os padrões da época, com 100 metros de comprimento, o que permitia transportar mais de 4 mil pessoas, ainda que em condições precárias de espaço e conforto.

Para conduzi-lo, foi montada uma tripulação voluntária, formada por 40 jovens judeus americanos sem grande experiência em navegação, mas empenhados até o último fio de cabelo para que seus compatriotas chegassem à Palestina, e ali se estabelecessem.

Rebatizado de Exodus 1947 – referência ao ano da viagem e ao livro bíblico sagrado que narra a fuga dos judeus da escravidão no Egito –, o maior navio com refugiados judeus da história partiu do porto de Sète, na França, em 11 de julho, com nada menos que 4 515 passageiros a bordo – 655 deles crianças, a maioria órfãs, cujos pais haviam morrido na guerra.

A travessia estava prevista para durar dez dias. Mas, como já era esperado, acabou antes disso, quando o Exodus, com sua multidão de refugiados, foi interceptado pouco antes de entrar nos limites da costa palestina por dois destróieres da Marinha Inglesa que já vinham seguindo o navio a certa distância, após o Serviço Secreto Britânico ter tomado conhecimento da operação ilegal tramada pela Haganah.

Os tripulantes do Exodus 1947 sabiam que, em algum momento, o navio seria abordado e impedido de seguir viagem. Mas não contavam que isso pudesse resultar em um ataque violento e armado, como acabou acontecendo. Um tripulante e dois passageiros morreram quando os ingleses invadiram o navio, a fim de detê-lo. E conseguiram.

Temendo que houvesse ainda mais derramamento de sangue, o comandante do Exodus, o americano Ike Aronovitz, então um jovem de apenas

24 anos de idade, aceitou interromper a jornada e foi escoltado pelos destróieres ingleses até o porto de Haifa, já na Palestina, onde todos os passageiros desembarcaram – mas apenas para serem reembarcados em três navios militares de volta para a Europa.

Até então, todos os judeus capturados pelos ingleses tentando chegar ilegalmente à Palestina eram enviados para campos de refugiados em Chipre. Mas, no caso do Exodus 1947, seria diferente. Os ingleses haviam decidido usar a ousadia da Haganah, de comprar um grande navio para transportar milhares de judeus ao mesmo tempo, como exemplo para inibir ações semelhantes no futuro. E aquelas 4 515 pessoas foram mandadas de volta para o mesmo local de onde haviam partido.

Ao chegarem à França, no entanto, os ocupantes dos três navios se recusaram a desembarcar e iniciaram uma greve coletiva de fome, para forçar os ingleses a rever sua posição – eles queriam ser mandados de volta à Palestina. Para isso, ganharam o apoio indireto do governo francês, que se recusou a remover os passageiros dos navios.

Os ingleses decidiram esperar até que os refugiados desistissem do movimento, em uma espécie de queda de braço com a fome e o desconforto dos refugiados, então autoconfinados em navios já tomados pela sujeira e abomináveis condições sanitárias.

Mas, três semanas depois, pressionados também pela opinião pública – que via com certa simpatia aquela iniciativa judaica, embora ela fosse tecnicamente ilegal –, os ingleses mandaram os navios zarparem da França com quase todo mundo dentro deles – apenas alguns judeus haviam desistido e desembarcado. Mas o novo destino não era a Palestina, como eles queriam, e sim a própria Alemanha, de onde a maioria havia fugido.

O comboio dos refugiados repatriados chegou ao porto de Hamburgo, na zona de ocupação britânica da Alemanha, em 22 de agosto – 40 dias após o início daquela tumultuada jornada do Exodus 1947. Lá, os judeus foram retirados à força dos navios e levados para duas áreas isoladas – que, na essência, lembravam os campos de concentração dos quais eles milagrosamente haviam escapado um pouco antes.

A visão de milhares de judeus sendo levados, pelo governo inglês, para campos isolados na Alemanha, onde ficariam confinados até que se achasse uma solução para o caso, gerou protestos e indignação mundo afora. Como era possível que os ingleses estivessem aplicando o mesmo segregacionismo dos alemães com o povo judeu?

Acuado e constrangido, o governo britânico decidiu rever sua política diplomática, e, no ano seguinte, em maio de 1948, endossou a decisão da ONU de criar o Estado de Israel, reconhecendo o direito do povo judeu.

Só quando isso aconteceu, tanto os refugiados que estavam isolados em Chipre quanto os ex-passageiros daquela sofrida viagem – que se tornaria um símbolo da luta pela imigração livre para a Palestina – foram autorizados a se fixar na terra que eles tanto almejavam chegar.

De certa forma, a missão do Exodus 1947 (que acabou abandonado em uma praia perto de Haifa, e, depois, incendiado e desmanchado, apesar de hoje ser homenageado com um monumento no terminal portuário da cidade) havia sido cumprida.

Ainda que de maneira sofrida e tumultuada, quase um ano depois.

O navio mais original do mundo

Ele enchia de água, mas não afundava

Aena sempre deixava os leigos apavorados. E os técnicos, eufóricos. De repente, toda a parte da frente daquele estranho e fino navio, que mais parecia um charuto, começava a afundar, erguendo a popa, até ela ficar na vertical, só com a ponta do casco fora d'água, como uma recriação dos instantes finais do Titanic.

Mas, não. Não era um naufrágio. Apenas a rotina daquele estranho navio, a mais peculiar embarcação que já se viu no mar.

O Flip, iniciais de "Floating Instrument Platform" (embora flip, "virar" em inglês, também designasse a principal característica daquele esquisito navio), foi concebido justamente para afundar quase que totalmente, e assim ajudar os oceanógrafos a estudar o mar.

Com um simples comando, o mar passava a invadir a parte frontal do casco (um grande cilindro oco, repleto de válvulas e compartimentos), e, com o peso da água entrando, o Flip começava a erguer a popa e mergulhar gradativamente no oceano, enquanto seus ocupantes tratavam de se locomover de um plano para outro, já que tudo dentro do navio ia ficando cada vez mais inclinando.

Até que, 20 minutos depois, quando a água já ocupava 80% dos 108 metros de comprimento do casco, a inundação estancava e o navio passava a ficar espetado no mar, totalmente na vertical, só com a popa fora d'água, feito um periscópio, ou a ponta de um pilar submerso – e quase tão estável quanto um objeto fixo no fundo do mar.

O Flip, criado no final da década de 1950 por dois geniais engenheiros americanos para atender às necessidades do Instituto Americano de Pesquisas Navais, e inaugurado (com certa desconfiança) em 1962, a fim de atuar em pesquisas oceânicas, era um prodígio da engenharia naval. Uma alternativa bem mais barata e viável do que os submarinos para estudar as colunas de água oceânicas abaixo da superfície. Era como um laboratório submerso. O mais original de todos, por sinal.

Contudo, mais interessante até do que a capacidade daquele navio de mudar da posição horizontal para a vertical no mar, era o que acontecia dentro dele durante o processo. Com a transição, tudo o que estava assentado no piso do interior do navio (camas, mobiliário, instrumentos etc.) passava a fazer parte das paredes das cabines – e vice versa. Já os tripulantes tinham que migrar de um plano espacial para outro durante a operação.

Por conta da sua incrível capacidade de rotacionar 90 graus e de mergulhar no mar sem afundar, o Flip era equipado com uma série de recursos inimagináveis em um navio convencional. Como escadas em forma de arco (que permitiam subir e descer qualquer que fosse o plano), duas portas por cômodo (uma delas, estranhamente, sempre fixada na parede), luminárias que migravam do teto para as laterais, dependendo da posição em que o navio se encontrava, e mobiliário instalados sobre roldanas que giravam na medida que o casco inclinava. Os banheiros, por exemplo, tinham duas pias e dois vasos sanitários: um na horizontal, outro na vertical.

Quando quase totalmente submerso, o Flip tanto podia ficar estático, atado à três pesadas âncoras, quanto flutuando e derivando junto à correnteza, sem que isso afetasse a sua estabilidade, já que, pelo formato de seu casco, roliço feito um tubo e mais largo na frente do que atrás, sua oscilação na superfície era mínima. Mesmo sob a ação de ondas de cinco ou seis metros de altura, o Flip, quando na vertical, não variava mais do que meia polegada na superfície – como uma garrafa boiando no mar com líquido dentro. E jamais tombava.

Para voltar à posição normal, bastava ao comandante fazer o processo inverso do mergulho, injetando ar comprimido no interior do casco – que, gradativamente, retornava à superfície.

Durante 59 anos, o Flip serviu a cientistas e oceanógrafos, atuando como laboratório avançado para pesquisas marítimas. A bordo dele, trabalhando em um navio quase de ponta-cabeça, pesquisadores desenvolveram inúmeros trabalhos e teorias sobre correntes marítimas, comportamento e canto das baleias, interações entre ar e mar, e especialmente avaliações acústicas oceânicas, já que, como não tinha motores (para movimentá-lo, era preciso rebocá-lo), o Flip não produzia nenhum ruído que pudesse atrapalhar as medições.

Uma vez fincando no oceano, como um gigantesco microfone flutuante (até pela forma inusitada que adquiria), o Flip era capaz de ficar praticamente parado na superfície, imune às oscilações, e oferecendo pouquíssima resistência aos ventos e ondulações – daí ter sido uma ferramenta tão valiosa para os pesquisadores.

Ele foi especialmente útil nos estudos das chamadas "ondas loucas", ondas oceânicas de tamanho anormal, como uma tentativa de descobrir um padrão que possibilitasse prevê-las. E foi durante um desses estudos que ocorreu o único incidente da história deste peculiar navio.

Em 1969, os ocupantes do Flip tiveram que ser resgatados no mar, após se jogarem na água, quando ondas com mais de 25 metros de altura (limite máximo para o qual ele fora projetado) passaram a bombardear a estrutura vertical do navio. Mas não houve vítimas.

O Flip seguiu sendo usado em pesquisas sobre ondas, inclusive as "internas", grandes massas de água que se movem abaixo da superfície, já que, até hoje, não inventaram nada melhor para isso do que um navio que afunda quase inteiro para "senti-las". Até então, medições desse tipo eram feitas por meio de barcos convencionais (o que, às vezes, resultava em desastres) ou através de plataformas de petróleo fincadas no leito marinho – mas que, por isso mesmo, não ofereciam a mesma precisão nas avaliações.

Por sua capacidade de afundar sem que isso virasse uma tragédia, e por suas espantosas operações de mutação de navio para quase submarino, o Flip foi usado regularmente até 2021, quando, já precário e necessitando de uma série de reparos, foi aposentado. Meses depois, foi vendido a uma empresa de desmanche de navios, que o transformou em sucata – mesmo não havendo nenhum outro do tipo para substituí-lo, situação que permanece até hoje.

Nunca houve um navio tão original quanto o Flip.

O navio dos milagres

Quando viu aquela multidão de refugiados, o comandante decidiu fazer algo para ajudá-los

Um dos períodos mais sombrios da sangrenta Guerra da Coréia foram os últimos dias de dezembro de 1950, quando cerca de 100 mil soldados enviados pela ONU se viram cercados pelo exército chinês no porto de Hungnam, hoje parte do território da Coréia do Norte. Só havia uma maneira de escapar: pelo mar.

Para resgatá-los, os Estados Unidos montaram uma força-tarefa, com mais de 100 navios de todos os tipos, e os enviou, às pressas, para a cidade. Um deles era o cargueiro americano SS Meredith Victory, cujo comandante, Leonard LaRue, era, acima de tudo, um homem de bom coração. Como, mais tarde, ficaria inequivocamente comprovado.

O objetivo da missão era evacuar apenas os soldados. Mas, quando os moradores da região ficaram sabendo que navios americanos estavam a caminho de Hungnam, correram para o porto da cidade, a fim de também tentar escapar da morte certa nas mãos dos invasores chineses. Eram famílias inteiras, com muitas crianças, que haviam caminhado por dias a fio, no frio e na neve, em busca da única salvação possível: embarcar naqueles navios.

Quando o comandante LaRue chegou ao porto e viu aquela multidão de desesperados, decidiu fazer algo. E fez: avisou o comando da operação que iria resgatar, além de soldados, também parte daqueles refugiados, embora seu navio fosse um simples cargueiro, com capacidade para apenas 12 passageiros e 47 tripulantes, e os coreanos fossem milhares.

O embarque dos refugiados começou na tarde de 22 de dezembro e, mesmo em ritmo acelerado, se estendeu até a manhã seguinte, tal a quantidade de pessoas. Só quando não cabia – literalmente – mais ninguém a bordo, LaRue deu ordem de soltar as amarras. E partiu, levando uma massa humana sem precedentes: nada menos que 14 mil refugiados, na a maior operação de resgate humanitário realizada por um único navio em toda a história.

Ao zarpar, na manhã do dia 23, o SS Meredith Victory mais parecia um formigueiro humano. Dos porões ao convés, passando por todos os espaços disponíveis – incluindo corredores e cozinha –, multidões de coreanos em pé, ombro a ombro, ocupavam cada centímetro a bordo.

Não havia água nem comida para tanta gente. Mas ninguém reclamava: tudo o que importava era fugir, para preservar suas vidasm mesmo que isso implicasse em passar três dias – tempo estimado da travessia do SS Meredith Victory até a Ilha Geoje, no sul da Coréia, onde todos desembarcariam – espremidos feito sardinhas em lata.

Entre os refugiados resgatados por LaRue, estavam os pais do futuro presidente da Coréia do Sul, Moon Jae-i. Mas, para ele, isso não importava: todas aquelas pessoas tinham o mesmo direito de escapar que os soldados que ele fora resgatar.

Embora arriscada – até pela impressionante quantidade de pessoas a bordo –, a travessia até a Ilha Geoje transcorreu sem nenhum contratempo, salvo o nascimento de cinco bebês durante a viagem, dois deles no dia de Natal, o que rendeu ao SS Meredith Victory o título de "Navio dos Milagres" – porque, além de salvar mais gente do que o seu acanhado espaço permitia, ainda gerou novas vidas.

Os partos foram feitos pelos próprios refugiados (um deles chegou a usar os dentes para cortar o cordão umbilical do bebê) e por um dos marinheiros do navio, cujo único treinamento médico havia sido um curso rápido de primeiros socorros antes da guerra. Mas deu tudo certo. A humanitária jornada de LaRue, um comandante tão íntegro quanto religioso, foi um improvável sucesso – que ele, humildemente, creditou apenas à forças superiores.

"Eu sentia que a própria mão de Deus conduzia o meu navio", contou depois LaRue, aliviado por conseguir salvar tantas vidas e antes de decidir sair da Marinha Mercante Americana para se tornar monge beneditino, nos Estados Unidos, e, mais tarde, quase ser canonizado.

Leonard LaRue morreu em 2001, aos 87 anos, unanimemente reconhecido como um grande homem, especialmente pelo que fez naquele Natal de 1950, como comandante de um pequeno navio, que, contrariando a física e o bom senso, foi o responsável por salvar milhares de vidas.

Provavelmente, o maior resgate da história da humanidade feito por uma só pessoa.

Lugar errado, na hora errada

Mas aqueles pobres pescadores japoneses não tinham como saber disso

Nas horas finais da madrugada de 1º de março de 1954, antes que o sol nascesse, coisas estranhas começaram a acontecer na linha do horizonte, sobre o mar da região da Ilhas Marshal, no Pacífico Central.

De repente, um enorme clarão amarelo esbranquiçado surgiu no céu, ainda no escuro da noite, e assim ficou por um bom tempo, como se um relâmpago tivesse sido congelado em seu brilho máximo. Depois, o tom daquela luz violenta mudou para um vermelho-amarelado e, em seguida, se transformou em uma imensa bola laranja, que iluminou a superfície do mar como se fosse dia.

E bem diante daquele cenário apocalíptico estava o barco atuneiro japonês Daigo Fukuryu Maru ("Dragão da Sorte 5"), com 23 pescadores, que simplesmente não deveria estar lá. Ou, ao menos, deveria ter sido avisado disso.

Estupefatos com aquele estranho espetáculo, os pescadores japoneses se entreolharam. "O sol está nascendo no lado contrário?", questionou, confuso, um deles. "Acho que é um pika-don" (expressão japonesa formada pelas palavras "trovão" e "clarão", cunhada após o terror atômico causado pelas bombas atômicas em Nagasaki e Hiroshima, na Segunda Guerra Mundial), arriscou o comandante do barco, Hisakichi Tsuutsui – cuja avaliação só não estava totalmente correta porque a explosão que eles haviam testemunhado, e da pior forma possível, havia sido mil vezes mais poderosa do que as que haviam aniquilados as duas cidades japonesas, apenas sete anos antes.

Sete minutos depois, um tremor fez o barco sacudir inteiro, juntamente com um barulho intenso. Foi quando o capitão deu ordem de ligar o motor e partir rapidamente, sem saber o que estava acontecendo. Mas, longe dali, todos sabiam: os Estados Unidos haviam acabado de realizar um teste atômico, batizado de "Castle Bravo", com a mais poderosa bomba termonuclear jamais construída, no distante isolado Atol de Bikini – a pouco mais de 150 quilômetros de distância do local onde o Daigo Fukuryu Maru estava.

Tecnicamente, a tripulação do pesqueiro japonês estava fora dos limites de risco previstos pelos técnicos americanos – e isso fora informado aos países da região, inclusive o Japão. Só que a avaliação americana, tanto do poder de destruição da bomba, que resultou duas vezes mais potente, quanto do alcance de seus efeitos, que, por conta dos ventos, ultrapassaram em muito a área protegida, estava errada, fazendo com que a radiação decorrente da explosão atingisse uma gigantesca área do oceano. E isso aqueles pobres pescadores mal informados logo desconfiariam, em seus próprios organismos.

Um par de horas após a explosão, quando os pescadores do "Dragão da Sorte 5" (não poderia haver nome mais irônico para aquele azarado barco, que tivera a infelicidade de estar no local errado, na hora errada) ainda recolhiam apressadamente as redes, começou a descer do céu uma espécie de poeira branca, semelhante a neve, só que muito mais fina e bem mais estranha – uma chuva de cinzas claras, que grudava no corpo e em tudo no barco, inclusive nos peixes que eram recolhidos do mar, algo que eles nunca haviam visto igual.

Intrigados, os pescadores pegaram nas mãos punhados daquela quase areia vinda do ar, e alguns chegaram a recolher amostrar e levar para suas cabines, para analisar depois. Jamais deveriam ter feito isso. Era poeira radioativa, formada por partículas de areia e coral triturado erguidos pela mega explosão no atol – as "cinzas da morte", como, depois, aquele macabro fenômeno seria batizado.

Naquela mesma noite, a tripulação do pesqueiro começou a sentir os primeiros sintomas do envenenamento coletivo de que havia sido vítima. Alguns homens passaram a ter fortes dores de cabeça, náuseas, tonturas e diarreias, além de sangramentos nas gengivas, enquanto outros ficaram com os olhos vermelhos e coceiras por todo o corpo – especialmente os que haviam manuseados os cabos das redes, que, a exemplo dos peixes, também ficaram impregnados com aquela misteriosa poeira branca que aderia ainda mais no que estivesse molhado.

Quando o dia seguinte amanheceu, todos os 23 tripulantes do Daigo Fukuryu Maru ostentavam bolhas pelo corpo e tinham a pele queimada como se tivessem passado semanas sob o sol, na praia. Depois, seus pelos e cabelos começaram a cair. Foi quando ficou claro para o comandante Tsuutsui que todos estavam contaminados. Mas, com o quê, exatamente?

A resposta só veio quando o Daigo Fukuryu Maru retornou ao Japão, de onde havia partido dois meses antes, em busca de cardumes de atum, no Pacífico. E, ainda assim, não de imediato. Ao desembarcarem, os tripulantes do pesqueiro foram atendidos por um médico local, que se limitou a receitar uma pomada para a pele e os mandou para casa.

Só quando o Japão foi alertado pelos americanos de que as extensões do experimento no Atol de Bikini haviam sido maiores do que as esperadas, é que as autoridades japonesas foram atrás de eventuais vítimas que estivessem na região durante a explosão. Entre eles, os pescadores do Daigo Fukuryu Maru.

Em certas partes do barco – sobretudo nas áreas ainda molhadas no interior do casco, como as cordas das redes que os pescadores haviam fartamente manuseado durante a chuva atômica –, a radiação podia ser detectada a mais de 30 metros de distância. O pesqueiro havia se transformado em uma espécie de cápsula radioativa. E os seus ocupantes, mais ainda.

Recolhidos e levados para um hospital em Tóquio – que logo receberia a visita de técnicos americanos, nada interessados em salvar aqueles pacientes, já que não eram médicos, mas sim em pesquisar os efeitos da radiação no corpo humano –, os 23 tripulantes do Daigo Fukuryu Maru foram diagnosticados com "doença aguda de radiação", causada não pela bomba em si, mas pela chuva radioativa que ela produzira, carregada de elementos como estrôncio 90, césio137, selênio 141 e urânio 237, entre outros venenos. Eles ficaram internados por mais de um ano, sofrendo de males como febres altas, sangramentos, diarreias intermitentes e esterilidade.

Mesmo assim, os Estados Unidos se recusaram a fornecer a composição completa da bomba (o que poderia ter ajudado no tratamento das vítimas), porque isso era segredo de estado e não poderia ser divulgado – especialmente em tempos de pré-Guerra Fria com a União Soviética. E ainda acusaram os tripulantes do barco de não terem se informado sobre o teste que seria executado e de estarem pescando muito próximo ao limite da área de segurança – cuja existência eles sequer sabiam.

O governo japonês, por sua vez, tinha interesse em colocar uma pedra sobre o assunto e enterrar a questão o mais rapidamente possível, a fim de evitar confrontos com os Estados Unidos, de quem dependia financeiramente desde o fim da Segunda Guerra Mundial. Mas a extensão que o caso ganhou nos jornais mundiais, e a pressão interna do povo japonês, ainda traumatizado pelas bombas de Hiroshima e Nagasaki, não permitiu que o caso fosse abafado.

Além disso, o incidente do Daigo Fukuryu Maru deu origem a dois ferozes movimentos sociais no Japão: um, contra os armamentos nucleares; outro, contra o consumo interno de atum, um dos principais alimentos dos japoneses, e justamente o peixe que aqueles pescadores capturavam no instante da chuva radioativa. O temor era que peixes contaminados tivessem ido parar nos mercados japoneses, o que quase fez ruir grandes empresas do setor. Mais tarde, foi divulgado que outros 855 barcos de pesca japoneses atuavam mais ou menos na região da explosão quando ela aconteceu. Mas nenhum deles tão perto do petardo quanto o Daigo Fukuryu Maru.

Quatorze meses depois, os últimos pacientes japoneses deixaram o hospital, após a morte de um deles. Estavam clinicamente curados, mas continuaram sendo vítimas das consequências da exposição à radiação do experimento Castle Bravo. Agora, os efeitos eram de ordem social: as pessoas passaram a evitar se aproximar deles, temendo uma eventual contaminação. Estigmatizados e com uma pífia indenização dada pelo governo japonês – que não os considerou vítimas da radiação atômica, como acontecera com os sobreviventes de Hiroshima e Nagasaki –, os ex-pescadores do Daigo Fukuryu Maru passaram a sobreviver de atividades secundárias. E, com o passar dos anos, um a um, foram morrendo. Alguns, de câncer.

Já o Daigo Fukuryu Maru teve mais sorte. Apesar do seu sinistro histórico, foi comprado pelo governo japonês e, após ser descontaminado, usado pela Universidade de Pesca de Tóquio como barco-escola. Mais tarde, acabou abandonado em um canal da capital japonesa. Mas, por pressão dos moradores da cidade, que conheciam o seu passado, foi recuperado e passou a ser exibido em um memorial especialmente construído para abrigá-lo, em Tóquio, onde está até hoje.

Refúgio de sequestradores

Dois anos depois, outro navio sequestrado veio parar no Brasil

O primeiro sequestro de um navio por terroristas que se tem notícia aconteceu em janeiro de 1961, quando o transatlântico português Santa Maria, com mais de uma centena de passageiros, foi capturado por rebeldes contrários ao governo ditatorial que vigorava em Portugal e desviado para o Brasil, onde todos os envolvidos foram libertados – inclusive os sequestradores, que nada sofreram pelo ato criminoso (caso contado no Volume 2 de *Histórias do mar*).

Baseados nisso – e no bom desfecho daquela operação –, dois anos depois, um grupo de jovens guerrilheiros venezuelanos decidiu copiar a ação portuguesa e sequestrar um navio, a fim de chamar a atenção do mundo para a ditadura do presidente Rómulo Betancourt.

O navio escolhido foi o Anzoátegui, um simples cargueiro da empresa estatal venezuelana Compañía Anónima Venezolana de Navegación, que partiria do porto de La Guaira, com destino a New Orleans, nos Estados Unidos, em 12 de agosto de 1963, Dia Mundial da Juventude, data em que os jovens da Venezuela aproveitariam para manifestar sua insatisfação com o governo local. Portanto, nada mais adequado para um ato de protesto realmente contundente como o sequestro de um navio de uma empresa estatal.

Na véspera, os sequestradores (nove jovens com idades entre 19 e 28 anos e pouca afinidade com atos terroristas, embora fizessem parte das Forças Armadas Castroistas de Libertação Nacional da Venezuela) entraram facilmente no mal policiado porto venezuelano, e, com a ajuda de um dos tripulantes do cargueiro, simpatizante da causa política defendida por eles, se esconderam dentro do próprio navio.

Quando o cargueiro partiu e avançou além dos limites do mar territorial venezuelano, eles saíram dos seus esconderijos e anunciaram o sequestro ao comandante do Anzoátegui, Oscar Pereira – que não se opôs ao ato e passou a seguir as ordens do chefe do grupo, Wismar Medina Rojas, de 28 anos de idade.

Enquanto isso, em terra firme, correligionários dos sequestradores colocavam em prática a segunda parte do plano. Através de bilhetes anônimos enviados para redações de jornais locais, anunciaram o sequestro ao governo da Venezuela – que, um tanto perplexo com aquele ato inesperado (quem, afinal, sequestraria um navio cargueiro que nem tinha mercadorias valiosas a bordo?), imediatamente partiu no encalço do navio. Mas na direção errada.

Como aquele grupo guerrilheiro tinha o apoio de Fidel Castro, o governo venezuelano deduziu que o navio estaria sendo levado para Cuba, e comunicou isso ao governo dos Estados Unidos, então aliado da Venezuela na luta contra o comunismo. Os americanos atenderam prontamente ao pedido de ajuda e despacharam aviões de busca para a costa venezuelana, que passaram a fazer seguidos ziguezagues sobre o mar, entre a costa da Venezuela e de Cuba.

Mas o navio confiscado navegava no sentido oposto, rumo ao Brasil, após os sequestradores terem pedido – e igualmente recebido – asilo político do governo de João Goulart, tal qual haviam feito os portugueses, dois anos antes. Mas eles só comunicaram isso ao governo venezuelano quatro dias depois, quando já se aproximavam, em segurança, do mar brasileiro.

Os aviões americanos chegaram a localizar o navio navegando a caminho do Brasil. Mas, como ele estava além do mar territorial da Venezuela, nada puderam fazer para detê-lo.

Quando o Anzoátegui atracou no porto de Belém, os sequestradores desembarcaram e o capitão Pereira foi liberado para retornar à Venezuela com o navio – que, assim sendo, foi devolvido, já que o objetivo do grupo era apenas chamar a atenção do mundo para os desmandos do governo venezuelano. Em seguida, eles viajaram para Brasília, onde foram recebidos pelo presidente brasileiro, que oficializou o asilo político para os nove sequestradores.

Mas, apesar do asilo concedido, o grupo ficou pouco tempo no Brasil. Após aproveitarem o Carnaval no Rio de Janeiro – desejo confesso de um dos sequestradores, ao surrupiar o navio –, eles viajaram para Cuba, e, de lá, anos depois, retornaram à Venezuela, quando Betancourt não estava mais no poder. Apesar do ato legalmente criminoso, nunca foram presos.

Para aqueles nove jovens venezuelanos, o sequestro do transatlântico português Santa Maria – e a complacência do governo brasileiro para com os seus sequestradores, dois anos antes – valeu como escola.

O misterioso Comandante Crabb

Espião ou traidor? Nunca ficou claro o papel daquele mergulhador

Em um domingo de março de 1967, uma família inglesa caminhava por uma das praias da região de Sussex, no sudeste da Inglaterra, quando algo semienterrado na areia chamou a atenção do grupo. Parecia uma grande concha redonda. Mas não era. Era um crânio humano.

Chamada, a Polícia recolheu a peça e a levou para um legista especialista, que atestou que aquele crânio, que pertencera a um homem, havia passado muito tempo no mar – "mais de uma década", estimou –, antes de ir parar na areia daquela praia.

Intrigada, a Polícia passou a investigar desaparecimentos que supostamente haviam ocorrido no mar da região nos últimos 20 anos, e que não tinham tido solução. E chegou ao caso do corpo de um mergulhador encontrado nas imediações do porto de Chichester, dez anos antes, em junho de 1957, sem cabeça nem mãos – o que impossibilitou a sua identificação.

Na época, uma das suposições foi a de que aquele corpo, que trajava uma roupa de borracha de uma famosa marca italiana, poderia ter pertencido a um dos mais lendários homens-rãs (como os mergulhadores eram chamados na época) da Inglaterra, desaparecido um ano antes, sob circunstâncias misteriosas: Lionel Kenneth Philip Crabb, mais conhecido como "Comandante Crabb", um esperto espião da Marinha Inglesa que atuara na Guerra Fria, especialista em minas submarinas, e admirador das vestimentas italianas de mergulho – daí a dedução de que aquele corpo decepado e decapitado poderia ser dele, já que a roupa de borracha era da marca que Crabb gostava de usar.

Mas, na ocasião, nada foi provado. Nem mesmo depois, quando aquele misterioso crânio – que também se supôs ser do mergulhador inglês – apareceu naquela praia de Sussex, mesma região onde Crabb fora visto pela última vez, no dia 19 de abril de 1956 – sintomaticamente, mesma data em que um poderoso cruzador russo, o Ordzhonikidze, estava atracado no vizinho porto de Portsmouth, acompanhando uma visita política do premier da União Soviética, Nikita Khrushchov, à Inglaterra.

O Ordzhonikidze era um enorme cruzador, que impressionava pela sua incrível velocidade e manobrabilidade – algo que interessava tanto aos ingleses quanto aos americanos saber como era possível.

Na manhã de 19 de abril, Crabb deixou um pequeno hotel de Portsmouth, no qual se hospedara na companhia de outro homem, este jamais identificado (até porque a página de registro de hóspedes do hotel naquele dia desapareceria em seguida), e nunca mais foi visto.

Dias depois, preocupado com o sumiço de Crabb, um amigo dele entrou em contato com o Almirantado Britânico, responsável pelas missões marítimas inglesas, e teve como única resposta a informação de que ele estava morto, sem, porém, nenhum detalhe. Era o começo de um mistério: o que tinha acontecido com o Comandante Crabb?

O que nunca se duvidou é que o desaparecimento do mergulhador e a visita daquele enigmático cruzador russo ao porto da cidade na qual ele estava não fora mera coincidência. Havia uma clara relação entre as duas coisas. Mas nunca foi possível comprovar nada, porque tanto os russos quanto as próprias autoridades inglesas jamais investigaram o caso. E isso fez surgir uma série de teorias conspiratórias.

Uma delas é que Crabb havia sido morto por marinheiros russos quando inspecionava as partes submersas do casco do Ordzhonikidze, em busca de descobrir o segredo da sua agilidade. E que seu corpo teria sido lançado ao mar quando o navio partiu, no dia 28 de abril.

Outra dizia que ele tinha sido preso e levado para interrogatório dentro do próprio navio, do qual nunca mais saiu – pelo menos, não em solo inglês, já que mais uma teoria passou a pregar que, por ser um especialista em sabotagem marítima, Crabb poderia ter sido sequestrado e levado para a Rússia, que teria interesse em seus conhecimentos sobre minas marítimas. Lá, em troca do seu conhecimento e liberdade, Crabb teria recebido um emprego na Marinha Russa e uma nova identidade, sob o nome Lev Lvovich Korablov, que ele teria aceito, mediante a condição de jamais agir contra a Inglaterra, como uma espécie de agente 007 ao contrário. Mas isso, também, jamais foi comprovado.

Outra teoria pregava que Crabb havia, sim, morrido enquanto inspecionava o casco do navio – talvez, por acidente –, a mando do Almirantado Britânico, mas que foram os próprios ingleses que trataram de recolher e decepar o corpo, para que aquele misterioso mergulhador sem mãos nem cabeça nunca fosse identificado – embora parecesse mais fácil simplesmente desaparecer com o corpo, em vez de mutilá-lo e deixá-lo no mar. Mas eles poderiam ter feito isso para incriminar os russos.

A tese oposta foi que aquele corpo mutilado encontrado não seria o de Crabb, e sim de algum anônimo que fora lançado ao mar pelos próprios russos, a fim de despistar o sequestro ou convite feito para o espião mergulhador inglês mudar de lado sem que isso gerasse uma investigação.

O fato é que, no dia 28 de abril, enquanto o Almirantado Britânico dizia apenas que Crabb estava morto, sem nenhuma explicação, o Ordzhonikidze partiu da Inglaterra, mas nunca se soube se levando ou não o ex-espião inglês a bordo, vivo ou morto.

No mês seguinte, a Câmara dos Lordes questionou a Marinha Inglesa e o Almirante Britânico sobre o desaparecimento do Comandante Crabb e a suposta operação de espionagem que ele estaria executando no porto de Portsmouth, durante a visita do navio russo. Mas teve como resposta apenas a informação de que, se isso aconteceu, fora por vontade e curiosidade própria do mergulhador. E que as duas instituições não tinham implicações no que quer que tenha acontecido com ele, embora ninguém tenha acreditado nisso.

Nunca se soube o que aconteceu com o Comandante Crabb, nem o que ele estava fazendo – e a mando de quem – naquele 19 de abril de 1956.

Mas, se aquele corpo mutilado e aquele crânio encontrado na praia não eram dele, a quem teriam pertencido?

Este outro mistério também nunca foi esclarecido.

Luta severa pela sobrevivência

Com se não bastassem serem náufragos, ainda haviam quatro crianças no bote

O escocês Dougal Robertson era um ex-marinheiro, que, após ter perdido sua primeira mulher e filho em um ataque japonês ao navio no qual viajavam, na Segunda Guerra Mundial, vivia pacatamente com sua segunda esposa e quatro filhos pequenos em uma pequena área rural do interior da Inglaterra quando decidiu vender tudo o que tinha e voltar para o mar – levando, novamente, a família junto.

Com o dinheiro arrecadado, Dougal, na época com 47 anos de idade, comprou um velho veleiro de madeira, de 43 pés de comprimento, o Lucette, construído em 1922, colocou a esposa, Lyn , e os quatro filhos a bordo (Douglas, Anne, Neil e Sandy – os dois últimos gêmeos e com apenas 12 anos de idade), e, em janeiro de 1971, partiu da Inglaterra, com o objetivo de dar a volta ao mundo navegando – para o seu próprio prazer, e para que as crianças aprendessem na "universidade da vida", como gostava de dizer.

Durante um ano e meio, os Robertson curtiram os prazeres de navegar pelas ilhas do Caribe, embora com pouquíssimos recursos. Tanto que, após uma parada nas Bahamas, a filha Anne, então com 17 anos, decidiu abandonar a viagem e voltar a viver em terra firme, após conseguir um emprego. No lugar dela embarcou um jovem inglês chamado Robin Williams, também adolescente, que buscava uma carona até as Ilhas do Pacífico Sul, para onde os Robertson partiriam em seguida.

A primeira parte da travessia do maior oceano do mundo, do Panamá até as Ilhas Galápagos, transcorreu sem nenhum inconveniente – embora numerosa, a família, há muito, já havia se habituado a viver no espaço limitado de um barco. Mas, no trecho seguinte, veio o desastre.

Em junho de 1972, quando estavam na parte mais isolada da travessia, a cerca de 250 milhas náuticas de Galápagos, um grupo de orcas investiu contra o barco dos Robertson, aparentemente sem nenhum motivo (talvez, elas tenham confundido o fundo do casco com a barriga de uma baleia, umas de suas presas favoritas), arrancando a quilha do veleiro e gerando um enorme rombo submerso. O naufrágio foi imediato.

Não deu tempo nem de pedir socorro pelo rádio – só de recolher uma bolsa de emergência com alguns víveres, juntar as crianças e colocá-las à salvo tanto no bote quanto na balsa salva-vidas inflável do veleiro. Juntos, balsa e bote se tornariam a "nova casa" dos Robertson, pelos próximos dias. Muitos dias. Não poderia haver situação mais aflitiva.

Quando o veleiro deles desapareceu da superfície, engolido pela imensidão do Pacífico, Dougal e Lyn fizeram um balanço da situação. Eles estavam a centenas de quilômetros da ilha mais próxima, ninguém em terra firme sabia do ocorrido, tinham apenas meia dúzia de latas de água e alguma comida na bolsa de emergência, e – pior que tudo – quatro crianças espremidas em um bote e uma balsa inflável, que ameaçava murchar a todo instante.

A agonia durou dias, até que a balsa esvaziou de vez e todos tiveram que passar a dividir o acanhado espaço do bote, onde tudo vivia molhado. Uma improvisada vela, suportada por um remo, à título de mastro, tentava dar algum rumo ao avanço errante dos náufragos – para onde ir, se não havia nada por perto, só mar por todos os lados?

Foi quando Dougal teve a ideia de, na falta de alguma ilha por perto, avançar na direção da Linha do Equador, onde, além de haver uma rota marítima mais intensa, o mar costuma ser mais quente e tranquilo, já que, sem tantos ventos, a temperatura da água aumenta, diminuindo assim o risco de hipotermia.

Além disso, ele sabia que próximo à Linha do Equador havia uma corrente marítima que avançava na direção da América Central, e, por conta da maior incidência de sol na região, aumentavam, também, as chances de chuva – única possibilidade que eles tinham de conseguir água para beber, já que o precioso líquido que havia nas latas do kit de sobrevivência tinha dado apenas para os primeiros dias.

Dougal estimou que levariam, no mínimo, 70 dias para chegar àquela região. Mas era a única chance que tinham. Para amenizar a sede, passaram a mascar pedaços de lona da balsa murcha, a fim de gerar saliva. Mas havia outro inimigo: a fome.

No sexto dia de penúria, surgiu uma esperança: um navio no horizonte. Dougal pegou dois dos três foguetes sinalizadores que havia na balsa salva-vidas e os disparou. Mas não adiantou. O navio seguiu em frente, sem vê-los. O escocês preferiu não gastar o terceiro e último foguete, porque deduziu que seria inútil. E porque, talvez, precisasse dele depois – o que, de fato, aconteceria.

Naquelas alturas, os Robertson já haviam aprendido a capturar pequenos peixes que vinham nadar rente ao bote, especialmente tartarugas, que acabariam por se tornar o principal alimento da família e responsáveis diretas pela sobrevivência do grupo.

Quando uma tartaruga de pequeno porte subia à superfície para respirar, Dougal se atirava na água e a agarrava, enquanto o restante do grupo tentava trazer o animal para o barco – onde era imediatamente devorado. Parte da carne do animal, no entanto, era deixada exposta ao sol, para secar e não estragar, garantindo assim algum alimento também para os dias subsequentes, quando nada fosse capturado.

Além de saciar a fome, as tartarugas traziam outro benefício para o organismo dos membros da família: seu sangue, rico em nutrientes, amenizava a sede e diminuía o risco de desidratação, especialmente das crianças. No dia em que capturaram sua primeira tartaruga, os Robertson levaram quase uma hora para dar cabo do animal. Depois, no entanto, desenvolveram uma habilidade excepcional, da mesma forma como a captura de pequenos tubarões – seres que também têm o hábito de se aproximar da superfície em busca de alimento.

Quando via um pequeno tubarão solitário nadando perto do bote, Dougal se atirava na água e agarrava o animal com as mãos, apesar do grande risco de ser abocanhado na operação. Mas não havia opção: ou ele fazia isso ou todos passariam fome.

Certa vez, de dentro da barriga de um pequeno tubarão, brotou um peixe inteiro, recém-devorado pelo animal, que foi igualmente dividido entre as crianças. Em momento algum daquele martírio, pai e mãe deixaram de proteger os filhos. Mesmo quando tudo parecia perdido.

No mar, como Dougal havia previsto, na medida em que o bote – com a ajuda de um único remo e uma pequena vela improvisada presa ao outro –, foi se aproximando da Linha do Equador, as chuvas começaram a surgir. Mas nem sempre com a constância que eles gostariam.

Para amenizar a sede, os Robertson sugavam até a última gota os olhos dos pequenos peixes que eventualmente capturavam. Mas isso não era o bastante para deixar Dougal e esposa tranquilos quanto à saúde das crianças. Especialmente quanto ao risco de desidratação, já que a procura por chuvas os levara justamente para a área mais quente da região.

Na Linha do Equador, o sol inclemente fazia com os pequenos suassem descontroladamente. E a transpiração os fazia perder ainda mais líquidos. Pular no mar para refrescar o corpo era perigoso demais: além do risco dos tubarões, o sal que ficava incrustado ressecava ainda mais o organismo e causava irritações na pele. A única saída era mergulhar rapidamente apenas as mãos na água, para tentar refrescar todo o corpo. Uma ironia: o mesmo clima quente que colaborava para que eles se mantivessem vivos, muitas vezes se tornava o seu pior inimigo.

O risco de desidratação das crianças atormentava sobretudo Lyn, que já havia trabalhado como enfermeira, e sabia bem a gravidade da situação para os pequenos. Ela, então, tratou de encontrar uma solução. E achou.

Um dia, observando uma poça de água suja que se formara no fundo do bote – uma mistura de chuva com respingos do mar, restos de peixes e sangue de tartarugas –, Lyn teve uma ideia. Aquela água fétida e salobra não podia ser ingerida. Mas não traria maiores consequências para as crianças se fosse injetada diretamente no intestino, como forma a garantir alguma hidratação ao organismo – procedimento conhecido no meio médico como enema.

Com um pedacinho de metal extraído do bote, Lyn moldou uma espécie de tubinho, através do qual passou a injetar pequenas doses daquela água que parecia imprestável no ânus de cada criança. O recurso extremo os ajudou a suportar relativamente bem a severa escassez de líquidos, sob o sol inclemente dos trópicos. Até que, no 38º dia de martírio, cinco semanas e meia após o naufrágio do Lucette, outro barco surgiu no horizonte. E, com ele, uma nova esperança de salvação.

O barco era o pesqueiro japonês Toka Maru II, que retornava de uma temporada de pesca na América Central. Ao avistar a embarcação, Dougal pegou o último foguete sinalizador que tinha e disparou, rezando para que ele fosse visto por alguém da tripulação. Ele ficou em pé, segurando o foguete na mão, até quase queimar as pontas dos dedos. Era a última chance que tinham de chamar a atenção. Depois disso, não haveria mais foguetes e só mesmo a sorte poderia fazer com que fossem encontrados naquele deserto de água salgada. Mas, desta vez, deu certo.

Ao avistar a mancha vermelha traçada pelo foguete no céu, o barco dos japoneses mudou de direção, e veio de encontro ao bote dos náufragos. "Foi a maior alegria da minha vida", contaria Dougal, depois, ao abraçar os japoneses que os salvaram. Ironicamente, o mesmo povo que havia causado a morte da sua primeira esposa e filho – razão pela qual passara a nutrir sentimentos ruins contra todos os habitantes do Japão – tinha, agora, salvado sua segunda família.

Os seis ingleses foram recolhidos mas não alimentados imediatamente, porque isso, após tantos dias de privações, poderia ser fatal para os seus organismos debilitados. Ao embarcar no pesqueiro, Dougal pediu um café quente. Em troca, recebeu um copo com água de coco – era preciso readaptá-los aos poucos.

Dias depois, a família-náufraga desembarcou no mesmo Panamá de onde haviam partido para aquele trecho da travessia que nunca completaram. De lá, retornaram à Inglaterra, mesmo não tendo mais onde morar, já que o veleiro afundado era, também, a casa onde eles viviam.

Mas isso pouco importava: todos estavam salvos, graças, em boa parte, às sábias decisões que Dougal (com sua perspicácia ao determinar o rumo a ser seguido), e Lyn (com a sensibilidade de perceber que mesmo uma água intragável poderia ter outra utilidade) tomaram, durante aquele longo calvário no mar. Com isso, eles preservaram o bem mais precioso que tinham: a vida das crianças.

Com o que aprendeu, Dougal escreveu dois livros: Survive the Savage Sea ("Sobrevivendo ao mar selvagem"), que inspirou o roteiro do filme de 1992 Naufrágio no Pacífico, tendo o seu próprio filho, Douglas, como roteirista, e Sea Survival ("Sobrevivência no mar"), uma espécie de manual para náufragos, cujos ensinamentos, nove anos depois, ajudariam o americano Steven Callahan a também escapar com vida de um naufrágio, após 76 dias à deriva.

Dougal morreu de câncer, aos 67 anos, em 1991, após voltar a viver no mar por um tempo, mas dessa vez sozinho. Lyn morreu sete anos depois, em 1998. Mas os demais membros da família Robertson seguem vivos, bem como o caronista que embarcou naquela dramática viagem que gerou uma das mais extraordinárias histórias de sobrevivência no mar que se tem notícia.

Aos que perguntavam a Dougal Robertson como havia sido passar cinco semanas e meia no mar, sem água nem comida, com esposa e quatro crianças em um pequeno bote no meio do oceano, ele apenas respondia: "Foi como deve ser a vida de todos os seres selvagens: o único objetivo é continuar vivo no dia seguinte".

Eles conseguiram.

Despedida inglória

A lenda viva da vela na Inglaterra merecia um final mais grandioso

Até os 50 anos de idade, a maior paixão do aventureiro inglês Francis Charles Chichester era aviação e as grandes travessias aéreas em solitário, que ele fazia regularmente com seu pequeno avião, o Gipsy Moth, "Mariposa Cigana", em português. Mas, no final da década de 1950, ele foi diagnosticado com câncer e impedido de seguir voando.

Muito possivelmente o diagnóstico estava errado – tanto que Chichester foi declarado "curado" apenas mudando sua alimentação, sem nenhuma medicação. Mas a mudança de vida e de rotina o levou a descobrir outro prazer: os barcos e a navegação marítima. Chichester, então, trocou o ar pelo mar. Mas não a índole irrequieta de continuar indo longe, sempre sozinho.

Este espírito aventureiro, aliado a um enorme talento para a navegação – fosse com um barco ou um avião –, lhe traria fama mundial dez anos depois, quando, já aos 66 anos de idade, Chichester venceu a primeira regata de volta ao mundo em solitário da história, disputada entre 1966 e 1967. Ele partiu com seu veleiro, também batizado de Gipsy Moth (mesmo nome que usaria em todos os seus barcos), de Plymouth, na Inglaterra, e retornou ao mesmo porto 226 dias depois, após apenas uma breve escala na Austrália.

O feito, até então inédito, fez crescer ainda mais o orgulho marítimo dos ingleses, tornou Chichester uma referência nas longas competições de barcos à vela, e até o levou a ser nomeado "Cavaleiro da Ordem do Império Britânico", a maior deferência da Grã-Bretanha. Na cerimônia que lhe rendeu o direito de passar a usar o título de "Sir", a então Rainha Elizabeth I fez questão de usar a mesma espada usada para nomear o corsário Francis Drake, no século 16, primeiro inglês a circum-navegar o planeta, tamanha a admiração dos ingleses pelo feito de Chichester.

A despeito da idade avançada, Chichester seguiu velejando, e, em 1972, aos 71 anos de idade, apesar da suspeita de um novo câncer – este real

–, se inscreveu para mais uma regata de volta ao mundo em solitário com seu novo barco, o Gipsy Moth 5, um ketch (barco com dois mastros) de 57 pés de comprimento. Sua nova participação naquela dura e longa regata, ainda mais com a saúde debilitada, gerou certo temor entre os ingleses. Mas quem teria coragem de dizer a Chichester que ele não tinha mais idade para dar a volta ao mundo velejando sozinho?

Apenas seis dias após partir novamente de Plymouth para mais uma volta ao mundo em solitário, Chichester começou a se sentir mal, com muitas dores, e tomou uma dose excessiva de remédios para combatê-las. Os medicamentos o fizeram dormir profundamente por muito tempo, o que os competidores daquela regata jamais faziam, porque não havia quem os ajudasse no comando dos barcos enquanto descansavam.

Quando, finalmente, Chichester despertou e, por pura sorte, sem nenhum incidente com o barco durante os dias inteiros que passou dormindo, ele não sabia sequer por quanto tempo havia ficado desacordado. Aquilo o deixou preocupado, porque sabia bem o risco que havia corrido. Além disso, as dores continuavam. Ele, então, enviou uma mensagem ao comitê organizador da regata e comunicou que estava abandonando a competição – a primeira vez na vida que Chichester desistia de uma aventura.

O que Chichester não sabia era que já havia dois dias que barcos e aviões faziam buscas no mar tentando encontrá-lo, porque o comitê ficara preocupado com a falta de comunicação de seu barco – que, para complicar ainda mais as coisas, teve o rádio danificado após o contato em que Chichester avisou que estava retornando à Plymouth. No dia seguinte, um avião de buscas o localizou na metade do meio caminho entre as Ilhas dos Açores e o continente europeu, e enviou sinais luminosos, perguntando se ele estava bem. Chichester respondeu que sim, e recusou o resgate. Mas seguiu sendo monitorado à distância pelos organizadores da regata.

Dois dias depois, outro avião sobrevoou o Gipsy Moth 5 e novamente perguntou, através de luzes, se ele continuava bem. Cada vez mais fraco, debilitado e com fortes dores, Chichester decidiu, desta vez, aceitar a oferta de ajuda, e respondeu "want rest" ("quero descansar"), através dos mesmos códigos luminosos. Mas a mensagem foi mal interpretada pela tripulação do avião, que a entendeu como "want Brest", um porto da França próximo de onde ele navegava.

O mal-entendido gerou uma confusão entre as equipes de resgate, que trataram de acionar embarcações que estivessem na região de Brest, para ir no encalço de Chichester, ajuda-lo. Mas, como ele não foi encontrado, já que estava longe dali, as buscas se alastraram por uma área gigantesca, já que todos queriam localizar e socorrer o mais famoso velejador do seu tempo.

No dia seguinte, o navio cargueiro francês France II localizou o Gipsy Moth 5 e trocou mensagens com Chichester, que, ao contrário do que havia dito antes, aparentava estar bem – tanto que ele, uma vez mais, voltou a recusar ajuda. Mas pediu que seu filho, Giles, que também era velejador, o fosse encontrar nas proximidades de Plymouth, para ajudar na ancoragem, já que ele se sentia fraco para isso.

Giles foi além disso. Após convencer o Comitê Organizador da regata, embarcou em um helicóptero da Guarda Costeira inglesa e desembarcou no convés de um navio, o Salisbury, que estava nas proximidades do barco do pai. Em seguida, embarcou em um bote de apoio do cargueiro, e navegou até o Gipsy Moth 5, onde encontrou Chichester já bastante enfraquecido e com dores intensas. De lá, os dois seguiram direto para um hospital em Plymouth, do qual Chichester não mais sairia vivo.

Antes disso, porém, ele viveria dias de extrema amargura, no hospital, com as repercussões que o seu resgate no mar gerara em toda a Europa.

Ao mesmo tempo em que a imprensa o acusava de irresponsabilidade, ao se inscrever em uma competição difícil como aquela com a saúde já debilitada, a oposição ao governo inglês recorreu ao Parlamento para questionar o custo daquela operação de resgate, paga como dinheiro público – além de colocar os membros das equipes de resgate sob risco. Isso gerou uma investigação e acalorados debates políticos, que deixaram Chichester bastante amargurado. Mas o pior de tudo veio em seguida – e por um motivo do qual ele não tinha a menor culpa.

Logo após contatar Chichester no mar, dias antes de ele ser resgatado, o navio francês France II colidiu com um veleiro, o Lefteria, e o afundou, causando a morte de quatro dos seus 11 ocupantes. Erroneamente, aquele veleiro fora interpretado pela imprensa francesa e inglesa como sendo parte da frota de embarcações que procuraram por Chichester, o que o tornaria causador indireto de uma tragédia.

Mesmo com o depoimento dos quatro sobreviventes de que o Lefteria não estava envolvido na operação de resgate do inglês, a repercussão foi grande, especialmente entre os tabloides sensacionalistas da Inglaterra. E isso deixou Chichester ainda mais deprimido.

Dois meses depois, em 26 de agosto de 1972, ele morreria, de câncer, deixando os ingleses divididos entre a consternação e a acusação de que Chichester não deveria ter participado daquela regata, muito menos agido com teimosia ao não aceitar a primeira oferta de ajuda, o que teria evitado tudo o que ocorreu em seguida.

Entre os dois grupos, ficou apenas uma certeza: a de que a desastrada última jornada do eterno aventureiro "Sir" Francis Charles Chichester fora o oposto da sua extraordinária trajetória.

A vida daquela lenda viva da vela em toda a Inglaterra merecia um final bem mais grandioso.

Nas mãos de Deus

O que acontece quando um capitão lunático entrega à Providência Divina o comando do seu barco?

O americano James Fisher, um pastor adventista fundamentalista, de 26 anos, tinha tanta fé em Deus que mesmo quando seu veleiro virou de cabeça para baixo no mar, ele nada fez para tentar sobreviver. "Deus cuidará de tudo", disse, tranquilo e resignado, aos dois companheiros de infortúnio: sua cunhada, Linda, de 24 anos, em início de gravidez do primeiro filho do casal, e o marido dela, Robert "Bob" Tininenko, um professor de história, de 34 anos.

Os três haviam partido da costa da Califórnia em 2 de julho de 1973, a bordo do veleiro de James, o Triton, um catamarã de 35 pés de comprimento, para uma travessia até a Costa Rica, onde o pastor realizaria um trabalho missionário e também reencontraria sua esposa, grávida e os dois filhos pequenos, que viajariam para lá de avião. Mas isso não chegou a acontecer.

Nove dias após a partida, quando ainda navegavam próximos à costa americana, o trio foi colhido por uma tempestade, com ventos furiosos, que geraram enormes ondas. O Triton passou a ser chacoalhado feito uma rolha, ameaçando emborcar no mar. Foi quando Bob e Linda, ao sugerir que James pedisse ajuda à Guarda Costeira, descobriram que ele não podia fazer isso porque zarpara antes de receber sua licença para operar o rádio do barco – e, se o fizesse, seria multado.

"Não precisamos de ajuda", disse James, com firmeza. "Deus cuidará de nós". Mas, no íntimo, ele estava convencido de que Deus havia colocado aquela tormenta no seu caminho como punição pela falha em um equipamento fundamental para a segurança na navegação. E ficou atormentado por isso e pelos seus princípios religiosos radicais: deveria ele interferir na vontade de Deus e enfrentar a tempestade, ou deixar que a Providência Divina cuidasse de tudo?

Enquanto conjecturava se deveria fazer algo ou não diante da tempestade, James passou a ser pressionado por Bob e Linda para que acionasse a Guarda Costeira, mesmo que isso implicasse em receber uma punição. Ele, por fim, concordou. Pegou o rádio e chamou a autoridade marítima americana, que, àquelas alturas, já buscava o veleiro do pastor no mar, desde que sua esposa, preocupada com a ausência de notícias do trio, acionara a entidade, dias antes. Mas, contrariando a razão, e diante da total perplexidade de Linda e Bob, James apenas informou pelo rádio que estava tudo bem com eles. Mas não, não estava.

Quinze minutos depois, uma onda virou o Triton de cabeça para baixo e, como todo catamarã, assim ele ficou: emborcado, com seus ocupantes dentro do casco. Com o capotamento, o veleiro encheu de água, mas manteve uma grande bolha de ar dentro da cabine, o que permitiu que eles se mantivessem vivos, embora em condições apavorantes, com água até quase o peito. Mas nem assim James decidiu agir.

"Seremos resgatados quando Deus decidir fazer isso", disse ele calmamente ao casal, enquanto nada fazia ao menos para impedir que parte das provisões que tinham no interior do barco (galões de água e sacos de comida) saíssem boiando mar afora. "Deus cuidará de tudo", seguiu afirmando. "Devemos nos tornar totalmente dependentes da vontade do Senhor".

Em seguida, James passou a afirmar que o ocorrido era uma punição Divina pela falta de fé de Linda e Bob, e que aquela provação tinha por objetivo levar o casal de volta à Deus, já que os dois, embora também religiosos, discordavam em alguns aspectos da doutrina Adventista – especialmente aquele comportamento fora da realidade de James na luta pela sobrevivência dos três. Que logo virariam apenas dois.

Vítima de permanentes enjoos, por conta da gravidez e da situação em que os três se encontravam, Linda passou a comer cada vez menos, entre o pouco que tinham salvado da inundação do barco. Com isso, foi ficando cada vez mais fraca, apática e sem esperanças, já que aquele desastroso contato de James com a Guarda Costeira, antes do desastre, levara a entidade a suspender as buscas pelo barco e falsamente tranquilizado os familiares. Nenhuma operação de resgate estava em curso e, com o rádio danificado pela inundação da cabine, não havia como pedir socorro.

Deprimida e enfraquecida, Linda morreria um mês depois, para desespero do marido e indiferença do cunhado, para quem tudo continuou sendo apenas a vontade Divina – se ela morrera, foi por que assim Deus quis.

A partir daí, Bob e James não mais se falaram, e as privações só aumentarem com o passar do tempo. Logo, a porção de alimento dos dois teve que ser reduzida a uma simples colher por dia, e só bebiam água quando chovia – embora James continuasse não vendo necessidade de racionamento, porque "Deus cuidaria deles". E, de certa forma, cuidou mesmo.

No 72º dia daquele purgatório no mar, o piloto do navio cargueiro Benalder, que cruzava o Oceano Pacífico a meio caminho entre a Califórnia e o Havaí, avistou ao longe o que parecia ser um casco emborcado no mar. E, como de praxe, avisou a Guarda Costeira Americana. Mas seguiu em frente, porque não viu ninguém pedindo ajuda.

Ele só retornou e se aproximou do objeto quando a Guarda Costeira pediu que tentasse identificar o barco sinistrado. Ao fazer isso, a tripulação do navio viu surgir de dentro daquele casco semissubmerso dois homens esqueléticos, que, de tão fracos, mal conseguiam se arrastar para fora da cabine tomada pelas águas. Quase dois meses e meio após o acidente do Triton – e mais de 1 000 milhas de distância do local onde enfrentaram aquela tempestade –, seus únicos sobreviventes estavam salvos. Mas logo restaria apenas um: Bob, o único mentalmente ainda equilibrado.

Apesar das orações e vigílias à distância da família e de toda a comunidade religiosa a qual estava ligado, James morreu de complicações causadas pela fraqueza extrema 11 dias depois, a bordo do navio que o resgatou – ao contrário do que ele acreditava, nem Deus o salvou. Já Bob, que ao ser resgatado era quase pele e osso, com bíceps de apenas 10 centímetros de diâmetro e coxas de 18, se recuperou lentamente e, aos poucos, voltou à vida normal, mas com profundas sequelas espirituais.

"Tenho palpitações até hoje", escreveu ele, 30 anos depois do seu pior pesadelo. Aquele que jamais esqueceu.

O naufrágio dos brasileiros

Como quatro jovens passaram dias à deriva no Caribe, após perderem o barco que transportavam

Tudo começou nos primeiros dias de 1976, quando três jovens estudantes da Escola Naval do Rio de Janeiro, os cariocas Pedro José de Vasconcelos, Ricardo Costa Pina e Marco Antonio Suzarte, todos na faixa dos 20 anos de idade, foram convidados para ir ao Caribe buscar um veleiro recém-construído nos Estados Unidos, que havia sido comprado por um famoso médico da cidade, Paulo Albuquerque, que iria junto na viagem. Eles não ganhariam nada na viagem, mas teriam todas as despesas pagas. Como estavam de férias – e sem dinheiro para viajar –, a proposta soou irrecusável.

Uma semana depois, acompanhado do dono do barco, o entusiasmado trio, que nunca havia estado no Caribe, muito menos conhecia o mar da região – que dirá o veleiro que ajudariam a trazer para o Brasil, o Victoria, de dois mastros e 45 pés de comprimento –, desembarcou no aeroporto de São Domingo, na República Dominicana, onde o barco estava sendo reparado, após ter apresentado alguns problemas na travessia inaugural, desde Miami. A espera agradou ainda mais os jovens, que aproveitaram para passear na ilha. No dia 15 de janeiro o quarteto finalmente zarpou, com destino à Ilha de Guadalupe, onde fariam a primeira escala da longa viagem até o Rio de Janeiro. Mas não foram longe.

Logo após a partida, que ocorreu sem a devida atenção ao que dizia a meteorologia, encontraram pela frente uma tempestade, que rasgou uma das velas do barco, danificou as luzes de navegação e fez o motor parar de funcionar, além de deixar quase toda a tripulação enjoada e fora de combate. A alternativa foi desviar para a ilha mais próxima, Porto Rico, um protetorado americano no Caribe, que não estava na rota original – e para o qual eles não tinham permissão de atracagem, por falta de vistos. Mas entraram assim mesmo, já que era uma quase emergência.

Na operação, como não tinham cartas náuticas da ilha, houve um pequeno incidente: o leme do veleiro tocou de leve o fundo raso do canal de acesso à cidade. Nada, porém, que parecesse muito sério. Mas não era bem assim, como eles descobririam depois. E da pior maneira possível.

Tão logo desembarcaram em Porto Rico e explicaram a falta de vistos de entrada às autoridades portuárias, o médico dono do barco ficou sabendo que deveria retornar com urgência ao Brasil, por causa de uma emergência com um de seus pacientes. Para substituí-lo, já que eram necessárias quatro pessoas para conduzir o barco, chegou à ilha um novo tripulante brasileiro, que assumiria a função de capitão: um oficial da Marinha Brasileira e velejador de regatas oceânicas, chamado Érico Albuquerque – apesar do sobrenome, nenhum parentesco com o dono do barco. Ele também não conhecia o restante da tripulação. Mesmo assim, por pressão do grupo, aceitou partir no mesmo dia, embora tampouco conhecesse o barco que ajudaria a conduzir até o distante Brasil, uma velejada de mais de 4 mil milhas.

Ninguém no quarteto sabia cozinhar (função que originalmente caberia ao dono do barco) e eles também não tinham todas as cartas náuticas do mar do Caribe. Mas haviam traçado um arremedo de plano de navegação para a viagem. Como sabiam que, naquela época do ano, as correntes marítimas subiam contrárias à direção desejada, decidiram navegar para leste, na direção do mar aberto, a fim de driblar a força da natureza. E no motor, já que não havia vento suficiente para mover o veleiro. Com isso, se afastaram cada vez mais das ilhas, sobrecarregando o motor do barco.

Dois dias depois, o uso intermitente do motor cobrou o seu preço. Por falta de atenção da inexperiente tripulação, o reservatório do líquido de refrigeração do gerador secou, superaqueceu o equipamento e causou um princípio de incêndio na cabine do barco. Foi um corre-corre danado, até que o fogo foi debelado – mas um dos banheiros do barco ficou inutilizado. Por sorte, havia outro. Mas isso estava longe de ser o maior problema, perto do que viria a seguir: uma outra tempestade, durante a noite. Que tampouco eles haviam previsto.

Quando a intensidade do vento chegou aos 45 nós e as ondas passaram dos quatro metros de altura, o casco do veleiro começou a ranger de forma um tanto assustadora. Mas, sério mesmo, foi quando o tripulante que estava no timão, o próprio Érico, único que tinha algum conhecimento de veleiros e experiência em navegação em mar aberto, anunciou que o leme não estava mais respondendo aos comandos. Ou seja, eles estavam à deriva, em meio a uma tormenta. E, pior ainda: danificado, o mecanismo interno do leme havia perfurado o casco, que, agora vertia água – bastante água – para dentro do veleiro.

A origem do problema, porém, não estava na tempestade (embora ela tivesse acelerado as consequências), mas sim naquele leve toque que o leme do veleiro havia dado no fundo do canal de acesso a São Domingo, semanas antes. Ele entortara ligeiramente o mecanismo do eixo, que, por sua vez, gerara pequenas fissuras na fibra do vidro do casco, que se alastraram diante do esforço do equipamento na tempestade. Era o início do fim. Embora não precisasse ter sido assim.

Travesseiros, roupas, lençóis, até colchões, nada continha a água que entrava furiosamente pelo buraco. E a bomba de porão não dava conta de expulsar todo o volume que vertia para dentro do casco. Isso poderia ter sido atenuado se os quatro brasileiros tivessem se dado ao trabalho de conhecer melhor o barco no qual navegariam antes de zarpar. No interior da cabine havia um manual que ensinava a conter inundações, bem como materiais para tamponamentos de emergência. Mas isso eles só ficaram sabendo muito tempo depois, quando o pior já havia acontecido: o naufrágio do veleiro.

Com a água já na altura dos joelhos, Érico correu para o rádio, a fim de pedir socorro. Mas eles estavam longe demais de qualquer ilha, fruto da decisão de rumar para o mar aberto. Além disso, a ventania havia quebrado parte da antena, diminuindo o alcance do aparelho. Na sequência, ficaram às escuras, porque as baterias inundaram.

A água subia, descontroladamente. Foi quando Érico tomou a decisão mais difícil: todos deveriam abandonar o barco, porque nada mais poderia salvá-lo. Era perto da meia-noite de uma sexta-feira 13 de um ano bissexto. E, ainda por cima, eles estavam dentro da área do folclórico Triângulo das Bermudas. Mas nenhum dos quatro quis pensar muito nisso.

Eles encheram o inflável do barco com água e comida, passaram para duas pequenas balsas salva-vidas unidas por um cabo ao próprio bote, e ficaram olhando aquele novo e bonito veleiro ser engolido pelo mar. Estavam a mais de 150 milhas náuticas da ilha mais próxima, e ninguém, além deles quatro, sabia do afundamento do veleiro. Portanto, não havia ninguém procurando por eles no mar.

Para piorar ainda mais a situação, o cabo que prendia o bote inflável (aquele no qual estavam todos os suprimentos) se soltou e foi arrastado para longe pela tempestade, que seguia castigando os agora náufragos. Um deles cogitou mergulhar para recuperar o bote. Mas recuou quando lembrou dos tubarões que sempre via nadando perto do veleiro, desde o começo da viagem.

Com a perda do bote, só restou aos quatro brasileiros o que havia no kit de sobrevivência das balsas: duas pistolas sinalizadoras, dois rádios portáteis, dois pacotes de ração de sobrevivência e dois galões de água – suprimentos que caíram pela metade quando uma das balsas virou, durante uma desastrada tentativa de fixar um dos rádios do lado de fora da balsa, na esperança de que aumentasse o alcance do sinal. Fora isso, só uma pequena bússola de bolso, que um dos tripulantes tinha em um chaveiro preso à bermuda que vestia. Com ela, ao menos daria para saber em qual direção estavam derivando, ao sabor dos ventos e das ondas. Mas, como as balsas eram redondas, eles não sabiam distinguir onde ficava a proa.

Com o nascer do sol, viram que o vento soprava na mesma direção – ou seja, de leste –, e isso era uma boa notícia, porque significava que estavam sendo empurrados de volta para as ilhas do Caribe. Se fossem na direção oposta, só haveria a imensidão do Atlântico Norte.

Assustados e angustiados, os quatro náufragos passavam a maior parte do tempo calados. Só de vez em quando, um ou outro fazia alguma brincadeira, para tentar elevar o moral da turma. "O que teremos de almoço?", foi uma das piadas, quando amanheceu o segundo dia. Todos esboçaram um sorriso e, por alguns segundos, esqueciam a sofrida situação em que se encontravam.

Mas, felizes mesmo, eles ficaram minutos depois, quando viram, ao longe, um navio navegando. Gritaram, se abraçaram e ficaram tão empolgados que usaram, praticamente ao mesmo tempo, todos os foguetes sinalizadores que tinham. Em vão. O navio passou longe e não os viu.

O grupo caiu em profunda depressão e, embora nenhum deles tocasse no assunto, todos só pensavam na mesma coisa: a morte lenta e dolorosa que talvez os aguardasse. Mais tarde, um deles confessaria que, no dia seguinte àquele frustrado encontro que não houve no mar, chegou a conversar mentalmente com a mãe, já morta, pedindo que ela o fizesse morrer na mesma hora ou, do contrário, ajudasse na sua salvação imediata.

Coincidência ou não, horas depois, um de seus companheiros gritou: "Estou vendo uma ilha!". E estava mesmo. Era Martinica, uma das possessões francesas no Caribe, que, lentamente, ia se materializando no horizonte. Mas até que chegassem lá, eles passariam por um novo apuro e decepção.

A decepção veio um par de horas depois, quando um novo navio passou igualmente reto pelas balsas, já que eles não tinham mais nenhum foguete sinalizador para chamar a atenção dos marinheiros. E o apuro começou quando escureceu e os quatro passaram a ouvir barulhos de ondas quebrando na mesma direção da ilha, aquelas alturas já com suas luzes claramente visíveis no horizonte.

Havia, por certo, uma barreira de corais entre eles a ilha, como é comum no Caribe. Mas onde, já que não enxergavam nada? O risco era que as balsas fossem arremessadas pelas ondas sobre as bancadas de corais, com consequências imprevisíveis tanto para elas quanto para eles. Com o passar do tempo, a intensidade dos ruídos foi aumentando, até que uma onda mais forte – porém generosa – fez as duas balsas atadas entre si surfarem intactas sobre a bancada de corais e penetrarem no que parecia ser uma grande baía, mas ainda distante de terra firme. Mesmo assim, eles respiraram aliviados.

Quando o dia amanheceu, os quatro tomaram a decisão de começar a remar – com as próprias mãos, já que as balsas não tinham remos –, na direção de alguma praia que haveria de ter naquela face da ilha. Mas passaram a ser vítimas da maré, que ora empurrava as balsas na direção da costa, ora no sentido inverso, de volta à bancada de corais. Durante horas, lutaram contra a natureza. Até que, exaustos, desistiram. Mas não de vez.

Quando um dos integrantes avistou o que parecia ser uma boia de rede de pesca flutuando a pouca distância, eles retomaram a faina com as mãos, animados. Afinal, se ali havia uma rede, mais cedo ou tarde um pescador apareceria para recolhê-la. E foi o que aconteceu, no final daquele dia – o quarto deles no mar, desde que o veleiro naufragara. Felizmente, o último da saga.

Mesmo sem entender uma palavra dos que aqueles rapazes diziam, os pescadores – três homens e uma mulher – compreenderam a situação e levaram os brasileiros para a vila de Trinité, na costa leste da Martinica, onde a Polícia – depois de, à princípio, ouvir aquele relato com ressalvas, já que nenhum deles falava francês – fez contato com a Marinha Francesa, que, por sua vez, confirmou a identidade dos velejadores, através da Escola Naval na qual quase todos estudavam.

Uma semana depois, uma Kombi da Marinha Brasileira deixou os quatro resgatados nas portas de suas casas, no Rio de Janeiro. Nenhuma das famílias sabia de nada. Eles próprios só voltaram a se encontrar tempos depois, quando a Marinha decidiu gravar seus depoimentos para usar em cursos de treinamento – que, no entanto, muitas vezes foram interpretados como sendo uma espécie de guia do que não fazer durante uma travessia marítima.

Anos depois, já maduros e experientes, os quatro seguiram carreira na Marinha do Brasil e chegaram a postos de comandos. Foi quando uma tragédia real abalou para sempre os ex-companheiros de naufrágio: durante a navegação com um veleiro do Rio Grande do Sul para o Rio de Janeiro, o ex-comandante do Victoria, Érico Albuquerque, caiu no mar e desapareceu.

Desta vez, a história não teve um final feliz.

O psicopata dos mares

Para se vingar de uma simples humilhação, ele cometeu um duplo assassinato

O inglês Christopher Farmer, de 25 anos, e sua namorada desde a infância, Peta Frampton, de 24, haviam acabado de se formar na Universidade de Manchester, na Inglaterra – ele como médico, ela como advogada –, quando decidiram fazer uma longa viagem pelo mundo, com mochila nas costas, antes de começarem suas vidas profissionais.

Em dezembro de 1977, os dois se despediram das famílias, prometeram enviar cartas com frequência e seguiram para os Estados Unidos e México, de onde desceram para a América Central, então assolada por alguns conflitos políticos e convulsões sociais.

Por isso, ao chegar à Belize, o jovem casal adorou a proposta feita pelo dono do veleiro Justin B, um capitão americano chamado Silas Duane Boston, que eles conheceram dias antes e que vivia com os dois filhos a bordo, Vince, de 13 anos, e Russel, de 12: viajar de graça até a vizinha Guatemala, desde que ajudassem na navegação do barco. A proposta era ótima: Christopher e Peta não só evitariam aquela delicada viagem por terra, como ainda curtiriam um cruzeiro pelo mar. E enviaram correspondências às duas famílias, contando a boa notícia.

Tão logo partiram, porém, os dois perceberam que aquela travessia não seria nada prazerosa. Uma vez no comando do barco, o capitão Boston se convertera em um sujeito arrogante, autoritário e, pior que tudo, violento – especialmente com os dois filhos pequenos, frutos do seu casamento com uma americana, que, segundo ele, havia morrido "afogada", dez anos antes.

Ficava pior ainda quando Boston bebia e maltratava ainda mais os filhos. Em uma das escalas da viagem, ele começou a bater em um dos meninos, sem nenhum motivo, após ordenar que o garoto fosse até a proa prender a âncora. Indignado, Christopher decidiu intervir e segurou o capitão, que, ainda mais irritado com aquele gesto ousado, mudou o foco do ataque e tentou esmurrar o inglês. Mas Christopher se esquivou, Boston se desequilibrou, e caiu na água – o que, mais tarde, despertaria os piores sentimentos no violento capitão.

Embora sem nenhuma consequência, a não ser um banho involuntário, já que o barco estava parado (Christopher chegou a dizer, em tom de brincadeira e apaziguação, que aquele mergulho faria o capitão "esfriar a cabeça"), a humilhação deixou Boston transtornado por dentro. E ele decidiu que se vingaria do casal. Da pior forma possível.

No dia seguinte, Boston disse aos ingleses que os desembarcaria em Livingston, uma vila de pescadores na costa da Guatemala, de onde eles seguiriam viagem por terra. Os dois concordaram, mas isso nunca aconteceu. Naquela noite, Boston estancou o veleiro no meio do mar e pediu que Christopher fosse até a proa lançar a âncora. Ao fazer isso, o jovem inglês foi atacado por Boston, pelas costas, com um cassetete. E caiu semidesmaiado.

Ao ouvirem aquele barulho, a namorada, Peta, e os dois filhos do capitão, saíram da cabine para ver o que estava acontecendo no convés. Mas foram ameaçados de apanhar também, caso não voltassem para dentro do barco. Assustados, retornaram, enquanto o capitão amarrava as mãos de Christopher e o imobilizava.

Em seguida, Boston ordenou que os garotos saíssem para vigiar Christopher, ainda semidesfalecido pelo espancamento, enquanto ele descia para conter Peta. Ela foi despida e amarrada, enquanto vociferava, furiosa, pelo que ele fizera com seu namorado. O capitão não se deixou intimidar e deu sequência ao ato macabro que havia planejado desde aquela queda no mar, no dia anterior.

Quando Christopher recobrou os sentidos, foi levado por Boston para a cabine, junto da namorada, igualmente despido. Ali, ambos passaram a noite, amarrados um ao outro. Apavorados, os dois filhos do capitão assistiam a tudo, mas nada podiam fazer, frente à violência extrema do pai. A noite foi de uma torturante espera para o jovem casal inglês.

Quando o dia amanheceu, Boston enfiou sacos plásticos na cabeça de Christopher e Peta, os arrastou para o convés, buscou pesadas peças mecânicas que havia no porão do barco, e as amarrou nas costas dos dois. Na sequência, arrastou Christopher para a borda do veleiro e o empurrou no mar, fazendo o mesmo com Peta, em seguida – sob o olhar estarrecido dos filhos, também ameaçados de morte, caso um dia revelassem o que haviam visto.

As duas vítimas da completa insanidade de Boston desapareceram – ainda vivas e conscientes – sob as águas de Punta Manabique, na costa da Guatemala, repetindo o que se supõe também ocorrera com a mãe dos meninos, uma década antes – como geralmente acontece com os serials killers, Boston apenas repetira o seu ritual macabro de usar o mar para cometer assassinatos.

Era o dia 10 de junho de 1978. Mas o desaparecimento dos dois jovens ingleses só começou a ser sentido pelas famílias semanas depois, quando as cartas que eles habitualmente enviavam contando sobre a viagem pararam de chegar.

Antes disso, porém, chegou uma carta, com data de postagem posterior à morte dos dois. Ela fora encontrada no barco por Boston, que a despachou dias após a barbárie, para propositalmente despistar e não gerar associações do desaparecimento deles com aquela viagem. A intenção de Boston era que o sumiço dos ingleses fosse creditado à violência política e social que a América Central enfrentava.

Dias depois, porém, em 8 de julho, pescadores de Punta Manabique encontraram os corpos de Christopher e Peta ao puxar suas redes, e o plano arquitetado por Boston caiu por água abaixo. Mas não de imediato.

Numa época em que as comunicações ainda eram um tanto precárias na região, especialmente em um pobre vilarejo de pescadores de um país à beira de um colapso social, os dois corpos retirados do mar foram apenas enterrados, sem serem identificados. E assim ficaram por quase um ano. Até que um investigador particular, contratado pelas duas famílias, ficou sabendo, por meio de um padre da Guatemala, que um casal desconhecido, cujos corpos tinham sido encontrados no mar, fora sepultado em Punta Manabique.

A exumação e análise das arcadas dentárias confirmaram o que as duas famílias já suspeitavam: os dois jovens haviam morrido durante aquela viagem de veleiro, e não vítimas das guerrilhas, como Boston tentara induzir com a carta enviada após o ocorrido.

Antes disso, a irmã de Christopher, Penny Farmer, já havia contatado autoridades portuárias de Belize e da Guatemala e levantado dados sobre a navegação do Justin B. O veleiro havia partido de um país com cinco pessoas, mas chegado ao outro só com três. Era o que faltava para começarem as buscas por Boston, que, no entanto, àquelas alturas já havia sumido, juntamente com os filhos.

Durante longos 38 anos, Silas Duane Boston permaneceu desaparecido. Até que, por fim, foi localizado e detido pela Polícia, em dezembro de 2016, em uma clínica de idosos, em Sacramento, na Califórnia.

A Polícia só chegou até Boston graças à determinação, perseverança e resiliência da irmã de Christopher. Um dia, no final de 2015, vasculhando as redes sociais na internet, Penny Farmer encontrou um dos filhos de Boston, Vince, e o questionou sobre o que, afinal, havia acontecido naquele barco. Para sua surpresa, Vince contou tudo, acrescentando que, no passado, após sair de casa e abandonar o pai, havia procurado a Polícia americana para denunciar o duplo assassinato do qual havia sido cúmplice involuntário, mas não fora ouvido. E deu pistas que ajudaram a localizar o paradeiro do pai assassino.

Ao ser detido, Boston bem que tentou argumentar que havia desembarcado os dois jovens ingleses em uma praia da Guatemala e, depois disso, nunca mais ouvido falar deles. Mas prevaleceu o depoimento bombástico de Vince, testemunha ocular da barbárie. Boston foi preso, acusado de duplo assassinato (sobre a misteriosa morte por afogamento de sua ex-mulher, cujo corpo jamais foi encontrado, nada pode ser provado). Mas não ficou na cadeia por muito tempo.

Dias depois, adoentado e dependente de diálise, Boston foi transferido para um hospital e nunca mais voltou a pisar em uma prisão – consta que ele teria pedido aos médicos que suspendessem o tratamento, porque preferia a morte à cadeia.

Em seguida, morreu, aos 76 anos – apenas três semanas antes da primeira audiência de seu julgamento, no qual seria determinada a sua pena, já que ninguém tinha dúvidas de que ele matara os dois ingleses de forma premeditada e cruel.

Para os familiares de Christopher Farmer e Peta Frampton restou apenas o consolo de que, apesar de tudo, Silas Duane Boston morreu na condição de presidiário, e não como um bem-sucedido criminoso impune, como passou praticamente a vida inteira.

Presos por quê?

Não havia nenhum motivo.
Mas os dois velejadores foram parar na cadeia

Em outubro de 1978, dois amigos velejadores americanos, John Smith e Harvey Posthwhite, chegaram à costa da Venezuela depois de um longo e prazeroso cruzeiro pelo Caribe com um veleiro de 61 pés de comprimento, o Sea Wind. Eles estavam em busca de mantimentos e combustível para seguir adiante no passeio.

O ponto de entrada no país foi o iate clube de Macuto, nos arredores de Caracas, onde, porém, não havia serviço de imigração para registrar a chegada de barcos estrangeiros. Os americanos foram instruídos a fazer isso mais tarde, na vizinha cidade de Guaíra.

No dia seguinte, eles foram até a cidade, mas voltaram de mãos vazias. O funcionário que os atendeu no escritório de imigração de Guaíra, após perguntar bastante sobre eles e o barco, disse que não estava trabalhando, porque era feriado na Venezuela.

Os dois amigos voltaram para Macuto e ficaram aguardando até que alguém pudesse registrar a entrada oficial deles no país. Mas, naquela mesma noite, ao retornarem de um jantar na cidade, eles foram surpreendidos com policiais no seu barco – certamente enviados pelo tal funcionário da imigração, após tantas perguntas estranhas. Eles queriam ver documentos dos dois e do veleiro, e saber sobre as duas armas que haviam encontrado no interior do barco, um rifle e uma pistola.

Os americanos mantiveram a calma, explicaram que haviam ido ao posto de Guaíra e que não tinham sido atendidos, que as armas pertenciam a eles e que as usavam para proteção pessoal – especialmente em regiões não muito seguras, como o litoral da Venezuela –, e que tinham autorização para portá-las. Não adiantou. Foram levados para uma delegacia sob as acusações de entrada ilegal no país e contrabando de armas. Mesmo eles não tendo feito nada de errado.

Na delegacia da Guardia Nacional, um dos policiais se aproximou do ouvido de Harvey, que entendia um pouco de espanhol, e assoprou algo. John quis saber o que ele havia dito, e o amigo apenas disse: "Propina. Eles querem mil dólares para deixar a gente ir embora".

Como os dois americanos não tinham aquele dinheiro no bolso, foram transferidos para uma prisão, sem nem mesmo serem ouvidos por um juiz, o que só aconteceria doze dias depois. E, quando isso aconteceu, a situação deles ficou pior ainda.

Como se recusaram a assinar uma série de papéis escritos em espanhol, cujo conteúdo não compreendiam, e depois de ficarem sabendo que já estavam sendo retratados como "inescrupulosos contrabandistas de armas" nos jornais venezuelanos, os dois americanos foram enfim recebidos por um juiz, um homem visivelmente irritado porque seu horário de expediente já havia terminado. Sem nenhuma paciência para ouvir o tradutor – que dirá os argumentos dos acusados –, o juiz logo decretou que eles eram culpados e deveriam permanecer na prisão. E assim foi feito.

Foram longos dois meses e meio presos, enquanto seus amigos e familiares tentavam, de todas as maneiras, tirá-los da cadeia. Para isso, chegaram a contratar um famoso advogado venezuelano, com bom trânsito nas altas cortes do país, a fim de tentar um habeas corpus para que eles saíssem da prisão.

Mas o máximo que o advogado conseguiu foi outra cobrança de propina, desta vez de um juiz, que pedia US$ 40 mil "como compensação pelo tempo que ele levaria redigindo um documento de soltura".

Os americanos, obviamente, não aceitaram a oferta e continuaram tentando sair da cadeia apenas com a ajuda da Embaixada Americana, que, por fim, ao cabo de mais de 60 dias de confinamento, conseguiu tirá-los de lá. E da Venezuela, em seguida.

Ao saírem da penitenciária, os dois velejadores foram novamente parados por um policial, junto ao portão. Ele queria saber por que eles haviam sido presos.

– Por nada –, respondeu Harvey. – Absolutamente nada.

Era pura verdade.

A proeza de cinco argentinos

Com uma simples balsa de troncos, eles provaram que africanos podem ter chegado às Américas antes de Colombo

Em meados de abril de 1980, o telefone tocou no escritório do advogado argentino Alfredo Barragán. Do outro lado da linha, estava um velho companheiro de aventuras do Centro de Atividades Esportivas, Exploração e Pesquisa (Cadei), que o próprio Barragán havia criado, anos antes. Os dois conversaram amenidades, recordaram algumas expedições que haviam feito juntos e terminaram a conversa com uma provocação mútua: "Não está na hora de voltarmos à ativa?".

Naquela mesma noite, entusiasmado com a provocação do amigo, Barragán, dono de um espírito aventureiro irrequieto e que se definia como um "expedicionário nato", retomou suas pesquisas e começou a dar forma à nova expedição que decidira fazer com alguns companheiros do Cadei, inclusive aquele que o provocara: cruzar o Atlântico, da África para a América Central, em uma balsa feita de troncos, como deduziu que teriam feito imigrantes africanos 3 mil anos antes.

A tese do argentino, um pesquisador dedicado e incansável, era de que povos africanos do passado poderiam ter chegado a América bem antes de Colombo, graças às correntes marítimas que cruzavam da África para o Caribe – como atestavam estátuas da cultura olmeca com estranhas cabeças negras que ele havia conhecido tempos antes, no México.

Já a inspiração para a futura expedição – que Barragán batizou de Atlantis –, veio de um velho ídolo seu do passado: o norueguês Thor Heyerdahl, que, em 1947, fizera a travessia entre o Peru e a Polinésia com uma precária balsa construída com feixes de junco para provar a ligação entre os dois povos. O argentino queria provar que povos africanos tinham feito o mesmo no Atlântico, com uma balsa feita de troncos.

O primeiro passo foi construir a balsa em si. Ela seria uma réplica das embarcações primitivas usadas por povos da antiguidade, feita com troncos de uma árvore africana cuja madeira possuía uma flutuabilidade tão excepcional que, mais tarde, seria batizada de "madeira balsa", amarrados com cordas de fibras vegetais trançadas.

Junto com alguns companheiros, Barragán viajou para o Equador, onde ainda era possível encontrar aquelas árvores, e, após passar dias enfurnado na selva, extraindo as toras, as despachou em um navio para a cidade argentina de Mar del Plata, onde a balsa seria construída usando os mesmos métodos do passado.

O resultado, após alguns meses de trabalho, foi uma jangada rústica de nove troncos amarrados entre si, com quase 14 metros de comprimento por seis de largura, contendo apenas um pequeno abrigo feito de bambu. Para impulsioná-la, uma vela quadrada, de tecido rústico, com seis metros de altura. E, para controlá-la, nada.

Sem leme nem nenhum controle de direção, a balsa Atlantis seria conduzida apenas pelas correntes marítimas, como teriam feito aqueles imigrantes africanos. Pelo mesmo motivo, não teria nenhum instrumento de navegação. A locomoção seria exclusivamente à deriva, ao sabor das correntes marítimas, e sua localização no mar determinada apenas pelo posicionamento das estrelas, ainda que isso comprometesse a segurança do grupo.

Sem meios de controlar a direção da balsa, não havia como fazê-la virar, muito menos retornar. Se algum tripulante caísse no mar – hipótese bem plausível em uma embarcação sem nenhuma proteção e que navegava rente às ondas, por vezes sendo lambida por elas –, caberia à vítima tentar alcançar a balsa por seus próprios meios, usando para isso apenas uma corda de segurança que era arrastada na popa. O lema da expedição era ser preferível perder um homem no mar do que todos, na tentativa de salvá-lo.

O alerta fazia ainda mais sentido porque um dos tripulantes escolhidos por Barragán, o cinegrafista Felix Arrieta, incumbido de documentar a travessia, sequer sabia nadar – ele se amarrava à jangada em seus turnos de vigília, para não cair no mar.

Os demais membros da expedição, além do comandante Barragán, eram o agrônomo Daniel Magarino, o comerciante Oscar Giaccaglia e o também advogado Juan Manuel Iriberri – todos argentinos e com o mais puro prazer da aventura correndo nas veias, embora pouca experiência em navegação marítima.

Na jangada eles levariam 60 galões de água e 27 barris com comida caseira (macarrão, enlatados, salames, chouriços etc.) doados por um supermercado. De tecnologia, o máximo que teriam seria um aparelho de rádio amador com alcance limitado. Ou seja, a Expedição Atlantis tinha tudo para dar errado. Mas não deu. Muito pelo contrário.

A partida foi de Tenerife, nas Ilhas Canárias, próxima à costa oeste africana, em 22 de maio de 1984. Por ali passa a corrente das Canárias, e Barragán estava convicto de que ela conduziria a sua jangada totalmente à deriva até o outro lado do oceano, após juntar-se a duas outras correntes marítimas, no meio do Atlântico. Ele até previu que a chegada seria em algum ponto da costa da Venezuela, onde a última corrente desembocava. Cinquenta e dois dias depois, sua previsão se confirmaria. Mas o caminho até lá não foi nada fácil.

No começo, os argentinos enfrentaram dias com extrema nebulosidade, que impossibilitavam usar as estrelas para determinar sua posição no mar. A única esperança era torcer para que os cálculos de Barragán estivessem corretos, e que eles tivessem sido abraçados pela correnteza certa. Do contrário, iriam parar Deus sabe onde e, muito possivelmente, morreriam de fome e sede.

Depois, sofreram com o problema oposto: o excesso de dias de sol, que passaram a torrar suas peles, já que eles haviam esquecido de levar protetores solar es. O único consolo foi que, um dia, um deles estava cortando fatias de salame quando percebeu que a gordura do alimento formava uma camada oleosa sobre a pele, protegendo-a de certa forma do sol. A partir de então, os cinco argentinos passaram a esfregar chouriços pelo corpo, e passavam os dias besuntados de gordura – o que, no entanto, aumentava o risco de escorregões e quedas no mar.

Só após um mês e meio à deriva no oceano, quando já haviam enfrentado duas fortes tempestades – uma delas, com ondas que passaram dos sete metros de altura, quase fatal para a precária balsa – e acumulavam feridas que nunca cicatrizavam nas mãos e fungos nos pés, consequências do contato permanente com a água do mar, é que eles tiveram certeza de que estavam sendo levados na direção certa.

A certeza veio quando cruzaram com um navio – o único que encontraram em toda a travessia – e, pelo rádio, perguntaram onde estavam.

O operador do navio custou a acreditar que não se tratavam de náufragos, e que aqueles cinco homens não queriam nenhum tipo de ajuda – apenas saber sua localização no mar. A resposta deixou os argentinos eufóricos: eles estavam a poucas milhas da costa venezuelana.

Os cálculos de Barragán estavam corretos, e sua teoria, comprovada. Com uma simples jangada feitas de troncos de árvore, habitantes do passado poderiam ter saído da África e chegado à América Central. A Expedição Atlantis não só se tornara uma das maiores proezas marítimas da história argentina, como levou alguns historiadores a rever seus conceitos sobre o povoamento das Américas.

Ao desembarcar no porto da cidade venezuelana de La Guaira, 52 dias depois de ter entrado no mar do outro lado do oceano, Barragán, visivelmente emocionado, olhou para companheiros e disse a frase que se tornaria seu lema de vida dali em diante: "Deixe o homem saber que o homem pode".

Dias depois, a balsa Atlantis foi colocada em um navio e levada de volta à Argentina, onde ficou em exibição diante do principal monumento da capital do país, o Obelisco de Buenos Aires.

Depois, foi transportada para um museu na cidade de Dolores, onde Barragán vive até hoje, sempre à espera de outro tentador telefonema que o instigue a partir em uma busca de uma nova aventura.

A estranha morte da atriz

É certo que ela tentou subir no bote e se salvar. Mas como caiu no mar?

Na madrugada de 29 de novembro de 1981, a atriz americana Natalie Wood, de 43 anos, estrela de tantos filmes de Hollywood e um dos nomes mais famosos do cinema na época, morreu afogada, nas imediações da Ilha Catalina, na costa da Califórnia. Ela havia ido passar o fim de semana a bordo do iate de seu marido, o também astro Robert Wagner, tendo como companhia no barco, além do capitão Dennis Davern, o também ator Cristopher Walken, com quem contracenava no filme Brainstorm, então em fase final de filmagens. E isso é tudo o que, até hoje, se sabe sobre a morte da famosa atriz.

Que Natalie Wood morreu afogada, após tentar, por um bom tempo, subir no bote inflável do iate do marido, o Splendor, não restaram dúvidas: haviam arranhões por toda a lateral de borracha do barco, que, na manhã seguinte, foi encontrado junto ao corpo, a mais de uma milha de distância do iate do casal. Mas jamais ficou claro como – ou por que – ela foi parar no mar, um ambiente que a apavorava, já que Natalie não sabia nadar.

Este detalhe, associado a alguns pequenos hematomas pelo corpo da atriz (nos pulsos, nos antebraços e nos joelhos), além de um arranhão no pescoço, levaram a Polícia a investigar o caso, já que ela poderia ter sido agredida antes de ir parar no mar e se afogar. Depoimentos foram colhidos e perícias realizadas.

A autópsia revelou que Natalie Wood havia bebido na noite anterior (quando saíra para jantar com o marido e o amigo ator em um restaurante da ilha), além de ter ingerido uma pílula contra enjoo, que potencializou o efeito o álcool em seu organismo. Ou seja, alcoolizada, ela poderia ter perdido o equilíbrio ou escorregado na beira do iate e caído na água, sem que ninguém tivesse visto, já que passava da meia-noite e os demais ocupantes do barco dormiam – como eles próprios afirmaram em seus depoimentos.

Com base nisso, apesar das circunstâncias um tanto misteriosas, a Polícia arquivou o caso e a morte da atriz foi classificada como "meramente acidental".

Teria ficado assim para sempre, não fosse uma radical mudança que o capitão do iate, Dennis Davern, decidiu fazer no seu depoimento, 30 anos depois. Em 2011, durante uma entrevista para um documentário sobre a morte da atriz, ele revelou que havia mentido para a Polícia, e que, na noite em que Natalie Wood morrera, ela o marido haviam discutido, possivelmente por ciúmes, por conta da presença no barco do ator Cristopher Walken, com quem a atriz estava contracenando no filme que mais tarde, ao ser lançado, acabaria sendo dedicado à memória da atriz.

O capitão também disse que seu patrão o impedira de ligar o iate e realizar uma busca no mar quando ficou claro que a atriz não estava mais a bordo, além de propositalmente demorar para avisar a Guarda Costeira sobre o desaparecimento da esposa, o que só foi feito uma hora e meia depois do horário estimado pela autópsia da morte de Natalie Wood.

Surpreendido pelo teor do novo depoimento de Davern, Wagner – que, na época, também nada dissera à Polícia sobre a discussão com a esposa, com quem, por sinal, se casara duas vezes –, negou categoricamente que tivesse impedido o capitão de realizar as buscas, bem como de postergar deliberadamente a informação do sumiço da atriz à Guarda Costeira. Mas, pressionado pelo comunicado, admitiu ter havido uma "leve discussão" entre eles, antes da esposa desaparecer do iate – informação que, mais tarde, ele confirmaria em seu livro de memórias.

Com a suspeita de que a morte de Natalie Wood pudesse ter sido consequência não de um acidente, mas de um homicídio (ela poderia ter sido empurrada na água pelo marido, o que explicaria aqueles machucados pelo corpo da atriz), a Polícia reabriu o caso, colheu novos depoimentos, e, após reexaminar os autos, os legistas alteraram a causa da morte da atriz de "afogamento acidental" para "afogamento com fatores indeterminados", versão que passou a vigorar para sempre.

Embora tenha ficado claro que Robert Wagner não contara à Polícia tudo o que acontecera em seu barco naquela noite, nenhuma acusação contra ele – ou contra os outros dois ocupantes do iate – pode ser feita por falta de evidências ou provas. Também não foi possível afirmar ter havido algum crime. Com isso, o mistério persistiu. E persiste até hoje.

É certo que Natalie Wood, a famosa estrela de Hollywood por três vezes indicada ao Oscar de melhor atriz, morreu afogada naquela noite, nos arredores da Ilha Catalina, por não ter conseguido subir no bote que havia ao lado do iate do marido.

Mas a pergunta que jamais foi respondida é: como ela foi parar no mar?

O ataque dos selvagens

Parecia impossível. Mas, em pleno século 20, um navio estava sendo atacado por indígenas

No início da noite de 2 de agosto de 1981, um tufão varreu o mar do Golfo de Bengala, uma enorme porção de água entre a Índia e Myanmar. Entre os navios que navegavam na região estava o Primrose, um cargueiro panamenho que pertencia a uma empresa de Hong Kong, que partira de Bangladesh com destino à Austrália dias antes, levando um carregamento de ração para frangos e 31 tripulantes – todos chineses, incluindo o capitão, Liu Chunglong.

Quando a tormenta aumentou de intensidade, por volta da meia-noite, o capitão Chunglong não conseguiu impedir que o navio, que já vinha sendo arrastado pelas ondas e ventos, encalhasse em um recife de coral, a menos de 100 metros da praia de uma das ilhas do arquipélago Andaman e ali ficasse, impossibilitado de se movimentar – mas sem risco imediato de naufragar. O perigo, no entanto, existia. Mas era outro. E ainda mais apavorante que o simples naufrágio.

Durante dois dias e duas noites não houve como remover da ilha o navio encalhado, por conta da tempestade, que impedia a aproximação de qualquer aeronave ou embarcação. Mas, no terceiro dia, o escritório da empresa a qual o Primrose pertencia recebeu uma perturbadora mensagem do capitão Chunglong pedindo o envio urgente de armamentos.

Armamentos? Por que aqueles marinheiros, retidos dentro de um navio encalhado, precisariam de armas? Qual risco o capitão julgava que corriam, entalados diante de uma ilha coberta de densa mata que parecia deserta?

A resposta estava no nome daquela ilha: Sentinela do Norte – a famigerada ilha dos sentineleses, uma tribo de homens primitivos, violentos e ainda arredios a qualquer contato com o mundo exterior, considerados um dos mais hostis e isolados do mundo. E o capitão do cargueiro tinha motivos de sobra para estar preocupado.

Naquela manhã, a tripulação do Primrose avistara, saindo da mata que margeava a praia, um grupo de homens negros, nus e atarracados, carregando grandes arcos, flechas e lanças. Em seguida, trouxeram canoas. Parecia claro que a intenção do grupo era navegar até o navio imobilizado e atacá-lo – por mais absurda que aquela situação parecesse, em pleno século 20.

Ao ser comunicado do movimento em curso na praia, o comandante chinês ordenou que a tripulação se armasse com tudo o que pudesse virar instrumento de defesa (pedaços de cano, pistolas sinalizadoras etc.) e ficasse de vigia no convés, a despeito do mau tempo que ainda imperava na região.

Apesar do clima inclemente, aqueles sentineleses, cerca de 50 homens, como estimou o capitão, pareciam determinados a avançar com suas canoas até o grande navio encalhado a pouca distância da praia, no qual três dezenas de homens viviam a angústia de um pré-ataque primitivo.

Por sorte, foi o próprio mau tempo que impediu que o grupo conseguisse o seu intento: grandes ondas que quebravam na praia, consequência da tempestade, impediram que as canoas fossem lançadas ao mar, e os ventos fortes desviaram as flechas, que, ainda assim, eles dispararam contra o navio, da própria areia.

Rapidamente, a notícia de que um navio de aço estava sendo atacado com flechas e risco real para os seus ocupantes, virou manchete no mundo inteiro. E isso pressionou o governo da Índia, a quem pertence as Ilhas Andaman (embora isso não se aplique a Ilha Sentinela do Norte, cuja posse legal é dos sentineleses), a fazer algo efetivo para ajudar aqueles assustados marinheiros.

A primeira tentativa, por mar, foi frustrada: um bote inflável lançado por um navio da Marinha indiana próximo ao Primrose, a fim de resgatar os tripulantes do navio, quase virou nas ondas e a operação teve que ser suspensa, antes que a quantidade de vítimas à mercê dos belicosos habitantes daquela ilha aumentasse ainda mais.

Já a segunda tentativa, pelo ar, foi bem-sucedida. Um ex-aviador americano da Guerra do Vietnã, que morava na capital das Ilhas Andaman, se ofereceu como voluntário para pilotar um helicóptero e pousar a aeronave no acanhado convés do navio, o que fez com extrema habilidade, apesar das flechadas que os sentineleses disparavam da praia.

Ao final de três viagens, todos os 31 tripulantes do Primrose estavam salvos. Mas não o navio. Seria arriscado demais para as equipes de resgate passarem dias tentando desencalhar o cargueiro da praia, sob a constante ameaça de ataques dos sentineleses – que, por serem seres nativos vulneráveis, protegidos por lei, não poderiam ser combatidos.

Com isso, o Primrose acabou condenado a ficar ali para sempre e a se transformar em um amontoado de ferros carcomidos pelo tempo, que, ainda hoje, podem ser vistos encravados em uma das pontas da Ilha Sentinela do Norte, nas imagens do Google Earth.

Dez anos depois, em 1991, naquele que seria o último contato pacífico com os habitantes da Ilha Sentinela do Norte – hoje proibida a qualquer visitante –, um grupo de antropologistas notou que as flechas e lanças que eles portavam continham pontas de metal, material que os sentileneses, até então, desconheciam. A conclusão foi que eles haviam invadido o navio abandonado e retirado materiais que usaram para aperfeiçoar seus armamentos.

Graças àquele navio, os sentineleses haviam, por fim, atingido a era do ferro – 8 mil anos depois do restante da humanidade.

Drama no mar

Como se não bastasse todo aquele sofrimento, ainda havia os tubarões...

Com apenas 24 anos, a americana Deborah Scaling Kiley já tinha grande experiência como velejadora (participara, inclusive, da regata de volta ao mundo Whitbread, em 1981), quando, em outubro de 1982, foi contratada para ajudar a transportar um veleiro de 58 pés, o Trashman, do Maine para a Florida, onde o barco seria entregue ao seu novo dono – uma travessia de 1 300 milhas ao longo da costa leste dos Estados Unidos.

Como esse tipo de serviço, conhecido no meio náutico como "delivery", fazia parte de suas atividades profissionais, aceitou – embora não conhecesse o capitão contratado para aquela viagem, um jovem americano de 27 anos de idade chamado John Lippoth. Além dos dois, haveria outras três pessoas a bordo, que também jamais haviam velejados juntas: os igualmente jovens Mark Adams e Brad Cavanagh (que só aceitara o convite após saber que a experiente Deborah iria na viagem), e a namorada do capitão, Megan Mooney, que nunca havia pisado em um barco.

Eles partiram na última semana de outubro, e o capitão Lippoth comemorou a ocasião com muitos beijos na namorada e alguns copos de uísque, o que contrariava um dos princípios básicos da navegação, de não haver consumo de bebida alcóolica a bordo. Aquilo deixou Deborah um tanto preocupada. Mas, como o tempo estava bom e o mar tranquilo, nada disse. Dois dias depois, no entanto – quando ter sempre um copo à mão já havia mostrado ser um hábito corriqueiro do capitão –, tudo mudou.

Enquanto navegavam ao largo da costa da Carolina do Norte o mar cresceu assustadoramente e o veleiro passou a ser açoitado por ventos de até 70 nós e ondas de quase dez metros de altura – era a chegada de uma enorme tempestade, que o capitão Lippoth não se dera ao trabalho de checar através da meteorologia. Naquele instante, Deborah teve certeza do despreparo dele para comandar o barco. E decidiu que precisava fazer algo.

Após discutir rispidamente com o capitão, Deborah pediu as cartas náuticas, no intuito de tentar encontrar um abrigo ao qual pudessem recorrer na costa. Mas a única coisa que descobriu é que o capitão não tinha cartas náuticas da região. Mais assustada ainda, ela praticamente ordenou que ele pegasse o rádio e pedisse ajuda à Guarda Costeira Americana, o que Lippoth fez um tanto a contragosto.

Ao receber o pedido de ajuda de Lippoth, a Guarda Costeira o aconselhou a dar meia-volta e retornar na direção da cidade de Wilmington, no estado de Delaware, que estaria razoavelmente protegida da tormenta. A sugestão foi aceita pelo capitão, e o Trashman passou a navegar no sentido oposto, a favor do vento, embora isso implicassem em cuidados ainda maiores na condução do barco, para que ele não atravessasse diante das ondulações. E foi justamente o que aconteceu.

Naquela noite, durante seu turno na condução do barco, o tripulante Mark Adams decidiu descansar um pouco na cabine e amarrou o leme. Ao fazer isso, o Trashman atravessou diante de uma onda e foi colhido por ela, com extrema violência. O veleiro não virou por pouco. Mas o impacto com a onda arrebentou a porta da cabine e uma das janelas, por onde passou a jorrar muita água para dentro do barco.

Deborah e o restante da tripulação acordaram com a colisão e, assustados, correram para o convés, já com dificuldades, porque, em pouco tempo, a água dentro da cabine passava da altura dos joelhos. No tumulto, a namorada do capitão feriu a perna e começou a perder sangue. Mas não havia tempo para cuidar do ferimento. Era preciso sair da cabine, cada vez mais inundada.

Lá fora, a situação não era muito diferente. Descontrolado e com o leme danificado pelo impacto, ondas despencavam sobre o convés do veleiro, e o vento uivava furioso. Parecia claro que o Trashman não suportaria aquele massacre por muito tempo. A decisão de abandonar o veleiro e passar para o bote de apoio e a balsa salva-vidas foi unânime. Mas a operação não saiu como eles gostariam.

Ao disparar a balsa salva-vidas, na qual estava toda a água e mantimentos que eles necessitariam, o mesmo Adams esqueceu de amarrá-la ao barco, e uma rajada de vento a levou para longe, na escuridão da noite. Restou apenas o bote inflável, que não tinha nenhum suprimento. Sem alternativa, os cinco embarcaram e ficaram vendo, a pouca distância, o Trashman sucumbir nas ondas.

O único consolo do grupo era que, antes de abandonarem o barco, outro tripulante, Brad Cavanagh, havia enviado um pedido de socorro à Guarda Costeira – que, portanto, estava ciente do iminente naufrágio, e certamente viria resgatá-los. Mas o tempo foi passando e nenhum socorro chegou até eles.

O primeiro dia à deriva do grupo, espremido em um bote de não mais que três metros de comprimento e sem nenhuma gota de água ou grão de comida, foi sofrido, mas suportável. A tempestade arrefecera, as ondas e o vento diminuíram de intensidade, e um sol tímido surgira no céu. A maior preocupação passou a ser o ferimento na perna de Megan, que seguia sangrando. Perder fluídos do organismo em uma situação na qual não era possível repô-los era algo, sem dúvida, preocupante. Mas, quando a noite chegou, o temor passou a ser outro: o frio cortante no mar do pré-inverno americano.

Para se aquecerem mutuamente, os cinco passaram a ficar com os corpos colados uns aos outros. Mas isso comprometeu a estabilidade do pequeno bote, que, em determinado momento, ao ser atingido por uma ondulação maior, virou. Ao cair no mar, o grupo descobriu que dentro d'água era menos frio do que fora dela, porque ali, ao menos, eles não sofriam com a ação do vento. E menos ainda se ficassem abrigados debaixo do bote emborcado.

O grupo, então, passou para debaixo do inflável emborcado, segurando em suas bordas, só com as cabeças fora d'água. Mas, de tempos em tempos, a namorada do capitão precisava sair do abrigo, porque sofria de claustrofobia. Já Deborah temia seriamente a hipotermia. Mas algo muito mais perigoso – e urgente – passou a ocupar a mente da experiente velejadora quando ela e Brad sentiram um esbarrão dentro d'água. Era um tubarão atraído pelo sangue do ferimento de Megan.

Apavorada, Deborah gritou para que todos desvirassem o bote e saíssem da água. Nada aconteceu com o grupo. Mas, dali em diante, eles passaram a ser permanentemente rodeados por tubarões, excitados pelo cheiro de água com sangue que vazava do bote. Alguns animais chegavam a dar focinhadas no barco.

Como, dali em diante, por conta dos tubarões, o bote não poderia mais virar, Lippoth, Deborah e Brad improvisaram uma espécie de âncora de tempestade – um elemento submerso que ajuda a melhorar a estabilidade dos cascos –, usando para isso um pequeno cabo e um pedaço de madeira que havia no fundo do bote. Durante algum tempo, o recurso trouxe benefícios. Mas virou um problema quando um dos tubarões abocanhou a madeira e saiu em disparada, arrastando o bote a reboque – que só não virou porque eles soltaram o cabo a tempo. Além do permanente sofrimento, havia um susto atrás do outro.

No terceiro dia de privações, sem que nenhum sinal de resgate surgisse no horizonte, o ferimento de Megan passou a infeccionar e a verter, além de sangue, também pus na água empoçada no fundo do bote. Aquilo deixou os tubarões ainda mais alvoroçados.

Ao mesmo tempo, o capitão Lippoth e Adams – não por coincidência os dois que consumiam bebidas alcoólicas com frequência no barco –, passaram a não suportar mais a sede, e começaram a beber água do mar, apesar da total desaprovação de Deborah, que sabia bem o que aquilo poderia causar no organismo. Não demorou e, ainda mais desidratados pelo sal contido na água do mar, os dois passaram a ter alucinações.

Na noite do quarto dia, Lippoth se equilibrou para ficar em pé no bote, disse para o grupo que estava indo "pegar um avião", e deslizou borda afora, na escuridão do mar. Instantes depois, houve um grande alvoroço na água. Os tubarões haviam feito sua primeira vítima. E, no dia seguinte, a história se repetiria.

Igualmente delirando, foi a vez de Adams anunciar que estava indo "comprar cerveja" e se jogou ao mar. Brad ainda tentou detê-lo. Mas os tubarões – que já haviam aprendido que naquele bote havia comida em potencial – foram mais rápidos. Os outros sobreviventes preferiram olhar para o lado e não testemunhar a cena dantesca.

Naquela mesma noite, Megan pirou ainda mais e passou a agir de maneira igualmente estranha, falando palavras desconexas e sem sentido. Uma infecção generalizada havia tomado conta do seu corpo. Ela estava morrendo. Um par de horas depois, fechou os olhos para sempre.

Restaram apenas Deborah e Brad no bote. Antes de entregar o corpo de Megan aos tubarões (não havia como mantê-lo no barco, porque o pus das feridas exalava um odor insuportável), eles retiraram as roupas do cadáver, já que precisariam delas para se aquecerem à noite. E também porque, caso se salvassem, as entregariam à família da vítima.

Deitada apática no fundo do bote, Deborah já não tinha mais esperanças de ser resgatada com vida pela Guarda Costeira – que não chegava nunca –, quando Brad disse que estava vendo um navio. A princípio, ela pensou que o companheiro de sofrimento – com quem havia feito um pacto de proteção mútua – também estava delirando.

Mas Brad insistiu, e Deborah ergueu a cabeça e olhou para o horizonte. E lá estava realmente um navio, vindo na direção dos dois. Por um incrível golpe de sorte, a tripulação do cargueiro russo Olenegorsk havia visto aquele pequeno bote no meio do mar – o maior presente da vida dos dois. Após cinco dias sem água nem comida, e já sem esperanças de sobreviverem, Deborah e Brad estavam salvos.

A ansiedade pelo resgate, levou Deborah a se atirar na água e nadar na direção do navio, quando ele estancou próximo ao bote, a despeito dos tubarões. Ela foi içada pela tripulação, que em seguida recolheu Brad, que, de tão fraco, não conseguiu sair do bote. Mais tarde, eles ficaram sabendo que estavam a mais de 140 milhas do local do naufrágio do Trashman, e que seguiam, à deriva, na direção oposta à da costa, o que equivalia a uma sentença de morte.

Mas o que Deborah e Brad realmente queriam saber era por que a Guarda Costeira não fora resgatá-los – uma resposta que nunca receberam de forma conclusiva.

Na ocasião, a corporação alegou que havia suspendido a operação porque uma marina de Wilmington, para onde havia sugerido que o veleiro seguisse, havia informado a chegada do barco, possivelmente por tê-lo confundido com outro veleiro. E ninguém se deu ao trabalho de checar ou corrigir o equívoco, que acabou por custar três vidas, além de um trauma eterno na vida de Brad Cavanagh e Deborah Scaling Kiley.

Tempos depois, Deborah decidiu escrever um livro narrando a tragédia. Mas, em seguida, arrependida por ganhar dinheiro com a desgraça dos companheiros, doou tudo o que recebera para uma instituição de caridade. Trinta anos depois, aos 54 anos, ela morreu na cidade de San Miguel de Allende, no México, onde passou a viver, sempre atormentada pela própria sobrevivência – sua causa mortis nunca foi devidamente esclarecida, mas havia indícios de suicídio.

Já Cavanagh, que também escreveu um livro sobre o caso, ainda busca entender por que a Guarda Costeira americana esqueceu deles naquela noite. "Acho que nunca saberei o verdadeiro motivo", diz o único sobrevivente ainda vivo da malfadada última viagem do Trashman.

O clandestino que não podia sair do navio

Ele criou uma situação que ninguém sabia como resolver

O guineense Selson Molphe Camara tinha apenas 16 anos de idade quando, em abril de 1983, decidiu mudar de vida. Cansado da miséria na qual vivia nas ruas de Conacri, capital da República da Guiné, na costa oeste da África, ele colocou um pouco de comida dentro de uma sacola, caminhou até o porto da cidade, driblou a segurança, escolheu a esmo um navio e ficou esperando uma oportunidade de pular para dentro dele.

Não foi difícil, porque o cargueiro com bandeira panamenha Yerel estava apenas começado a ser carregado, após uma série de escalas em portos africanos, e sua vigilância era bem precária. Selson se escondeu dentro do armário de um dos depósitos e ficou aguardando que o navio partisse, o que só aconteceu no dia seguinte.

Com o navio já navegando – o que ele deduziu pelas vibrações do motor que sentia –, o garoto respirou aliviado: não poderia mais ser desembarcado. Pelo menos não no porto daquela cidade da qual ele tanto queria fugir.

Logo na primeira noite, Selson decidiu trocar de esconderijo. Beneficiado pela escuridão, trocou a clausura do armário do depósito (que, inevitavelmente, em algum momento seria usado pela tripulação) pela base de um guindaste no convés. Mas foi descoberto no dia seguinte e levado à presença do comandante, que determinou que ele fosse colocado em uma cabine enquanto consultava o armador do navio sobre o que fazer com aquele garoto, que não tinha nenhum documento e se negava a dizer o próprio nome, nem o país onde vivia.

A pendenga durou toda a viagem até um distante porto da Rússia, onde o navio voltou a parar. Mas o garoto não desembarcou. Por dois motivos: não tinha passaporte (uma vez que a empresa dona do navio – pelas leis, responsável por qualquer clandestino a bordo –, não providenciara tal documento) e porque ele não queria deixar o navio – onde, bem ou mal, tinha cama e comida.

O problema persistiu nos portos seguintes: o garoto continuou se recusando a desembarcar do navio, e a empresa dona do Yerel não podia fazer isso à força, por não ter providenciado documentos para ele, já que Selson continuava se recusando a dizer seu nome e nacionalidade. Sim, era preciso devolvê-lo. Mas para onde?

De certa forma, Selson invertera os papéis e transformara o navio em seu refém. De cativo, virara captor. E o comandante do Yerel nada podia fazer contra ele.

Sob o ponto de vista jurídico, ambos haviam caído numa espécie de limbo: o garoto estava ilegalmente a bordo de um navio do qual não podia sair legalmente, porque se negava a dar subsídios básicos para isso.

O impasse durou meses, com o navio navegando para cima e para baixo com um clandestino a bordo, até que o Yerel chegou ao porto de Green Bay, no estado americano de Wisconsin. Ao descobrir que estava nos Estados Unidos, Selson mudou de atitude: pediu para falar com o comandante, revelou seu nome e nacionalidade, e disse que, finalmente, queria desembarcar – o que foi negado pelo Serviço de Imigração dos Estados Unidos, porque, mesmo que ele tivesse um passaporte, não tinha um visto que lhe permitisse desembarcar no país.

Ainda assim, ele foi retirado do navio – para alívio do comandante do cargueiro, que finalmente pode seguir viagem sem aquele incômodo "passageiro" –, e levado para um centro de detenção de imigrantes, enquanto o armador do Yerel providenciava sua remoção legal de volta à Guiné.

Um mês depois, aquele ousado garoto desembarcou na mesma cidade de onde tentara escapar e retomou a vida miserável de antes. Seu plano de fugir para sempre falhou.

Mas ele voltou com uma boa história para contar.

Cabeças ou balões na água?

Por conta dos ventos, o que seria uma grande festa terminou em tragédia

Aquele 27 de setembro de 1986 era para ser uma data marcante na história da cidade de Cleveland, nos Estados Unidos. E o motivo era uma grande brincadeira.

Naquele dia, durante um evento chamado Balloonfest, a capital de Ohio, à beira do gigantesco Lago Eire, iria quebrar o recorde mundial de soltura de balões infláveis despejando no ar 1,5 milhão de bexigas infladas com gás hélio. Com isso, pretendia entrar para o Livro dos Recordes. Os balões, desses usados em festas de aniversário, iriam subir até certa altura antes de estourarem ou murcharem por conta da altitude. Mas não foi o que aconteceu.

Por causa das fortes correntes de vento geradas por uma frente fria que se aproximava da cidade, os balões, após subirem um tanto no ar, começaram a retornar ao solo ainda inflados, empurrados pelas rajadas, causando um transtorno inesperado em toda a cidade. Acidentes de trânsito aconteceram, porque os motoristas perderam a visibilidade nas esquinas, e até os aviões foram afetados, porque os balões invadiram as pistas do aeroporto local. Mas nada disso foi pior do que o que aconteceu perto de lá, no lago que banha a cidade.

Por conta da mesma tempestade, dois pescadores que haviam saído horas antes para pescar tiveram o barco virado, e pediram socorro à Guarda Costeira. Mas, por causa daquela chuva de balões, o helicóptero da corporação não pode decolar, e a missão de resgate precisou ser delegada a um barco, que levou muito mais tempo para chegar ao local.

Quando isso finalmente aconteceu, os resgatistas logo encontraram o pequeno barco emborcado, mas foi impossível localizar os dois pescadores na água, por causa da quantidade de balões já semimurchos que flutuavam no lago – não havia como diferenciar duas cabeças humanas em meio a milhares de bolas boiando na superfície. As buscas duraram todo o dia. E também no seguinte. Mas foram inúteis.

Dois dias depois, para tristeza geral dos moradores de Cleveland, os corpos dos dois pescadores foram encontrados. Eles haviam morrido afogados.

A esposa de um deles responsabilizou a prefeitura da cidade pela morte do marido e processou a empresa organizadora do infeliz evento, ao mesmo tempo em que o Livro dos Recordes removia a modalidade para sempre do seu catálogo de feitos curiosos.

Nunca mais a cidade de Cleveland usou balões para comemorar mais nada.

A pior de todas as tragédias

Nunca se soube quantas pessoas morreram naquela colisão. Mas é certo que foram milhares

Aquela seria a última viagem antes do Natal. Por isso, o Doña Paz, um velho ferryboat com mais de 20 anos de uso e seguidas reformas, que aumentaram brutalmente sua capacidade, estava lotado. Ou melhor, superlotado.

Em um país fundamentalmente católico, como as Filipinas, todos queriam passar as festas de fim de ano com seus familiares. Mesmo que isso implicassem em viajar quase dois dias inteiros, entre a cidade de Tacloban e a capital, Manila, distantes 400 milhas entre si, espremidos no interior daquele barco superlotado, que ninguém sabia quantas pessoas transportava.

A suspeita é que funcionários da empresa dona do barco estivessem facilitando a entrada de passageiros sem bilhetes, mediante qualquer quantia, que seguia direto para o bolso deles. Não havia ninguém fiscalizando os embarques, muito menos funcionários da autoridade portuária de Tacloban controlando a quantidade de pessoas a bordo, e se isso ultrapassava o limite máximo do Doña Paz.

Oficialmente, o ferryboat podia transportar 1 493 pessoas – mais que o dobro do que originalmente fora projetado, ao ser construído, no Japão, 24 anos antes. Mas a percepção geral é que havia três vezes mais gente – um formigueiro humano incompatível com o tamanho do barco e o bom senso.

Às 6h30 da manhã do dia 20 de dezembro de 1987, o Doña Paz partiu de Tocloban, transbordando de gente – todos animados, porque a noite de Natal se aproximava. O ferryboat navegou o dia inteiro e, no início da noite, penetrou no Estreito de Tablas, onde diversos outros barcos também navegavam.

Um deles era o navio petroleiro MT Vector, que, a despeito de estar carregado com 8 800 barris (ou mais de um milhão de litros) de querosene e gasolina, era conduzido por um piloto não capacitado – nada anormal, frente à habitual negligência marítima filipina. Duas horas depois, os caminhos das duas embarcações se cruzariam. E de uma maneira mais que trágica.

Por volta das dez horas da noite, o capitão do Doña Paz decidiu assistir a um filme em sua cabine e delegou a função de conduzir o ferryboat ao único tripulante que lhe fazia companhia na ponte de comando. Ao mesmo tempo, o igualmente solitário (e descapacitado) condutor do MT Vector passou a sentir certa sonolência, após tantas horas pilotando o navio.

Nunca se soube o que exatamente aconteceu depois disso. Até porque nenhum dos dois tripulantes que conduziam as duas embarcações sobreviveria ao desastre que se seguiria. O fato é que, instantes depois, a proa do Doña Paz perfurou o lado de boreste do casco do MT Vector, que vinha no sentido oposto e, aparentemente, cruzou diante do ferryboat.

O impacto gerou um princípio de incêndio no petroleiro, ao mesmo tempo em que abriu um rasgo em seu casco, por onde passou a vazar o combustível de seus porões. E essa combinação letal entre fogo e gasolina geraria uma catástrofe de proporções inéditas.

Mesmo desenganchados logo após a colisão, o Doña Paz e o MT Vector passaram a fazer parte do mesmo horripilante cenário: envoltos por um mar em chamas, que nem a própria água sobre a qual ardia conseguia apagar.

Imersos naquele inferno líquido, as dezenas de passageiros do ferryboat que haviam sido arremessados ao mar pelo choque entre as duas embarcações queimaram instantaneamente, feito piras humanas. E quem saiu do interior do barco para buscar no convés uma forma de escapar da fumaça tóxica que passou a impregnar os salões abarrotados de gente do Doña Paz encontrou o mesmo fim.

Os passageiros do ferryboat não sabiam o que fazer, nem tinham como escapar. Mesmo assim, nenhum tripulante veio orientar os sobreviventes, porque estavam tentando salvar as próprias vidas. Nenhum bote foi baixado na água. E os coletes salva-vidas – que jaziam trancados em armários, para não serem roubados pelos passageiros – ali permaneceram, embora isso não fizesse muita diferença, frente àquele mar de fogo.

Logo, as únicas opções passaram a ser morrer afogado ou queimado, já que, em seguida à colisão, o Doña Paz começou a afundar – assim como também o petroleiro MT Vector. Um horror.

No final, só escapou com vida quem se atirou no mar e teve fôlego suficiente para nadar para longe submerso, por baixo da camada de fogo que ardia na superfície. Bem poucos conseguiram isso. Apenas dois dos 60 tripulantes do navio, e 24 dos presumíveis mais de 4 000 passageiros do Doña Paz sobreviveram ao pavoroso desastre, que deixou um número nunca sabido de mortes, uma vez que famílias inteiras morreram, de forma que, mais tarde, ninguém apareceu para reclamar os corpos.

A comunicação do desaparecimento de pessoas pelos próprios familiares foi o único método usado pelo governo das Filipinas para contabilizar os números da tragédia, já que não havia nenhum controle de quantas pessoas tinham embarcado no superlotado ferryboat. Oficialmente, morreram 1 749 pessoas. Na prática, quase três vezes mais.

Duas horas depois da colisão, o Doña Paz mergulhou de vez no mar de fogo daquela noite sombria. Duas horas depois, o MT Vector fez o mesmo. Mas o resgate dos sobreviventes pelas autoridades filipinas só aconteceu na manhã seguinte, quando os tubarões já haviam devorados boa parte dos corpos carbonizados.

Na triste história das tragédias marítimas, nunca houve horror maior do que a colisão e naufrágio do Doña Paz. Nem consenso sobre quantos morreram naquela noite.

A única certeza é que – afogadas ou queimadas – foram milhares de vítimas. O maior desastre marítimo da história, em tempos de paz – ironicamente, a mesma "paz" que aquele trágico ferryboat carregava no nome.

Um feito e tanto

A nadadora que venceu até o calendário

Apenas uma estreita faixa de mar, com pouco mais de três quilômetros de largura, separa as duas ilhas Diomedes, no Estreito de Behring, entre o Alasca e a Sibéria. A ilha maior chama-se Grande Diomede (ou Ratmanov, em russo, já que pertence à Rússia). E a menor, Little ("pequena") Diomede, uma vez que faz parte dos Estados Unidos. Dois países politicamente antagônicos, mas que ali fazem uma fronteira quase terrestre.

Mas não é apenas o mar que separa aquelas duas ilhas de países – e continentes – distintos. Também o calendário faz isso. Por conta das diferenças nos fusos horários, enquanto em uma das ilhas o calendário indica que ainda é "hoje", na outra já é "amanhã" – ou "ontem", dependendo em qual delas se está. Isso porque, embora as Diomedes fiquem praticamente coladas uma à outra, elas são separadas por nada menos que 24 horas nos relógios. Ou seja, um dia inteiro.

A razão disso remonta ao passado. No século 19, os cientistas tiveram que achar uma maneira de equiparar as horas dos dias em diferentes pontos do globo terrestre. A saída encontrada para esta complicada questão foi traçar uma linha imaginária vertical em certo ponto do globo terrestre, onde, após esgotado o ciclo máximo de 24 horas nos fusos horários, o calendário simplesmente mudasse de data, avançando ou recuando um dia, dependendo da direção seguida.

Criou-se, assim, a Linha Internacional de Data, um recurso que, desde então, divide o planeta em dias diferentes, e que, por um capricho geográfico (uma vez que se buscou a área menos habitada do planeta para aplicá-la, a fim de atenuar os transtornos às pessoas) passa exatamente entre as duas quase desertas Ilhas Diomedes.

Com isso, as duas ilhas, vizinhas nos mapas, passaram a ficar separadas pela maior distância possível nos relógios: um dia inteiro de fuso horário. Ou dias diferentes no calendário.

Quem atravessar da Diomede americana (onde existe apenas uma pequena comunidade de esquimós) para a Diomede russa (onde atualmente não mora ninguém), não apenas mudará de país e de continente como desembarcará em outro dia – embora a travessia não dure mais do que alguns minutos de barco. E quem fizer o caminho inverso realizará o sonho impossível de voltar um dia no tempo – partirá hoje e chegará ontem.

Esta excentricidade geográfica serviu até de inspiração para o escritor italiano Umberto Eco escrever um de seus maiores sucessos literários: o romance A ilha do dia anterior, que se baseou no que acontece com o calendário nestas duas insignificantes – mas curiosas – ilhas do Estreito de Behring.

Outra particularidade das Diomedes é que, nos tempos da Guerra Fria entre Rússia e os Estados Unidos, a partir da década de 1950, elas viraram a principal fronteira física entre o comunismo e o capitalismo. Isso fez com que fossem apelidadas de "Cortina de Gelo", numa alusão ao clima inclemente da região, onde, no inverno, as temperaturas podem chegar aos 40 graus negativos e o mar congela, permitindo, inclusive, a travessia a pé de uma ilha para a outra – base da tese que defende que a chegada dos primeiros humanos ao continente americano se deu através do Estreito de Behring.

O interessante é que a ilha menor foi vendida pelos russos aos americanos quase 100 anos antes, em 1867, passando a fazer parte do Alasca. Já a ilha maior continuou em poder da Rússia. Quando a tensão entre os dois países aumentou, os russos trataram de retirar os esquimós que viviam na sua Diomede, por temer que eles pudessem ser usados como espiões pelos vizinhos americanos.

De lá para cá, apenas a ilha que pertence aos Estados Unidos passou a ser habitada, ainda assim por não mais que uma centena de pessoas – quase todas as mesmas que, décadas atrás, testemunharam um acontecimento histórico, inédito e pra lá de ousado.

Em 7 de agosto de 1987, após passar 11 anos esperando autorização do governo da antiga União Soviética, a nadadora americana Lynne Cox entrou no mar do Estreito de Behring e nadou da ilha americana até a russa, como uma espécie de ação pela paz entre os dois países, na época ainda envolvidos na Guerra Fria.

Apesar da pequena distância entre as duas ilhas, a travessia da nadadora, que só foi autorizada por Moscou na véspera da partida, foi dura e sofrida, por causa do frio e da baixa temperatura do mar, que, no dia, oscilava entre 6ºC e 7ºC. Quando imerso no mar com temperaturas tão baixas assim, a hipotermia do corpo humano deixa de ser um risco para se tornar uma quase certeza.

Enquanto os moradores da ilha tentavam convencer a nadadora a besuntar o corpo com gordura de morsa, a fim de criar uma camada protetora na pele (conselho que Cox sensatamente recusou, porque isso aumentaria barbaramente o risco de ela atrair ursos durante a travessia), técnicos tentavam prever quanto tempo seu organismo resistiria. A dúvida era o que colapsaria primeiro: se o corpo ou a mente da nadadora. E se daria tempo de ela chegar à outra ilha antes disso.

Mas a resistência ao frio do organismo de Cox era espantosa. Ela já havia nadado no gelo da Antártica, e atribuía isso ao fato de possuir uma boa camada de gordura natural no corpo. Aos 30 anos de idade, Lynne Cox estava longe de ser uma atleta esbelta, mas sua capacidade de nadar longas distância, mesmo em águas congelantes, era assombrosa.

Escoltada por um barco nativo de apoio revestido com pele de morsa e tripulado por meia dúzia de entusiasmados moradores da Pequena Diomede , que nunca tinham cruzado para a outra ilha, porque isso não era permitido pelos russos, Cox levou pouco mais de uma hora e meia para vencer a curta distância, embora, tecnicamente tenha chegado lá só no dia seguinte.

No entanto, quando se aproximava da ilha russa, a americana foi surpreendida por um barco de patrulha que determinou que ela continuasse nadando até outra parte da Grande Diomede , onde um grupo de pessoas a aguardavam.

Tremendo de frio, com a pele já da cor da de um cadáver, e, agora, ainda temendo ser presa pelos russos, Cox seguiu nadando por mais 30 minutos, até que foi dar em uma praia pedregosa, onde, para sua surpresa, foi recebida com aplausos e gritos de entusiasmo vindos dos próprios militares soviéticos que a aguardavam. Era um claro sinal de que seu gesto inédito havia sido bem recebido pelos russos, e que algo mudaria na relação entre os dois países dali em diante.

Tempos depois, nos estertores da Guerra Fria, ao se encontrar com o presidente americano Ronald Reegan, o líder russo Mikhail Gorbachev recordou o feito da nadadora e declarou que aquela sua travessia de uma ilha para outra provara "o quanto russos e americanos estavam próximos". Em seguida, ele ergueu sua taça para um brinde.

À sua maneira, Lynne Cox – que também acabaria se tornando conhecida como "a maior cidadã diplomata do seu tempo" – ajudara a quebrar o gelo entre as duas superpotências e acelerara o derretimento da Cortina de Gelo que separava as duas Diomedes.

Mas, no calendário, elas continuam separadas até hoje.

Salvos pela própria natureza

De repente, sem que eles notassem, o barco começou a regressar sozinho no mar

Era para ser apenas um alegre cruzeiro de alguns dias no Pacífico Sul, entre a Nova Zelândia, onde aqueles quatro amigos moravam, e a Ilha de Tonga, a 750 milhas de distância. Mas acabou se transformando em uma sofrida odisseia de luta pela sobrevivência quando o barco no qual estavam, o Rose Noelle, um trimarã de 41,5 pés que havia sido projetado e construído pelo líder do grupo, o neozelandês John Glennie, virou e emborcou no mar após ser atingido por uma onda anormal, quatro dias após eles terem partido do porto de Picton, na ilha sul da Nova Zelândia. Quando isso aconteceu, em junho de 1989, a vida daqueles quatro homens (os neozelandeses John Glennie, Phil Hoffman, Rick Hellreigel, e o americano Jim Nalepka, todos na faixa dos 60 anos de idade) virou de cabeça para baixo. Literalmente.

Na véspera, nada indicava que algo de ruim fosse acontecer. Ao contrário, o grupo estava otimista, porque a tempestade que vinham enfrentando há dois dias, com rajadas de vento de passavam dos 40 nós, havia diminuído muito de intensidade, e a previsão era de tempo bom dali em diante. Mas o Pacífico Sul tem suas armadilhas, e uma delas são as ondas esporádicas, com tamanho bem acima da média, que eventualmente se formam no início do inverno. E foi uma dessas que fez o Rose Noelle, um veleiro suscetível a capotamentos, como todos os multicascos, virar subitamente de ponta-cabeça, sem nenhum aviso.

De repente, tudo ficou ao contrário. Os quatro velejadores – que, por sorte, estavam todos dentro da cabine no instante do acidente –, foram arremessados de encontro às paredes, tudo voou pelos ares, e que era assoalho virou teto – e vice versa. Quando se deram conta do que tinha ocorrido, a água já havia invadido metade do barco, que só não afundou porque uma grande bolha de ar ficou retida dentro dele. E era nela que, agora, estavam os quatro amigos, confinados e trancados dentro de uma das três partes que compunham o casco trimarã. Uma situação aflitiva e angustiante. Ainda mais na região em que eles estavam.

Quando o casco emborcado do Rose Noelle virou uma espécie de baleia boiando na superfície, com aqueles quatro homens trancados em suas entranhas, o grupo navegava em uma área especialmente erma do Pacífico, próxima ao paralelo 40 graus sul, onde os fortes ventos costumam afugentar os barcos e até aviões evitam a região. Não havia, portanto, nenhuma outra embarcação por perto, como eles bem sabiam, pelo permanente silêncio no rádio.

Além disso, as cartas náuticas afirmavam que ali corria uma forte corrente marítima no sentido leste, que invariavelmente conduziria qualquer coisa (barcos à deriva incluídos) até o outro lado do oceano, no extremo sul da América do Sul, a mais de 6 000 milhas de distância. Um cenário desolador, que só fez aumentar a angustia de John Glennie e seus amigos, que nem sequer sabiam se, com o casco virado ao contrário, o sinal do aparelho sinalizador de emergências Epirb do Rose Noelle funcionaria.

A única esperança do grupo era que a equipe de monitoramento do porto do qual eles haviam partido, que sabia em qual rumo eles navegariam, estranhasse a ausência de notícias e acionasse a Guarda Costeira neozelandesa, o que de fato foi feito alguns dias depois. No entanto, um capricho da natureza tornaria aquela procura infrutífera e decretaria, precipitadamente, o óbito dos quatro amigos, que foram dados como mortos quando as buscas foram interrompidas, 26 dias depois.

Mas, a despeito de todas as circunstâncias, aqueles quatro velejadores ainda estavam vivos. E ficariam assim por impressionantes 119 dias – quase quatro meses à deriva, parcialmente imersos no mar gelado do inverno, dentro de um barco virado de cabeça para baixo, sem água nem comida. Aquilo jamais havia acontecido.

No começo, esperançosos de um resgate, eles consumiam tudo que aparecesse boiando dentro da cabine inundada – frutas, enlatados, galões de água. Mas, à medida que o tempo foi passando – e as esperanças diminuindo –, foram obrigados a se autoimpor um severo racionamento. Até porque, após a tempestade inicial, o clima permaneceu teimosamente bom, com sol forte todos os dias. Isso, se por um lado ajudava (já que, emborcado, o Rose Noelle certamente não suportaria uma nova tormenta), por outro os impedia de capturar água da chuva para aplacar a sede.

A chuva só apareceu no 40º dia de sofrimento, quando os quatro, já desidratados, sem uma gota de suor ou saliva na boca, haviam reduzido a alimentação diária a míseras três colheres de arroz cru para cada um, do último pacote que tinham. Com a chuva, ao menos mataram a sede e enganaram os estômagos, enchendo-os de água.

Já a fome, implacável, só foi atenuada na sétima semana, quando uma garoupa pesando cerca de 10 quilos entrou inadvertidamente na cabine semi-inundada e foi instantaneamente cercada e capturada, com as mãos, pelos velejadores – agora quase transformados em seres selvagens, lutando pela sobrevivência. Foi a única coisa que eles conseguiram extrair do mar para comer durante todo o tempo em que passaram presos no interior daquele veleiro, do qual só saiam em alguns breves períodos, para se aboletarem sobre o fundo exposto do casco.

Foi em uma destas saídas, 16 semanas depois de se tornarem prisioneiros de uma espécie de aterrorizante ilha flutuante, que John e seus companheiros viram o primeiro sinal de vida exterior: um navio navegando ao longe, na linha do horizonte. Mas distante demais para vê-los.

No dia seguinte, porém, surgiu outro sinal animador: diversas aves passaram voando sobre suas cabeças, sinal de que poderia haver terra firme ali por perto – embora isso parecesse pouco provável nas altas latitudes em que navegavam quando ocorreu o capotamento do Rose Noelle. Felizmente, eles estavam errados.

Há muito que aquele morimbundo casco à deriva – que, apesar dos pesares, lhes servia de abrigo e os mantinha vivos – havia abandonado a correnteza predominante na região e enveredado em outra direção, graças a uma rara confluência de correntes marítimas. E isso, sem que eles percebessem, estava levando o grupo na direção oposta da que imaginavam e as cartas náuticas indicavam. Na prática, eles estavam se aproximando da própria Nova Zelândia, após terem feito uma improvável curva no mar. Estavam, enfim, retornando ao mesmo local de onde haviam partido.

Isso ficou claro para John Glennie quando ele viu se materializar à sua frente, por mais incrível que aquilo parecesse, a Ilha da Grande Barreira da Nova Zelândia, lugar que conhecia muito bem. E ele não estava enganado. Dois dias depois, o Rose Noelle estancou nos arrecifes da ilha e os quatro desembarcaram, ainda sem entender como aquilo fora possível. Mas pouco importava. O importante é que eles estavam vivos e salvos após tanto tempo no mar.

Não muito distante dali, os quatro ex-náufragos encontraram uma cabana com alguns mantimentos e nela se abrigaram para passar a noite. No dia seguinte, caminhando, encontraram um telefone público e pediram ajuda à Polícia. O atendente custou a entender o que o homem do outro lado da linha dizia, até porque, pelos seus registros, ele estava morto há meses.

Só quando o mal-entendido foi desfeito é que John e seus companheiros de infortúnio foram atrás de uma explicação para o estranho fenômeno de terem retornado, involuntariamente, ao mesmo ao mesmo local de onde haviam partido.

O motivo veio nove dias depois, quando uma garrafa, com uma mensagem dentro, foi encontrada em uma praia da mesma região. Ela continha as coordenadas da última localização transmitida pelo Rose Noelle à equipe do porto de Picton, e fora depositada no mar naquele ponto pelo comandante de um barco que ajudara nas buscas pelo trimarã, e queria prestar uma homenagem aos velejadores desaparecidos.

Sem que essa fosse a intenção, foi aquela singela garrafa que, com seu movimento errante ao sabor das correntezas, ajudou a comprovar que a própria natureza ajudara a salvar John Glennie e seus três companheiros.

Uma brutal dose de sorte.

O Flipper brasileiro

A triste história do último golfinho em cativeiro do Brasil

A bola, cor-de-rosa choque, como convém a situações de mau gosto, era arremessada para dentro do tanque e, antes mesmo de tocar a água, era devolvida, com uma cabeçada certeira. A plateia, então, batia palmas. Surgia, em seguida, um ridículo chapéu de palha, que também ia parar dentro d'água, onde era rapidamente vestido pelo artista que, com ele, passava a desfilar em círculos diante de um punhado de bocas abertas.

O próximo ato era com uma boneca – e a patetice continuava. Um, dois, três... e a pseudocriança já estava "salva" na margem do tanque que servia de jaula para o autor daquela façanha. Por fim, ele executava uma série de piruetas antes de receber a sua mais que merecida recompensa: uma sardinha descongelada.

Foi assim diversas vezes por dia, todos os dias, por anos a fio. Até que, por fim, a torturante rotina de Flipper, o último golfinho em cativeiro do Brasil, começou a mudar. Mas não necessariamente para muito melhor.

Em julho de 1967 o município de São Vicente, no litoral de São Paulo, ganhou uma atração turística que logo se tornaria a principal da cidade: o Oceanarium, uma espécie de circo marinho, com um tanque de água salgada de 12 metros de diâmetro por 5 de profundidade, no qual aconteciam apresentações de focas e golfinhos amestrados. Diversos animais ali se apresentaram. Mas poucos sobreviveram por muito tempo naquele acanhado cativeiro.

Foi quando o dono do empreendimento, o francês Roland Marc Degret, incomodado com a excessiva rotatividade de animais – o que implicava em despesas frequentes para treiná-los –, decidiu encomendar um novo golfinho para os espetáculos.

Mas com uma ressalva: teria que ser um filhote, porque, assim sendo, além de o transporte do animal até o tanque ser mais fácil, o investimento em seu treinamento valeria mais a pena, já que ele viveria por mais tempo – embora não muito, porque estudos já indicavam que, em cativeiro, a vida média de um golfinho girava em torno de apenas 12 anos, contra os 30 a 50 anos possíveis quando solto na natureza.

Degret montou uma pequena equipe e rumou para o local da costa brasileira de mais fácil contato com golfinhos da espécie nariz de garrafa, os preferidos em shows do gênero: o canal de acesso ao porto da cidade de Laguna, no litoral de Santa Catarina, onde havia diversos grupos destes golfinhos, lá chamados de "botos".

Em Laguna, o empresário contratou um velho pescador local, Euclides Nunes, o Tido, para o serviço de captura de um filhote entre os botos que habitavam o canal. O escolhido foi um jovem macho, então com cerca de dois anos de idade, filho uma fêmea chamada "Dolores", bastante famosa na cidade, porque participava ativamente dos cercos aos cardumes de tainhas, encurralando-as entre as redes, para que os pescadores as capturassem – um fenômeno conhecido como "pesca solidária", típico da região.

Por ser um filhote, mas já semi-independente da mãe, aquele jovem macho seria uma presa relativamente fácil. E foi mesmo – embora, no dia da captura, sua mãe tenha ficado rondando, desesperada, o cerco montado por Tido para capturar o golfinho.

Minutos depois, na calada da noite, o animal foi sedado, colocado na caçamba de uma picape revestida com uma lona e um palmo de água, e levado para São Vicente, a quase mil quilômetros de distância.

Era início de 1984, e começava ali o martírio do futuro golfinho Flipper, assim batizado porque este era o nome do mais famoso seriado infanto-juvenil da televisão nos anos 1970. O objetivo era gerar confusão na cabeça das crianças, que imaginariam estar vendo, no tosco aquário de São Vicente, o famoso golfinho da TV americana. O sucesso foi imediato.

Rapidamente, às custas de muitas punições e sofrimentos, Flipper foi treinado a dar saltos, piruetas, empurrar bolas e bonecas com o bico, nadar de óculos escuros, cacarejar feito uma galinha e condicionado a fazer as coisas mais estúpidas em troca de comida. E virou a principal estrela, não só do aquário como da própria cidade.

Nem mesmo o ritmo de diversos shows por dia dava conta da quantidade de pessoas que queriam ver Flipper de perto, nadando eternamente em círculos dentro de um acanhado tanque de cimento, menor que uma quadra de vôlei – um sofrimento perversamente mascarado pela expressão facial dos golfinhos, que parecem estar sempre sorrindo. Foram nove anos de cárcere fechado, obrigado a trabalhos forçados, diversas vezes por dia.

Até que, em 1991, sete anos após a captura do golfinho – e logo após o responsável por isso ter enriquecido e vendido o negócio para outro empresário da cidade –, uma ação pública movida pelo ambientalista Márcio Augelli, então diretor de uma entidade de proteção de botos amazônicos, foi impetrada na justiça, pedindo a devolução do golfinho-espetáculo ao mar, com base na primeira lei brasileira de proteção animal criada pouco antes.

Na ocasião, o juiz que julgou o caso não acatou os argumentos do ambientalista e manteve o golfinho sob a guarda do empresário. Mas, com base em evidências de maus tratos, mandou fechar o Oceanarium e proibiu os espetáculos. Foi ainda pior para o golfinho solitário. Com o aquário fechado e sem o lucro dos ingressos, a vida de Flipper se tornou ainda mais sombria.

Sem treinadores nem cuidadores, o animal foi praticamente abandonado e passou a viver em um tanque cada vez mais imundo e insalubre, o que levou o ambientalista Augelli a agir novamente – desta vez, em uma esfera internacional.

A partir da denúncia feita por uma entidade que ele mesmo ajudara a criar (a bem intencionada Associação dos Amigos do Golfinho Flipper) foi acionada a World Society for the Protection of Animals (WSPA), a maior sociedade protetora dos direitos animais no mundo, e seus advogados recorreram, uma vez mais, à justiça brasileira, pleiteando a soltura do animal – o que, finalmente, foi acatado.

Quando isso aconteceu, Flipper já passava os dias e noites apático, visivelmente deprimido, à espera de alguma companhia, boiado sem ânimo na superfície do tanque, o que também lhe rendeu doloridas queimaduras de sol no dorso do corpo. Além disso, o filtro de água do tanque havia parado de funcionar havia bastante tempo, e uma espessa camada de fezes se acumulava no fundo, gerando seguidas infecções no golfinho – que estava praticamente nadando no próprio cocô. Para disfarçar o problema, o dono do local mandava aplicar cloro na água, o que rendeu a Flipper uma severa irritação nos olhos.

Além de conseguir a devolução do golfinho ao mar (desde que arcando com todos os custos da operação, o que não deixou de ser uma boa notícia para o dono do então falido Oceanarium), a WSPA também contratou os serviços de um especialista na reabilitação de seres marinhos para a vida na natureza: o americano Richard Barry O'Feldman, mais conhecido como Ric O'Barry, um ex-treinador de golfinhos para espetáculos, que dizia ter "mudado de lado", ao testemunhar a morte – segundo ele, por suicídio, ao se arremessar de encontro às paredes do aquário – de um dos animais que ele amestrava no Seaquarium de Miami.

Saudado como o "salvador de Flipper", O'Barry – que, no passado, também havia ajudado a treinar os cinco animais homônimos utilizados no famoso seriado – chegou ao Brasil sob as luzes dos holofotes que ele tanto apreciava. Suas primeiras medidas, no entanto, foram coerentes: mandou trocar toda a água do tanque, recuperou o filtro, planejou detalhes técnicos para o transporte do animal (sedativos, helicóptero, caixa úmida e uma maca forrada com uma espessa camada de espuma, para que os órgãos internos do golfinho não fossem esmagados pelos seus próprios 250 quilos de peso), e viajou para conhecer o local onde a soltura aconteceria: o próprio canal de acesso ao porto de Laguna, onde Flipper havia sido capturado nove anos antes.

Ali, O'Barry mandou construir uma espécie de cercado em uma das margens, local que seria a "casa" de Flipper enquanto era "reeducado à vida selvagem", o que, na prática, significava apenas reensiná-lo a capturar o próprio alimento. Em seguida, o americano retornou à São Vicente para comandar a operação de remoção do animal.

Na despedida de Flipper de seu tanque-cativeiro, no dia 17 de janeiro de 1993, perto de 5 mil pessoas se aglomeraram diante do Oceanarium da cidade para dar adeus ao golfinho que tanto os divertira naqueles patéticos espetáculos. Algumas crianças até choravam, enquanto O'Barry se dividia entre entrevistas, poses para os fotógrafos, e uma ou outra ordem aos seus auxiliares.

No auge do show em que também se transformara a remoção do animal, um grande helicóptero pousou bem ao lado do tanque, e Flipper, já sedado (e após receber a tatuagem de uma bandeira do Brasil na sua nadadeira dorsal, a fim de facilitar sua identificação quando fosse solto no mar), foi colocado sobre a maca e alocado dentro de uma espécie de caixa com água, para que sua pele não ressecasse durante a viagem. Mas, na hora de embarcar, descobriu-se que a caixa era grande demais para a largura da porta da aeronave. A solução foi cortar, ali mesmo, um pedaço do objeto, o que fez com que a operação completa durasse mais de duas horas. No final, porém, deu certo.

Quando Flipper voltou a si, já estava dentro do cercado construído no canal do porto de Laguna, onde deveria passar um bom tempo sendo treinado pelo americano para voltar a caçar o próprio alimento – um processo naturalmente lento, mas fundamental para garantir sua sobrevivência na natureza.

Ocasionalmente, também passou a ser visitado, do lado de fora da cerca, por outros botos, ocasiões em que Flipper emitia a sua "identificação", um sinal sonoro agudo que serve para os golfinhos se "apresentarem" uns aos outros. Mas nunca ficou claro se aqueles animais pertenciam ao seu mesmo grupo familiar (já que, naquela época, a mãe de Flipper, Dolores, bem como seus irmãos, ainda estavam vivos), ou se eram apenas animais defendendo o seu território contra aquele "intruso" recém-chegado.

O'Barry começou a readaptação oferecendo apenas peixes mortos à Flipper, como acontecia no Oceanarium, já que, após tantos anos de confinamento, ele havia "desativado" o seu sonar, capacidade que permite aos golfinhos se localizar e encontrar alimento no mar. No tanque, a pouca distância entre o animal e as paredes fazia com que o som emitido por ele retornasse de forma incômoda, o que o levou o golfinho a parar de usar o recurso.

Biólogos e veterinários acreditavam que aquela perda seria irreversível. Mas eles estavam errados. Logo, Flipper voltou a usar o seu sonar e, graças a isso, passou a detectar a presença de peixes vivos na água – quer dizer, quase isso, porque a princípio O'Barry atirava apenas peixes quase mortos e bastante lentos, por serem presas fáceis.

Na medida em que Flipper foi recuperando suas habilidades predadoras e fortalecendo os músculos, atrofiados por anos nadando nas limitações do tanque, o americano, já visivelmente incomodado com a permanência em Laguna (e, principalmente, com os atrasos nos pagamentos feitos pela WSPA), acelerou o processo de reintrodução do golfinho no mar. Até que anunciou que já o considerava pronto para ser solto – uma decisão claramente precipitada, uma vez apenas 43 dias haviam se passado desde que Flipper saíra do cativeiro.

No dia escolhido para a soltura, diante de outra grande plateia e diversas câmeras de TV, O'Barry entrou na água, nadou até o cercado, removeu parte da proteção e, sempre seguido por Flipper, passou para o outro lado do canal. Houve uma chuva de aplausos.

A princípio, o golfinho ficou apenas indo e vindo na direção do cercado. Mesmo assim, o americano saiu da água comemorando e dizendo aos repórteres que aquele comportamento era normal, e que Flipper ficaria nas imediações do canal até ser novamente aceito pelos grupos de botos da cidade. Em seguida, fez as malas e foi embora. Para sempre.

Durante as duas semanas seguintes, a previsão de Ric O'Barry, de fato, se confirmou: Flipper, facilmente identificável graças à marcação na sua nadadeira dorsal com o formato da bandeira do Brasil, era visto com frequência na região tentando interagir com os demais botos. Mas, tempos depois, foi embora dali.

Dias mais tarde, foi visto a quase 100 quilômetros de distância, com alguns arranhões pelo corpo, sinal de que andara tendo encontros não muito amistosos com outros da sua espécie – ou que havia sido rechaçado pelos botos de Laguna, daí ter ido embora do canal.

Mais tarde, para surpresa dos especialistas, apareceu, sozinho – comportamento incomum entre os golfinhos –, na região de São Vicente, de onde havia sido levado embora, a quase mil quilômetros de distância, o que levou parte dos moradores da cidade a festejar que "Flipper havia voltado para casa" – alguns chegaram mesmo a pensar em recapturá-lo. Mas Flipper sumiu novamente.

Um ano se passou e ele voltou a ser visto – sempre sozinho – naquela mesma faixa de mar do litoral paulista, para então só reaparecer no final de 1995, no interior da baía de Paranaguá, a mais de 400 quilômetros de distância tanto de São Vicente quanto de Laguna. Depois disso nunca mais foi avistado.

Foi a última vez que se teve notícias do golfinho mais famoso do Brasil, menos de três anos após ele ter sido devolvido à natureza – e a maneira como isso foi feito contribuiu decisivamente para o semifracasso da operação.

Tivesse Flipper passado por um processo mais lento e paciente de readaptação, talvez estivesse nadando no mar da região até hoje – o que, pelo menos matematicamente, pela sua idade, ainda seria possível.

Mas ele nunca mais foi visto, nem seu corpo jamais foi encontrado.

O mais provável é que Flipper tenha morrido logo após aquela última avistagem na baía de Paranaguá – vítima de fraqueza, doença, rejeição, depressão ou ataque de algum predador – quando ainda era relativamente jovem para um golfinho adulto.

Como consolo ficou apenas o fato de que, seja lá o que tenha ocorrido, aconteceu quando ele já estava solto na natureza, e não preso dentro de um tanque de concreto.

No infame aquário de São Vicente, o Flipper brasileiro, último golfinho-escravo do país (depois dele, os espetáculos do gênero foram proibidos em todo o Brasil), poderia ter vivido mais tempo. Mas privado do bem mais precioso a todos seres vivos: a liberdade.

Olhando por este prisma, talvez tenha valido a pena.

Abandono antes da hora

É certo que o comandante errou ao abandonar o barco. Mas a história pode ter sido outra

Nove em cada dez navegadores realmente experientes garantem que permanecer em um barco danificado, mas ainda flutuando, é sempre muito mais seguro do que trocá-lo por uma balsa salva-vidas. Mas, aparentemente, o velejador francês Bernard Huyghe não pensava assim.

Em 30 de setembro de 1994, ele zarpou do porto da cidade francesa de La Rochelle rumo ao Senegal com sua mulher, a decoradora francesa Louise Longo, de 36 anos, e sua filha, Gaella, de apenas 5, a bordo do veleiro no qual a família vivia, um resistente barco com bandeira belga chamado Jan Van Gent.

Mas aquela viagem terminou apenas seis dias depois, quando o mau tempo em Finistere, na costa espanhola, fez o barco ser atingido por grandes ondas, sendo que uma delas estilhaçou uma das vigias da cabine, permitindo a entrada de água no veleiro e ferindo gravemente Bernard, que dormia abaixo da janela atingida.

Sangrando muito e temendo que o veleiro não resistisse por muito tempo à entrada de água pela vigia estilhaçada, Bernard tomou uma decisão tão equivocada quanto precipitada: convenceu Louise a abandonar o barco, passando todos para uma das duas balsas salva-vidas que o veleiro possuía. Foi um grande erro, que, mais tarde, se transformaria em tragédia.

Antes de abandonar o veleiro no mar, Bernard recorreu ao rádio, a fim de pedir ajuda. Mas descobriu, desolado, que com a entrada de água na cabine ele parara de funcionar – segundo ele, mais um motivo para abandonar o barco. O casal emitiu um pedido de socorro (que não foi ouvido por ninguém) e passou, juntamente com a filha, para uma das balsas salva-vidas, apesar das grandes ondas que castigavam a pequena embarcação com ainda mais intensidade.

Na balsa, em permanente contato com a água salgada, os ferimentos de Bernard só fizeram piorar – além de o sangramento constante enfraquecê-lo rapidamente. Logo, uma inflamação generalizada tomou conta do seu corpo e, cinco dias depois, ele morreu.

Por mais três dias, Louise manteve o corpo do marido na balsa, para terror da pequena Gaella, já bastante traumatizada, na esperança de que elas fossem resgatadas. Mas o início do processo de decomposição do cadáver levou a francesa a jogar o corpo do marido no mar.

Não bastasse isso, mãe e filha ainda conviviam com a fome e a sede, pois na pressa em abandonar o veleiro – e sob a alegação de que estavam em área bastante frequentada por navios e seriam facilmente resgatados –, Bernard também não carregara a balsa com suprimentos em quantidade suficiente – apenas biscoitos e algumas latas de comida, que acabaram rapidamente.

Para matar a sede, Louise passou a coletar água de chuva. E para distrair a fome da filha, a estimulava a cantarem juntas. À noite, competiam para ver quem conseguia contar mais estrelas no céu.

Durante 15 dias, as duas sobreviveram dessa forma no vazio do mar, até que a profecia de Bernard, finalmente, foi cumprida. A tripulação do navio mercante russo Petrovski avistou a balsa das duas náufragas sacudindo em meio às ondas e se aproximou para o resgate. Mas outra onda cruzaria o destino de Louise e sua filha. Desta vez, pior ainda.

No exato instante em que um dos marinheiros russos, arriscando a própria vida, desceu por uma escada rente ao casco do navio para resgatá-las, uma onda mais saliente arremessou a balsa de encontro ao cargueiro e a virou, lançando mãe e filha ao mar. As duas ficaram debaixo do casco emborcado, e Louise sentiu quando a filha, esgotada pelo esforço de tentar ajudar a mãe a desvirar a balsa, largou de seu corpo e deslizou mar adentro.

Louise pensou em fazer o mesmo; escolher o suicídio seria a única saída para se livrar do pior dos sofrimentos. Mas seu instinto de sobrevivência falou mais alto. A francesa reuniu forças, desvirou a balsa e voltou para dentro dela – mas perdera o principal motivador para seguir viva: salvar a própria filha. Os pensamentos suicidas voltaram a ocupar sua mente. Ela só não teve coragem de executá-los.

Enquanto isso, vendo que o resgate naquelas condições seria impossível, o capitão do navio russo entrou em contato com o Centro de Coordenação Marítima de Finistere e informou sobre o achado, acrescentando, porém, que teria que seguir viagem. Mas fez o comunicado em um inglês tão sofrível que os espanhóis não compreenderam que também havia uma criança na balsa. E concluíram que Louise estava sozinha.

Com esta informação, uma equipe de resgate, a bordo de um helicóptero, conseguiu localizar e içar Louise, que estava sob forte choque psicológico e chorando sem parar – a tal ponto que não conseguiu dizer para os resgatistas o que ocorrera com a filha. E como eles não sabiam sobre a presença da criança na balsa, nem sequer a procuraram no mar. O corpo de Gaella jamais foi encontrado. Bem como o de Bernard.

Levada para um hospital em completa confusão mental e falando coisas desconexas, Louise não conseguiu dizer nem seu nome, muito menos contar detalhes do que ocorrera. E isso, mais tarde, juntamente com algumas contradições nos seus depoimentos, despertaria suspeitas sobre a veracidade do que ela dissera a respeito da morte do marido e da filha. Seria Louise uma mentirosa e assassina?

A francesa só se defendeu das acusações cinco anos depois, quando publicou o livro Deixe-me sobreviver, no qual contou toda a sua história. Ou, pelo menos, sua versão para os fatos que teriam acontecido entre os dias 5 (quando, de acordo com ela, o veleiro foi danificado e abandonado) e 15 de outubro, quando ela foi resgatada sozinha na balsa.

Vítima ou manipuladora da verdade? A comunidade náutica jamais soube como classificar Louise Longo. Já sobre a decisão do seu marido de abandonar no mar um barco que ainda flutuava, nunca houve a menor dúvida de que fora uma escolha, no mínimo, imprudente. E um fato incontestável se encarregaria de comprovar isso.

Em 12 de outubro, três dias antes de a própria Louise ser resgatada no mar, o navio inglês Soro encontrou, à deriva, a 140 milhas da costa espanhola, o veleiro Jan Van Gent da família Huyghe. Com exceção da vigia estilhaçada e alguma água empoçada dentro do casco, o barco estava em perfeito estado e flutuava normalmente, mesmo após uma semana vagando no mar sem ninguém a bordo.

Na ocasião, os tripulantes do navio deduziram que os ocupantes do veleiro haviam sido varridos para o mar por alguma onda, e não abandonado o barco, por conta de um simples detalhe: havia uma balsa salva-vidas intacta no convés. Mas o que eles não sabiam era que o Jan Van Gent tinha duas delas.

Nisso, Bernard Huyghe havia sido precavido. Mas não na hora de tomar a pior decisão de sua vida: a de trocar a segurança de um barco pela fragilidade de uma balsa.

Resgate milionário

Só quando o dia clareou é que o comandante viu que havia salvo algo além de cinco náufragos

Ventava forte ao largo da costa da Flórida, na madrugada de 14 de novembro de 1994, e as ondas passavam dos quatro metros de altura, quando, por volta da 1h da manhã, o comandante do navio Cherry Valley, o americano Skip Strong, então com 32 anos de idade, que seguia do Rio Mississippi para o porto de Jacksonville, recebeu uma chamada perturbadora da Guarda Costeira: o rebocador J.A. Orgeron, com cinco tripulantes a bordo, que rebocava uma barcaça, estava à deriva, depois de ter perdido um dos motores e com um princípio de incêndio no outro. E ele era a embarcação mais próxima do rebocador em apuros.

Só que o navio de Skip era um petroleiro de 200 metros de comprimento, com as dimensões de quase dois campos de futebol, carregado com perto de 40 milhões de litros de petróleo bruto – o menos adequado dos barcos para realizar um resgate em alto mar. Ainda mais sob aquelas condições climáticas, com ventos que beiravam os 100 km/h.

Skip ficou calado alguns segundos, analisando mentalmente a situação. Mas não havia como negar aquele pedido de ajuda, já que a vida de cinco homens estava em apuros. Ele reuniu seus oficiais, explicou o caso e, de comum acordo, mandou que petroleiro avançasse na direção do rebocador que, inerte, era arrastado pelo mar na direção da costa, já que todas as vezes que seu capitão tentava acionar o segundo motor surgiam ameaçadoras labaredas de fogo.

Três horas depois, debaixo de uma chuva torrencial, o Cherry Valley se aproximou do rebocador, cujas luzes mal podiam ser vistas naquele dilúvio. Mas não muito, porque controlar um navio de tamanho porte em uma situação daquelas era mais ou menos como tentar frear um carro em disparada sob o gelo – um deslize nos comandos e o próprio resgate causaria um desastre.

O plano era deter o navio a cerca de uma milha e meia de distância do rebocador (que, para piorar ainda mais as coisas, jazia próximo a um recife submerso, onde a profundidade diminuía drasticamente) e disparar um cabo de reboque através de um lançador mecânico que havia no petroleiro. Para isso era necessário que alguns tripulantes fossem para o convés manusear o equipamento, a despeito das ondas que lambiam a parte externa do navio, e do vento, cujas rajadas sopravam com a intensidade de um quase furacão. Numa dessas ocasiões, a porta do armário que continha o disparador saiu voando feito uma folha de papel, apesar de ter vigorosas dobradiças.

Com muito esforço, já que por conta da distância da chuva e da altura das ondas o rebocador mal podia ser visto no horizonte, o disparo foi feito. E errou o alvo. Skip decidiu aproximar um pouco mais o navio antes de tentar novamente. Para isso precisou dar um giro, o que no caso implicava navegar quase uma milha e só retornar meia hora depois. O segundo disparo foi bem-sucedido e atingiu o rebocador. Mas, ao iniciar o reboque, o cabo arrebentou.

Como o J.A. Orgeron se aproximava cada vez mais do recife cuja profundidade era proibitiva ao petroleiro, o comandante Skip resolver arriscar pela última vez e se aproximar ao máximo do rebocador, a fim de diminuir a tensão no cabo. Era sua última chance. Se não desse certo, ele teria que sair rapidamente da área de risco e deixar aqueles cinco homens entregues à própria sorte, até que outra embarcação chegasse para socorrê-los. Do contrário, com seu navio abarrotado de petróleo, poderia gerar um acidente ambiental de proporções gigantescas, além de pôr em risco o navio em si e a vida de sua tripulação.

Quase uma hora depois, após dar mais um giro completo no mar, Skip mandou cortar o avanço do navio e deixou o petroleiro se aproximar do rebocador, movido apenas pela inércia, mas com o olho atento na profundidade. Apesar do mar turbulento e do vento inclemente, a manobra foi tão bem executada que não foi preciso sequer usar o disparador: bastou arremessar manualmente o cabo para os marinheiros do rebocador e começar a puxá-lo no sentido oposto ao do recife. Apesar dos pesares, aquele resgate havia dado certo. Todos a bordo dos dois barcos comemoraram, com entusiasmo. Especialmente o comandante Skip, que aceitara aquela dura missão.

Quando a operação terminou, o dia estava amanhecendo e só então o comandante do petroleiro pode ver o que rebocador conduzia: uma grande barcaça, com um gigantesco cilindro, que mais parecia um foguete. Intrigado, Skip pegou o rádio e perguntou ao capitão do rebocador o que era aquilo? A resposta foi surpreendente: era o tanque de combustível do ônibus espacial Challenger, que estava sendo levado para a base da Nasa, em Cabo Canaveral – um componente primordial no Programa Espacial Americano, construído a um custo de US$ 50 milhões, e grande demais para ser transportado de outra forma que não pelo mar. E que poderia ter sido perdido caso o comandante do Cherry Valley não tivesse agido a tempo.

Impressionando com aquela inesperada carga, agora a reboque de seu petroleiro, Skip pegou o rádio e informou o armador do navio sobre a curiosa novidade. Em troca, além dos muitos parabéns pelo sucesso da operação, ele recebeu uma informação ainda mais surpreendente, vinda do departamento jurídico da empresa: de acordo com a "Lei dos Resgates", ele e o dono do navio tinham direito a uma boa parte do valor da carga salva, o que, no caso, representava uma bolada de alguns milhões de dólares.

A chamada "Lei dos Resgates" vinha de um velho hábito, ainda praticado em diversas partes do mundo, de premiar as tripulações envolvidas no resgate de um barco sinistrado com uma recompensa proporcional ao valor da carga que ele transportava, já que, do contrário, ela seria totalmente perdida. Foi, também, uma maneira de estimular os antigos marinheiros a ajudar outros marinheiros em apuros, numa época em que nem sempre isso era praticado.

Embora remontasse ao tempo das caravelas – ou mesmo antes disso –, o hábito ainda era mantido, sob o argumento de ser uma espécie de "prêmio de reconhecimento pelo esforço em uma ação arriscada", como fora o caso do comandante Skip – que, no entanto, fizera o que fizera movido apenas por outra lei, para ele ainda mais forte: a Lei do Mar, que, embora não escrita, determina que todo navegador tem a obrigação de ajudar os outros em caso de necessidade.

Aliviada pela devolução intacta de um componente fundamental em seu programa espacial, a Nasa concordou de imediato em pagar o equivalente a 10% do valor do precioso reservatório de combustível da

Challenger, o que daria US$ 5 milhões, além de, em agradecimento, convidar o comandante Skip para assistir a um dos seus lançamentos.

Mas o Departamento de Justiça americano foi contrário ao valor da recompensa, que considerou alto demais, e aceitou pagar apenas US$ 1 milhão, retirado dos cofres do governo. Desta vez, quem não aceitou a proposta foram os advogados da empresa dona do Cherry Valley, que recorreram, dando início a uma das mais peculiares batalhas judiciais da história marítima dos Estados Unidos: a de um petroleiro contra o governo americano por conta de uma nave espacial.

Na primeira Corte, o juiz que julgou o caso considerou que a recompensa era devida, mas o valor arbitrado tanto pelo requerente quanto pelo acusado estava errado: não era US$ 1, nem US$ 5 milhões – mas sim US$ 6, 5 milhões, após ouvir, em silêncio e impressionado, o relato do comandante Skip sobre como manejara o seu enorme navio naquela noite, a fim de salvar aqueles cinco homens.

O governo recorreu, alegando que US$ 6,5 milhões era dinheiro demais "para apenas um dia de trabalho" (de Skip), e o caso foi parar em outra instância superior, que manteve a pertinência da recompensa. Mas, com base em um raciocínio mais pragmático, usou a equivalência do custo que teria uma operação regular de resgate de um barco afundado, chegando a outro valor, menor que o anterior: US$ 4 milhões – ainda assim, o maior prêmio desse tipo já pago na história marítima dos Estados Unidos.

Os advogados do armador reclamaram, sob o argumento de que não se tratara de um resgate contratado, e sim de uma necessidade – e que, quando há vidas em jogo, não há tempo para negociações. Mas, por fim, acataram o valor determinado, que foi dividido entre os tripulantes do Cherry Valley e a empresa dona do navio. Ao comandante Skip, coube pouco menos de US$ 300 mil, que ele usou para pagar parte da casa onde passou a morar com a família.

Mais tarde, quando perguntado se julgava justo o valor que recebera, Skip Strong disse apenas que não fizera aquilo por dinheiro, e, portanto, considerava o valor recebido apenas um "bônus extra" do verdadeiro prêmio, que fora evitar que o episódio do rebocador J.A. Orgeron terminasse em tragédia.

Ou, no mínimo, em um grande prejuízo para a ciência espacial.

O incansável Capitão Calamidade

Sempre que ele saia para o mar, o serviço de resgate era acionado

O irlandês Eric Abbott vivia dizendo que "saia sozinho para navegar para se encontrar" . O problema é que ele sempre se perdia no mar. E invariavelmente pedia ajuda para voltar.

Só entre os anos de 1999 e 2000, Abbott acionou a Royal National Lifeboat Institution (RNLI), uma espécie de Guarda Costeira inglesa, que ajuda e faz resgates de navegantes na costa da Grã-Bretanha, nada menos que 12 vezes – duas delas, no mesmo dia, uma de manhã, outra a tarde.

Em outra ocasião, quando tentava navegar à noite entre as ilhas da costa irlandesa, Abbott chegou a pedir pelo rádio para que os moradores acendessem as luzes de suas casas, a fim de que ele pudesse enxergar algo, já que não tinha cartas náuticas, muitos menos instrumentos de navegação – nem sequer sabia ler direito uma bússola. Para navegar, Abbott usava velhos mapas rodoviários, além de um pré-histórico Atlas, que de nada serviam no mar.

Por diversas vezes, ao acionar o serviço de resgate, ele não sabia dizer onde estava, o que obrigava as equipes de busca a realizarem amplas e custosas varreduras no mar tentando encontrá-lo. Em apenas um ano, Abbott gerou despesas de mais de £ 30.000 à RNLI, que, se por um lado, não podia recusar seus frequentes pedidos de ajuda, por outro não aguentava mais ser acionada sempre que ele saía para navegar.

A gota d'água que fez transbordar a paciência da instituição aconteceu em 10 de agosto de 2000, quando Abbott partiu, sozinho, como sempre fazia, e minutos depois pediu socorro, porque não sabia sair do próprio porto – e isso depois de errar por três vezes o canal do rádio destinado a este tipo de ajuda. Quando os agentes da RNLI chegaram, ele já havia encalhado, porque a única referência que tinha era um pré-histórico mapa rodoviário.

A partir de então, Abbott – um ex-pintor de paredes que aprendera a velejar lendo apenas guias e manuais, e construíra ele mesmo um pequeno veleiro, que batizou de Plus VAT (um protesto contra as altos impostos do Reino Unido), que levou 18 anos para ficar pronto –, foi obrigado a frequentar um curso de navegação de verdade, pago pela própria RNLI, já que ele alegava não ter recursos para isso, e, de mais a mais, custaria bem menos para a instituição pagar-lhe o curso do que resgatá-lo toda hora no mar.

"Se eu tivesse dinheiro, doaria parte dele para a RNLI. Mas a única coisa que posso fazer para retribuir é incluí-la no meu testamento, como herdeira de parte do meu veleiro", disse ao iniciar o curso o desastrado velejador, que por essas e outras acabou ganhando notoriedade em todos os clubes náuticos da Grã-Bretanha e se tornou nacionalmente conhecido como "Capitão Calamidade" – apelido que ele sempre contestou, alegando que era apenas "azarado".

Ao final da primeira aula prática do curso, Abbott foi para o mar, comemorar.

E adivinhe o que aconteceu?

CAPÍTULO 3

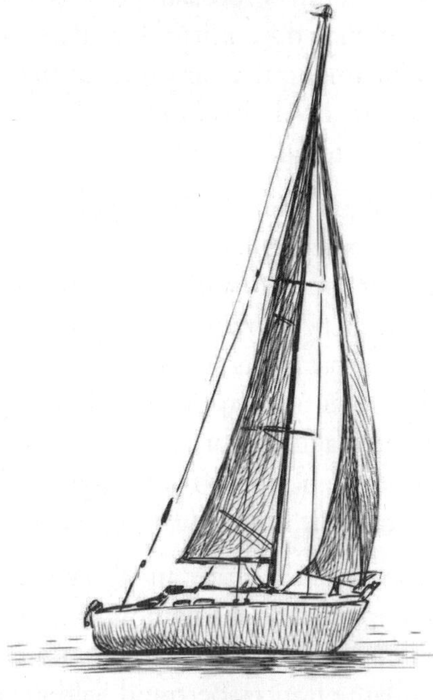

HISTÓRIAS MAIS QUE RECENTES

2000 ATÉ HOJE

Travessia fatal

O trágico fim no mar de um ídolo das quadras

Ce tempos em tempos, o basquete dos Estados Unidos produz novos fenômenos do esporte. Um deles foi o americano Brian Carson Williams, que assim que começou a brilhar nas quadras, passou a ser chamado de Bison Dele – e com este nome se tornou um dos maiores de seu tempo.

Eleito revelação do ano em 1993, Bison foi campeão da NBA e chegou a ser comparado a Michael Jordan. Mas, em 1999, aos 30 anos, já rico e famoso, decidiu jogar tudo pro alto – a carreira, a fama, os contratos milionários – e sair viajando pelo mundo. Enfiou uma mochila nas costas e foi bater pernas na Europa, passear no Líbano e conhecer a Polinésia Francesa. Lá, aprendeu a velejar e, entusiasmado, decidiu comprar um barco: um catamarã que batizou de Hakuna Matata, algo como "sem preocupações" no idioma africano suaíle – o nome do barco refletia bem a maneira divertida com que Bison encarava sua nova vida, longe das quadras.

O objetivo de Bison era fazer uma viagem com o barco do Taiti para o Havaí, na companhia de sua namorada, a também americana Serena Karlan. Mas, como ele sabia que tinha pouca experiência no assunto, contratou o comandante francês Bertrand Saldo para conduzir o barco.

A partida foi marcada para o dia 6 de julho de 2002 e seriam só os três a bordo. Mas, pouco antes disso, Bison teve uma surpresa desagradável: seu irmão, Miles, com quem ele não se dava (e que também havia mudado seu nome de batismo Kevin Williams, para Miles Dabord), chegou ao Taiti, após saber dos planos do irmão de navegar até o Havaí, e o convenceu a levá-lo na viagem. O argumento foi que aquela longa travessia marítima seria uma boa oportunidade para os dois irmãos reatarem os laços familiares. Meio contrariado, Bison concordou. E os quatro partiram no veleiro.

O roteiro previa escalas em diversas ilhas da Polinésia antes de ganhar o mar aberto, rumo ao Havai. Mas o Hakuna Matata não chegou a nenhuma delas – não com a sua tripulação completa.

Nos primeiros dois dias de navegação, tudo parecia bem a bordo, e diversas ligações telefônicas feitas por Bison e pela namorada a amigos e familiares foram registradas pelo serviço via satélite. Mas, depois disso, não houve mais nenhuma comunicação entre os ocupantes do catamarã e o mundo exterior. Nem tampouco o veleiro chegou à ilha alguma.

O estranho silêncio do casal chamou a atenção dos familiares de Serena Karlan, que decidiriam acionar a Guarda Costeira francesa, responsável por fiscalizar o mar das ilhas da Polinésia. Buscas intensas foram realizadas (mesmo afastado das quadras havia três anos, Bison ainda era um nome mundialmente famoso), mas nenhum sinal do veleiro foi encontrado. O caso, então, passou a ser tratado como "desaparecimento" daquelas quatro pessoas.

Uma delas, no entanto, apareceria quase dez dias depois, a bordo do próprio Hakuna Matata – só que, agora, rebatizado com outro nome, grosseiramente escrito no casco. Era Miles Dabord, o problemático irmão de Bison.

Dabord fora visto chegando com o barco – agora chamado Aria Bella – em uma marina da parte norte da Ilha do Taiti, mas desembarcou antes que a Guarda Costeira chegasse para averiguar. Quando isso aconteceu, apenas o barco foi encontrado, e aparentava ter sido – além de rebatizado – remendado em certas partes, talvez para encobrir eventuais furos causados pelos disparos de uma arma de fogo. Dabord, no entanto, não foi encontrado nem nunca mais visto na ilha, o que fez com que o caso caminhasse para um incômodo esquecimento, apesar da repercussão que o misterioso desaparecimento do ex-astro do basquete americano teve mundo afora.

Dois meses depois, porém, a família de Bison Dele recebeu um telefonema do gerente de um banco da cidade de Phoenix, no Arizona, dizendo que um homem, cuja descrição batia com a de Miles Dabord, havia tentado comprar uma grande quantidade de ouro em nome do ex-jogador desaparecido, usando para isso o passaporte dele. Avisada, a Polícia foi ao local e deteve o suspeito – que, de fato, era o próprio irmão de Bison.

Levado para a delegacia, Dabord negou que estivesse dando um golpe, muito menos cometido algum tipo de crime contra o irmão. Ao contrário, alegou que estava fazendo aquela negociação a pedido dele, e que a última vez que havia visto Bison, "ao desembarcarem no Havaí", o irmão estava bem – sem, contudo, dar maiores detalhes.

Inexplicavelmente, a Polícia de Phoenix aceitou os argumentos de Dabord, alegando que não tinha como provar que ele estava mentindo. Com isso, o mais que provável assassino do ex-astro do basquete e das outras duas pessoas que estavam com ele naquela viagem foi liberado, apesar dos protestos do FBI, que queria interrogá-lo.

Temendo uma nova prisão e uma possível condenação à pena de morte por assassinato, já que o Arizona é um dos estados americanos que ainda pratica a pena capital nestes casos, Dabord fugiu para a Califórnia e se escondeu na casa de uma ex-namorada, Erica Weise. Depois, cruzou a fronteira para o México, e, de lá, ligou para a mãe, a quem disse duas coisas: que jamais "machucaria o irmão", e que – em uma espécie de confissão cifrada do que pretendia fazer com a própria vida – "não conseguiria sobreviver em uma prisão".

Dias depois, Dabord foi encontrado desacordado perto de uma praia mexicana, vítima de uma tentativa de suicídio por overdose intencional de insulina, e a Polícia americana voltou a agir – desta vez, com vigor. Enquanto o inequívoco suspeito pelo assassinato dos três ocupantes do barco era levado, já em coma profundo, para um hospital da Califórnia, os policiais procuraram a namorada dele, Erica Weise, e ela, ao saber do quadro irreversível de Dabord, resolveu contar o que ele havia lhe dito. Ou seja, a versão mentirosa de um assassino.

Contou que Dabord havia dito que, logo no início da travessia, havia discutido com o irmão, iniciando uma briga. Ao tentar intervir, a namorada de Bison, Serena Karlan, fora derrubada, batendo a cabeça no convés do barco, e sofrido morte instantânea. Ao testemunhar a morte da americana, o capitão do barco, Bertrand Saldo, teria dito que precisava notificar as autoridades sobre o fato, mas que Bison, temendo a repercussão negativa que isso traria ao seu nome, teria matado o francês com golpes de uma chave inglesa e, em seguida, avançado também contra Dabord, que, para se defender, disparara contra o ex-jogador.

Segundo Erica, como Dabord sabia que ninguém iria acreditar no seu relato – fantasioso demais para ser verdade –, decidira jogar os corpos dos três no mar e fugir com o barco, o que fez durante dez dias, até voltar ao Taiti com o catamarã disfarçado com outro nome, e dali retornar aos Estados Unidos. Obviamente, ninguém acreditou naquela versão, mas não foi possível ouvir o próprio acusado.

Dias depois, ao ser decretada a morte cerebral de Dalbord, sua família autorizou o desligamento dos aparelhos que o mantinham vivo, dois meses e meio após o início daquela trágica viagem.

Ao contrário do irmão, que alcançara fama mundial graças ao talento na sua profissão, Dalbord entrou para a história pela porta errada: como assassino de toda a tripulação do Hakuna Matata.

Jogado à própria sorte

Ele era apenas um menino clandestino no navio. Mas, ainda assim, foi lançado ao mar

Ce tempos em tempos, o basquete dos Estados Unidos produz novos fenômenos do esporte. Um deles foi o americano Brian Carson do de Bison Dele – e com este nome se tornou um dos maiores de seu tempo.

O menino nigeriano Eyitope Aiyegbusi tinha um sonho: ser jogador de futebol. Mas, órfão de pai desde os três anos de idade, doado pela mãe (que não tinha condições de criá-lo) a uma amiga que vivia em piores condições na Libéria, sem comida nem dinheiro para nada, o seu futuro estava seriamente comprometido. Ele, porém, tinha fé em Deus, herança da mãe religiosa, e decidiu ir embora, em busca de uma vida menos sofrida e mais esperançosa.

Aos 17 anos de idade, Eyitope passou a perambular, sozinho, pela África, dormindo nas ruas, fugindo da Polícia (porque não tinha autorização para viajar) e comendo apenas o que lhe davam. Passou pelo Quênia, Tanzânia e Moçambique. Até que chegou à África do Sul, onde foi preso. Por falta de documentos.

Levado pela Polícia, passou dois meses detido – mesmo sendo apenas um garoto. A delegada que o deteve queria saber se ele estava envolvido na venda de drogas. Eyitope, que sobrevivia lavando pratos e dormindo nas ruas de Johanesburgo, contou sua história. A policial se sensibilizou, o soltou e fez ainda mais por aquele garoto solitário: deu um jeito de conseguir documentos (forjados), que passaram a atestar que ele era de Serra Leoa (e não da Nigéria, já que não tinha nenhum documento) e se chamava "Gofu Felix Corleoma" – nome que passou a ser o seu. Com isso, Eyitope passou a ter, ao menos, um documento. E agradeceu a Deus por isso.

Mas a vida nas ruas de Johanesburgo também não lhe dava perspectivas dc futuro, muito menos como jogador de futebol. Foi quando Eyitope (agora Gofu), decidiu ir embora, de novo, desta vez não apenas de país, mas da África. Conseguiu que um amigo lhe comprasse uma passagem de trem até o porto de Durban, e ali colocou o seu plano em prática: embarcar em um navio para tentar a vida em outro canto do mundo. Como clandestino.

Com apenas uma garrafa de água e um punhado de açúcar no bolso – único "alimento" que teria enquanto estivesse escondido dentro de algum navio –, Gofu foi para o porto e escolheu aleatoriamente o cargueiro de bandeira panamenha (mas tripulação chinesa), Aldebaran II, que estava sendo carregado com engradados de comida através de um guindaste, e se agarrou aos fardos. Içado, embarcou sem que ninguém o visse. Era a noite de 16 de dezembro de 2000, e começava ali a nova vida de Gofu. Que, no entanto, quase a perdeu por isso.

Uma vez a bordo, Gofu se esgueirou pelo convés e entrou na primeira porta que viu. Ela dava em uma escada, que o levou aos porões do navio. Ali, o garoto se escondeu debaixo de uma pilha de cordas e ficou aguardando a partida do cargueiro, que, para sua sorte aconteceu naquela mesma noite.

Durante uma semana, Gofu permaneceu escondido no porão do navio, sobrevivendo apenas da garrafa de água e do açúcar que tinha no bolso. Mas, quando a fome apertou, decidiu se entregar, já que também sabia que estava longe da África, de onde tanto queria fugir. Quando viu passar um tripulante, saiu do esconderijo e pediu ajuda.

O sujeito, um grego que falava um pouco de inglês, único não chinês da tripulação, ficou estupefato e avisou o comandante do navio, Yao Ren Fun – que, depois de interrogar o garoto, mandou que ele fosse colocado em uma espécie de cela, com grades de ferro, que havia no porão do navio. Gofu estava preso. Mas agora, ao menos, sendo alimentado. E ele agradeceu novamente a Deus por isso.

O nigeriano passou uma semana trancado naquela cela, enquanto o navio navegava rumo aos Estados Unidos. Mas ele não sabia nem para onde estava indo. Tampouco o que lhe aguardava em seguida.

Na madrugada do último dia do ano, 31 de dezembro, o Aldebaran II estancou no meio do mar e Gofu foi acordado, retirado da cela e levado ao convés por um tripulante chinês. Lá, encontrou o comandante Yao Ren Fun, que lhe ordenou pular do navio – uma forma de se livrar daquele problema, já que, pela lei, os próprios navios são responsáveis por eventuais passageiros clandestinos.

Gofu se desesperou e se agarrou à grade do convés, enquanto alguns tripulantes tentavam atirá-lo à força no mar. O máximo que conseguiu foi receber um colete salva-vidas (cujo nome do navio foi retirado, para não deixar pistas) e um tonel vazio, a título de balsa, ao qual foi amarrado. E foi atirado ao mar. Mesmo sem saber nadar.

Uma vez na escuridão do mar, vendo o navio ir embora e engolindo muita água, Gofu começou a rezar. Pedia a Deus que o tirasse daquela situação ou o fizesse morrer rápido, para não sofrer demais. Foi uma noite traumática e interminável.

Quando o dia amanheceu, o último do ano 2000 – enquanto o mundo se preparava para celebrar, com muita festa, a chegada do século 21 –, a situação de Gofu ficou pior ainda: alguns peixes passaram a bicar sua pele, gerando doloridas feridas.

Mas isso não o angustiava tanto quanto não saber por quanto tempo ainda viveria. Agarrado ao tonel, no meio do oceano, sem nenhum barco ou terra à vista, ele chorava enquanto conversava mentalmente com Deus e pedia uma salvação. E ela veio, horas depois.

Na tarde daquele dia, pai e dois filhos, pescadores do litoral do Rio Grande do Norte, discutiam se retornariam para terra firme para a festa de fim de ano ou continuariam pescando, quando um deles, contrariado, saiu da cabine para espairecer do lado de fora do barco. Ao fazer isso, viu um tambor flutuando na água. E decidiu pegá-lo, porque haveria de ter alguma utilidade.

Apesar do pai ser contra aquela ideia, um dos filhos aproximou o barco daquele tonel à deriva. E viu que, agarrado a ele, havia um garoto negro, àquelas alturas já quase afogado. Após quase 12 horas no mar, Gofu estava milagrosamente salvo, embora isso contrariasse todas as probabilidades. Para ele, fruto inequívoco da vontade de Deus

Resgatado – mas sem entender uma palavra do que aqueles pescadores diziam, nem sequer onde estava –, Gofu foi levado para a praia de Tibau do Sul, no litoral do Rio Grande do Norte e de lá encaminhado à Polícia – quando, enfim, entendeu que estava no Brasil, a "terra do futebol", esporte que ele tanto amava.

Na sua cabeça, aquilo também só poderia ser obra de Deus. E ele teve absoluta certeza disso quando, dias depois, foi procurado pela Arquidiocese da Igreja Católica de Natal, cujo arcebispo, Dom Heitor de Araújo Sales, ouvira a notícia do incrível resgate de Gofu no mar, e decidiu ajudá-lo. Mais que isso, o religioso – a quem Gofu passou a chamar de "pai" – resolveu "adotá-lo" de certa forma, oferecendo casa e apoio jurídico, para que ele permanecesse legalmente no Brasil. Tempos depois, Gofu conseguiu cidadania brasileira, baseado no argumento de que não tinha mais uma pátria para chamar de sua.

Em Natal, Gofu também conseguiu realizar o sonho de jogar futebol, embora não por muito tempo. Após duas temporadas atuando em pequenos times locais, ele desistiu dos gramados, se casou, teve duas filhas e decidiu procurar empregos mais sólidos. Trabalhou como sapateiro, vigia noturno, porteiro de escola, e o que mais lhe oferecessem, sempre agradecendo a Deus por tudo, especialmente por estar vivo.

Pouco antes de tudo isso, a Polícia Federal brasileira ficou sabendo que o navio do qual Gofu fora atirado ao mar faria uma parada no porto de Itaqui, em São Luiz, no Maranhão, e determinou que sua tripulação fosse interrogada. O próprio Gofu fez a identificação dos envolvidos: nove chineses, incluindo o comandante Yao Ren Fun. A princípio, ele negou que aquilo tivesse acontecido. Mas, depois, ao cair em contradição com o que disse outro suspeito, imputou a decisão de lançar o clandestino ao mar ao subcomandante Yang Yu Bin, que, no entanto, era seu subordinado.

No seu depoimento, o comandante do Albebaran II também alegou que havia aproximado o navio da costa, para que Gofu "pudesse nadar até uma praia". Mas foi contradito pelos registros de navegação do próprio navio, que mostraram que, naquela noite, o cargueiro navegava a 55 quilômetros da costa.

Com base nisso, os envolvidos foram presos preventivamente, acusados de tentativa de homicídio. Mas não passaram muito tempo na cadeia. Logo foram soltos e passaram a responder ao processo em liberdade, saíram do país e nunca mais voltaram. Ninguém foi punido pela atrocidade cometida contra aquele garoto, que só não morreu porque – como sempre dizia – "Deus não permitiu".

Mesmo assim, Gofu não guardou mágoas dos seus algozes. Ao contrário, cada vez mais religioso, vivendo até hoje em Natal em uma casa da Arquidiocese local, diz que gostaria de reencontrar o comandante chinês, não para se vingar, mas para pedir desculpas por ter invadido o seu navio. E também pedir que ele não fizesse aquilo com outras pessoas.

"Deus nos ensinou a amar o próximo", diz. "Rezo por ele todos os dias."

Um roubo patético

Sem saber que havia pessoas a bordo, ele decidiu furtar o barco. E fugiu com elas a bordo

O grego Aris Calothis era o que se podia chamar de legítimo "velho lobo do mar". Experiente, tranquilo, equilibrado, passara a vida inteira conduzindo barcos na Ilha de Poros, onde vivia, e seguiu fazendo isso quando se aposentou – agora, como capitão de veleiros de aluguel, incumbido de levar turistas para passear nas ilhas gregas.

E era exatamente isso o que ele estava fazendo na última semana de julho de 2000 quando recebeu uma família suíça (pai, mãe, irmã e duas crianças pequenas) a bordo do barco sob sua responsabilidade, o Erato, um bonito veleiro de 42 pés de comprimento. Incluindo ele, havia seis pessoas a bordo para um rotineiro cruzeiro de uma semana pela região.

Mas aquela jornada seria diferente de todas as outras para o velho capitão.

No mesmo dia do embarque, o grupo partiu de Poros rumo à vizinha península de Peloponeso, onde o capitão Calothis decidiu pernoitar atracado ao píer do porto, para facilitar o embarque e desembarque das crianças. Após um passeio pela cidade, todos retornaram ao barco e, por volta da meia-noite, foram dormir. Mas o sono do capitão Calothis durou pouco. Poucas horas depois, antes que o sol nascesse, ele foi despertado pelo barulho do motor do barco sendo ligado. E, em seguida, o veleiro começou a ser movimentado.

Confuso e ainda assonado, o capitão correu para o convés e deu de cara com uma mão apontando uma arma em sua direção – era impossível ver o rosto do agressor na escuridão. Ao mesmo tempo, uma voz assustada ordenava, em inglês precário, que ele "voltasse para dentro do barco!". Calothis obedeceu, recuou, mas ficou tentando imaginar quem seria o inconsequente que estaria roubando seu barco com seis pessoas dentro.

Será que aquele vulto que agora manejava o timão, com perceptível pouca desenvoltura, era o seu próprio cliente, que por alguma razão estava furtando o barco que havia alugado? Não, aquilo não fazia sentido. A menos que ele fosse um desequilibrado. Mas não, ele também não parecia ser isso. Uma breve bisbilhotada na cabine dos passageiros revelou que o suíço ainda dormia placidamente, bem como toda a família.

A dedução óbvia do capitão foi que alguém havia invadido o veleiro pelo píer onde ele estava atracado e furtado o barco sem saber que havia pessoas dentro dele. Daí a surpresa do ladrão quando o vira surgir de dentro da cabine.

Calothis, então, tomou a mais simples das decisões: pegou o rádio do barco, que ficava na própria cabine (o que, por si só, demonstrava o total despreparo do ladrão), e chamou a Guarda Costeira, relatando, em grego – idioma que o ladrão aparentemente não dominava –, o roubo do veleiro. O ruído do rádio despertou os passageiros, mas não foi ouvido pelo ladrão, que estava do lado de fora do barco, ainda tentando sair da área do porto, driblando os barcos ancorados sem abalroar nenhum deles, o que só não aconteceu por milagre.

Percebendo o amadorismo do bandido, Calothis traçou uma estratégia: ganharia a simpatia do invasor para tentar convencê-lo, aos poucos, a abandonar o barco – literalmente. Começou fazendo café (afinal, o dia estava amanhecendo) e ofereceu uma xícara ao sujeito lá fora, àquelas alturas tentando manusear, ao mesmo tempo, o timão e o revólver, mas já visível na penumbra – um tipo encorpado, na faixa dos 40 anos de idade. Ele recusou, especialmente depois de constatar, ainda mais assustado, que havia mais – bem mais – pessoas a bordo. E gritou para que todos ficassem dentro da cabine.

Minutos depois, ele teve que voltar atrás e chamar o capitão para ajudá-lo a erguer as velas do barco, algo difícil de fazer sozinho, ainda mais com uma das mãos segurando uma arma. Calothis atendeu ao chamado e saiu da cabine com uma xícara de café nas mãos – que, de novo, ofereceu ao ladrão. Desta vez, ele aceitou, embora um tanto desconfiado. Que sujeito era aquele que oferecia café para quem estava roubando o seu barco?

Com o gelo inicial quebrado, o capitão quis saber para onde "todos eles", agora estavam indo?

— Casablanca — respondeu o ladrão.

— Casablanca? Mas isso fica no Marrocos, e nós estamos na Grécia — retrucou o capitão, agora com a certeza de que estava diante de um ladrão sem a menor noção também de navegação. — Uma travessia dessas pode durar semanas e não temos água nem comida para tantos dias. Muito menos para sete pessoas – explicou Calothis, enfatizando bem o sete, a fim de assustar ainda mais o inexperiente ladrão, agora também convertido em sequestrador, inclusive de crianças.

Aquilo deixou o sujeito ainda mais perturbado, mas ele seguiu em frente com seu plano mambembe, predestinado ao fracasso.

Depois de mandar o capitão de volta para a cabine – onde a perplexa família suíça ainda tentava entender o que estava acontecendo –, ele retomou seu posto no timão, mas não por muito tempo. Logo, o vento acabou por completo, e o veleiro estancou no mar como se estivesse ancorado. E o motor não pegava. Calothis se ofereceu para ajudar – e saiu da cabine com outra xícara de café para o ladrão. Ele aceitou. As duas coisas: a ajuda e o café.

Em seguida, após fazer funcionar o motor, o cativante e esperto capitão sentou-se ao lado do ladrão e passou a puxar conversa. Aos poucos, o sujeito foi se soltando. Disse que era da República Tcheca e se chamava

"Charles" (o que obviamente era um nome falso para um tcheco), que atuara como mercenário na Namíbia por dez anos, e que queria chegar ao Marrocos para "começar uma nova vida".

A conversa fluiu como se fossem velhos amigos, até que o telefone de Calothis tocou, interrompendo o quase desabafo do ladrão. Era a Guarda Costeira, querendo saber como estava a situação da tripulação, e informando que estava a caminho, juntamente com policiais especializados, para tentar uma abordagem. Como sempre, Calothis respondeu em grego, para que o sequestrador não soubesse o teor da conversa.

Mal o capitão desligou, seu telefone tocou novamente. Desta vez, era a imprensa, querendo saber detalhes do sequestro em curso. Ele pouco falou, até porque os repórteres avisaram que também estavam indo no encalço do veleiro, com outros barcos.

Rapidamente, todos chegaram: a Polícia, a Guarda Costeira e um batalhão de repórteres, com câmeras apontadas para o veleiro, que se arrastava no mar, movido apenas pelo motor, a ridículos três nós por hora. O despreparado ladrão já não sabia para onde apontar o revólver: se para o capitão, ao seu lado, ou para a Polícia, do outro.

Formou-se, também, um patético comboio de diversos barcos seguindo, lado a lado, o veleiro sequestrado, que, de forma ainda mais patética, tentava fugir de uma situação inescapável. Uma fuga em câmera lenta, que não tinha a menor chance de ser bem-sucedida.

Percebendo isso, o ladrão/sequestrador passou a exigir, berrando de um barco para outro, uma lancha mais veloz ou um hidroavião, para fugir com os sequestrados. Ou, pelo menos, com parte deles, já que era muita gente para ele administrar ao mesmo tempo.

Os pedidos foram solenemente ignorados, porque os policiais já preparavam o ataque. Um deles gritou, em grego, para que o capitão voltasse para a cabine, deixando o sequestrador sozinho no convés. Após alguns segundos, sob o pretexto de buscar mais café, Calothis desceu as escadinhas da cabine. Ao mesmo tempo, ouviu uma chuva de disparos de armas de fogo, que aterrorizaram os suíços.

Quando os estampidos cessaram, o capitão voltou ao convés para testemunhar algo que preferia que não tivesse acontecido: Charles, ou qualquer que fosse o seu nome verdadeiro, estava morto, boiando no mar, sob uma mancha vermelha de sangue. Ele havia sido ejetado do barco pela intensidade dos disparos.

O desfecho do caso, embora positivo para todas as vítimas daquele sequestro involuntário, deixou o velho capitão Calothis amargurado. Minutos antes, ele havia convencido o já quase companheiro de navegação a se entregar, ou, caso conseguisse escapar do cerco policial, ser deixado em alguma ilha, escapando assim da Polícia. Seria uma boa solução para todos. Mas não deu tempo.

A morte chegou antes para aquele ladrão desajeitado, que teve a infelicidade de escolher o barco errado.

Sugado pelo submarino?

Ao que tudo indica, foi o que aconteceu com aquele pesqueiro. Mas ninguém assumiu isso

O que pode acontecer quando um simples barco de pesca se vê envolvido em uma área de mar onde estão sendo desenvolvidas ações militares? No caso do infeliz pesqueiro francês Bugaled Breizh, o resultado foi o pior possível: o barco foi afundado, ceifando a vida de seus cinco ocupantes – todos humildes pescadores. E o pior: jamais foi apontado o causador do naufrágio.

Tudo começou na manhã de 15 de janeiro de 2004, quando os cinco tripulantes do Bugaled Breizh partiram da costa francesa da Bretanha para puxar redes de arrasto na região do Canal da Mancha. Mas, às 12h25 daquele mesmo dia, a Guarda Costeira Francesa recebeu uma curta – mas desesperada – mensagem vinda do pesqueiro, dizendo que ele estava afundado. E rapidamente. Tão rápido que não deu tempo de o operador do rádio dizer mais nada. Logo o aparelho ficou no mais angustiante silêncio.

Imediatamente, a Guarda Costeira despachou uma equipe para o local, identificado como sendo a 14 milhas do Cabo Lizard, na ponta sul da Cornualha, do outro lado do Canal da Mancha – onde, não por acaso, naquele dia estava em curso um exercício militar com submarinos de diversos países membros da OTAN. Logo se deduziria que uma coisa tinha tudo a ver com a outra.

Da forma como ocorreu o súbito naufrágio do pesqueiro (instantâneo, sem nenhum pedido prévio de socorro), parecia claro que aqueles dois fatos (um barco arrastando redes no fundo do mar numa região repleta de submarinos) estavam interligados. E que não era uma mera coincidência.

Isso ficou ainda mais claro quando, cinco meses depois, por conta da pressão dos familiares das vítimas (nenhum dos cinco pescadores sobreviveu ao desastre, e os corpos de dois deles nunca foram encontrados), o pesqueiro foi içado do fundo do mar para perícia, e não revelou nenhum dano no seu casco de aço. Não havia nenhum buraco, rachadura ou amassado. Só alguns cabos de redes de arrasto partidos pendiam no costado, sinal inequívoco do que todos já imaginavam: que o Bugaled Breizh havia sido "puxado" para o fundo após suas redes engancharem em algo debaixo d'água. E o que poderia ser se não um submarino, já que vários deles tinham navegado na região naquele dia?

Tentando se eximir da responsabilidade de ter realizado um exercício militar sem impor restrições a navegação para as demais embarcações, o governo da França e a OTAN ainda argumentaram que não havia comprovação de que os cinco pescadores do Bugaled Breizh tivessem sido vítima de um acidente com um dos submarinos – que, ao se enganchar nas redes do pesqueiro, o teria sugado para baixo. Mas, diante de todas as evidências, optaram, em seguida, pelo silêncio.

Estava claro o que tinha acontecido com o Bugaled Breizh, e seus cinco ocupantes. Restava saber qual dos submarino havia causado o desastre, ainda que de forma involuntária. Foi quando começaram as cortinas de fumaça. Que jamais se dissiparam.

No dia da tragédia, havia, sabidamente, pelo menos sete submarinos na região, realizando manobras militares: o franceses Rubis e Saphir, o alemão U-22, os ingleses Torbay, Triumph e Turbulent, e o holandês Dolfijn – além de uma suposta nave espiã, nunca confirmada, que estaria acompanhando as atividades da OTAN a certa distância.

Os dois últimos submarinos foram considerados os principais suspeitos: o Dolfijn por ter sido o primeiro a chegar ao local do naufrágio, sinal de que estava próximo quando a Guarda Costeira emitiu o alerta; e o Turbulent, por ter sido, dias depois, estranhamente enviado para reparos.

Mas nada foi comprovado – embora bastasse comparar a hora do naufrágio (algo fácil, já que o pedido de socorro pelo rádio do pesqueiro fora interrompido no exato instante em que ele afundou) com a localização exata de cada um dos submarinos no mar da região. Mas nem isso foi feito.

Também o inquérito, conduzido por autoridades francesas, não chegou a conclusão alguma sobre qual daqueles submarino teria enganchado nas redes do Bugaled Breizh e o tragado para as profundezas – talvez por que não interessasse ao governo francês criar constrangimentos em seus aliados militares, além de um eventual incidente diplomático.

Quatro meses e meio após o início da investigação, a comissão que analisou o caso se limitou a emitir um comunicado no qual concluía que a "causa mais provável pode ter sido um incidente com um submarino", mas se julgava incapaz de apontar qual deles – além de insinuar que, talvez, o culpado fosse o tal suposto "submarino espião" nunca identificado, algo bastante conveniente, face ao mal-estar generalizado causado pelo acidente.

Com aquela patética conclusão do inquérito, os parentes das vítimas ficaram impossibilitados de pleitear qualquer tipo de indenização, porque não sabiam a quem processar. E a OTAN se eximiu de qualquer responsabilidade.

A morte daqueles cinco pescadores virou um simples caso convenientemente arquivado.

Discussão letal

Teria uma briga de casal causado o naufrágio de um navio?

Na noite de 22 de março de 2006, o Queen of the North ("Rainha do Norte"), um bonito ferryboat que mais parecia um pequeno navio de cruzeiro e que operava nas linhas regulares de transporte de passageiros e automóveis da Columbia Britânica, na costa noroeste do Canadá, partiu de Port Hardy, com destino à Ilha Vancouver, praticamente vazio: tinha apenas 15 automóveis (dos mais de 100 que podia transportar) e 59 passageiros, que, somados aos seus 42 tripulantes, dava um total de 101 pessoas a bordo – menos de um terço da sua capacidade. Mas isso, mais tarde, ajudaria a evitar uma tragédia de proporções bem maiores.

Menos de uma hora após deixar o porto, quando se aproximava de um famoso estreito da região, conhecido como Inside Passage ("passagem interna", formada por uma rede de canais que evitavam que as embarcações tivessem que navegar no mar aberto), o capitão Colin Henthorne foi descansar em sua cabine, e delegou o comando do Queen of the North ao quarto oficial, Karl Lilgert, auxiliado pela sua assistente Karen Briker – dois velhos subordinados seus, que haviam acabado de encerrar um relacionamento amoroso.

O fim daquele namoro deixara sequelas no relacionamento dos dois tripulantes. Mas eles tentavam agir profissionalmente e trocavam as informações necessárias ao desempenho de suas funções – embora, monossilabicamente, com certa rispidez.

Minutos depois após assumir o comando do ferryboat, o quarto oficial Lilgert pegou o rádio e informou sua base que faria uma curva acentuada, antes do canal, a fim de evitar a Ilha Gil, que estava bem à sua frente. E passou as coordenadas para as quais seguiria. Mas, estranhamente, a manobra não foi executada – embora sua assistente, Karen Briker, tenha alertado o ex-namorado de que estava vendo "sombras, que pareciam ser de árvores" nas proximidades. E eram, de fato, árvores.

O resultado disso foi que o Queen of the North bateu em cheio nas pedras da Ilha Gil, primeiro de proa, depois de popa, perdendo o eixo do hélice, através do qual passou a jorrar água para dentro do casco.

Ao ser despertado pelo impacto, o capitão Henthorne correu para a Ponte de Comando, e, após avaliar a extensões dos danos, determinou a imediata evacuação da embarcação. Em seguida, pediu socorro pelo rádio e saiu, ele próprio, batendo nas portas das cabines e ordenando que os passageiros passassem para os botes salva-vidas.

Mas, como o quarto oficial Lilgert já havia informado à base as novas coordenadas nas quais passaria a navegar – e como o capitão não sabia disso –, o socorro foi enviado para o local errado, o que fez com que o resgate dos náufragos demorasse demais. O mal entendido – também fruto da comunicação truncada entre os dois encarregados de conduzir o Queen of the North naquela noite – fez com que as equipes de resgate rumassem para um local a mais de uma milha de distância da Ilha Gil, e não para a própria ilha, onde o navio jazia espetado. E inundando rapidamente.

Apesar disso, a operação de resgate foi bem-sucedida, graças aos nativos da ilha, o povo indígena Gitka'a'ataa, que, ao ver o desastre, correu para o mar com suas canoas, a fim de ajudar os náufragos. Uma hora depois, o Queen of the North ergueu sua proa na direção do céu e deslizou mar adentro.

A boa notícia, no entanto, é que, apesar do desencontro na operação de resgate, todos os ocupantes do ferry (nem tantos assim, já que ele estava bem vazio naquela noite) estavam salvos. Pelo menos era isso o que o capitão Henthorne imaginava. Mas não.

Uma vez na ilha, o capitão do Queen of the North refez a contabilidade dos resgatados e concluiu, horrorizado, que faltavam dois passageiros: o casal de namorados Gerald Foisy e Shirley Rosette, que permaneceu dentro do navio quando ele afundou. A explicação para isso – como, mais tarde, atestaria um vizinho de cabine do casal – estava no fato de que os dois faziam amor no instante em que o capitão saiu batendo nas portas, ordenando o abandono do barco – "os gemidos não deixavam dúvidas disso", contou a testemunha. Em seguida, exaustos, teriam adormecido. Enquanto o navio afundava.

Foram as duas únicas vítimas do Queen of the North, cujo inquérito concluiu o óbvio: que a causa do naufrágio fora erro humano, causado pelo quarto oficial Karl Lilgert, que decidira executar uma manobra, mas não a fez – supostamente, por não comunicado isso à sua ex-namorada, com quem vinha falando o mínimo possível. Ou por ter, em seguida à mensagem enviada pelo rádio, iniciado uma discussão com a ex-parceira, o que distraiu os dois de suas funções.

Tanto o quarto oficial Lilgert quanto a assistente Briker foram responsabilizados pelo acidente, por negligência, bem como o capitão Henthorne – este, por ter delegado a função de conduzir um navio, à noite, numa região sabidamente perigosa, a um casal em conhecido litígio.

Se foi isso mesmo o que ocorreu naquela noite no interior da ponte de comando do Queen of the North – uma prosaica discussão entre ex-namorados, que os levou a esquecer suas funções –, nunca ficou provado. Até porque os dois sempre negaram. Mas, ao que tudo indica, foi mesmo o que aconteceu.

As duas únicas vítimas do naufrágio do Queen of the North morreram porque estavam apaixonadas. Já quem causou o naufrágio, o fez justamente pelo oposto disso.

Partiram ou foram expulsos?

O que decretou a morte daqueles três velejadores na Antártica?

"Estamos partindo. Faça contato quando puder."

Quando esta mensagem, tão curta quanto enigmática, foi enviada pelo então encarregado do veleiro Berserk, o norueguês Tom Bellika, para o comandante do barco, o seu conterrâneo Jarle Andhoy, então fora da embarcação naquela tarde de 22 de fevereiro de 2011, aparentemente ninguém entendeu o motivo daquela partida abrupta. Não fazia sentido.

Até então, o veleiro dos noruegueses estava ancorado e bem protegido dentro da Baía Horseshoe ("Ferradura", em inglês), em uma das partes mais hostis do mar da Antártica, enquanto lá fora uma violenta tempestade se aproximava, com ondas que passavam dos oito metros de altura e ventos acima de 80 nós – uma das piores tormentas vista na região nos últimos 30 anos.

Mas todos sabiam disso. Inclusive o responsável pelo veleiro, já que o seu capitão estava em terra firme, em uma expedição que visava chegar ao Polo Sul a bordo de quadriciclos, tendo como companheiro outro tripulante do barco, o também jovem norueguês Samuel Massie, de apenas 18 anos de idade.

Por que Bellika, o responsável pelo barco, teria abandonado a segurança de uma ancoragem em uma baía relativamente protegida e zarpado rumo a uma devastadora tempestade? O que teria levado o encarregado de cuidar do veleiro e seus dois companheiros, o sul-africano Leonard Banks e o também norueguês Robert Skaanes, a tomar tal atitude irracional?

Começava aí um dos mais controversos casos marítimos da história da Antártica, e uma das piores tragédias recentes no mar do Continente Gelado – porque, depois daquela insólita mensagem, nunca mais se teve notícias dos três ocupantes do veleiro norueguês.

Naquela mesma tarde, o Berserk, um veleiro de 54 pés de comprimento, desapareceu no mar, engolido por uma tempestade mais que anunciada, sem que jamais tenha existido uma resposta para a inquietante pergunta-chave daquele caso: por que a tripulação decidiu partir, se sabia o que iria encontrar pela frente?

Mas o capitão do Berserk, Jarle Andhoy, nunca teve dúvidas de quem era o principal responsável pela morte dos seus três companheiros: a Marinha da Nova Zelândia – uma entidade que deveria justamente zelar, proteger e cuidar das pessoas no mar.

Segundo a teoria de Andhoy, um polêmico capitão e aventureiro, na época com 33 anos de idade, mas já com um extenso currículo de imprudências e rebeldias (certa vez, ele chegou a ser banido do Canadá por molestar um urso polar), quem expulsou os seus companheiros da segurança da Baía Horseshoe teria sido a fragata Wellington, da Marinha da Nova Zelândia, que chegara ao local no dia anterior a fim de entregar suprimentos a uma base antártica existente no local – e que, por isso mesmo, era considerada "área de segurança", com acesso restrito.

Ao identificar o veleiro solitário ancorado como sendo o Berserk, do controverso capitão Andhoy, os militares fizeram contato com a base e receberam a informação de que aquele barco não poderia estar lá, porque viajara para a Antártica sem a devida autorização imposta pelo Tratado Antártico – documento que exigia, entre outras coisas, um seguro para o caso de resgate, que Andhoy se recusara a pagar, porque considerava o continente gelado uma "terra sem dono" – portanto, na sua interpretação, não havia por que pedir autorização a ninguém.

Após o contato com a base militar neozelandesa, alguns tripulantes da Wellington fizeram uma visita amistosa ao veleiro e informaram Bellika e seus dois companheiros sobre a restrição de visitação à baia e a obrigatoriedade de autorização prévia para navegar na Antártica.

Na ocasião, além de tirarem a última foto daqueles três tripulantes ainda vivos, horas antes de serem engolidos pelo mar, os militares também foram informados que o capitão do veleiro estava em terra firme, mas isso eles já sabiam. O que nunca se soube é o que realmente aconteceu após aquele encontro.

Segundo o capitão Andhoy, horas depois daquela visita ao Berserk, os militares neozelandeses teriam mudado o tom do diálogo e determinado que o veleiro dos noruegueses deixasse imediatamente a baía, a despeito da tormenta que se aproximava.

Mas a Marinha da Nova Zelândia sempre negou isso, alegando que o comandante da fragata também fora surpreendido com a partida do veleiro, e que não faria sentido expulsar os velejadores da baía, para, em seguida, ter que resgatá-los no mar, em uma situação bem mais difícil. Mas foi exatamente o que aconteceu.

Quando o sinalizador de emergência do Berserk disparou, às 17h53 daquela tarde, indicando que o veleiro estava sob risco real de naufrágio, teve início uma das mais arriscadas operações de buscas já feitas no mar antártico, em meio a uma tormenta furiosa.

Na ocasião, a própria fragata neozelandesa correu risco de ir a pique, pelo peso extra que toneladas de neve, trazidas pela tempestade, acrescentaram à embarcação – mesmo problema que também deve ter acometido o pequeno veleiro norueguês, que, talvez por isso, logo tenha sido engolido pelo mar.

A suspeita é que as ondas, os ventos, e o acúmulo de neve e o gelo no convés – ou as três coisas ao mesmo tempo – tenham causado o naufrágio quase que imediato do veleiro, logo após ele partir da Baía Horseshoe. No entanto, as buscas realizadas pela fragata Wellington demoraram mais de uma hora para começar, porque o sinal de emergência emitido pelo veleiro fora confundido pelo Centro de Resgates da Nova Zelândia com o de outro barco norueguês, que na mesma ocasião estava na costa da Austrália.

Além disso, as buscas logo tiveram que ser suspensas, por conta das péssimas condições meteorológicas, sem nenhum resultado prático. Só dias depois, uma balsa vazia do veleiro desaparecido foi encontrada pelo navio Steve Irwin, da organização ambientalista Sea Shepherd, que estava na região e se juntou ao esforço para tentar encontrar o veleiro norueguês naquela tarde tempestuosa.

Bem antes disso, porém, os três tripulantes do Berserk já haviam sido dados como irremediavelmente perdidos, já que, naquelas condições, as chances de sobrevivência eram mínimas. Mas o capitão Andhoy só ficou sabendo da tragédia depois que a mesma tempestade que vitimou seus companheiros o impossibilitou de seguir em frente com os quadriciclos rumo ao Polo Sul, na companhia de Massie – façanha que ele ambicionava realizar para gravar um documentário que pretendia vender à uma emissora de TV da Noruega.

Com a chegada da tempestade, Andhoy pegou o telefone via satélite que levava consigo no quadriciclo e, após tentar inutilmente falar com a tripulação de seu barco, ligou para um amigo na Noruega. Foi quando ele ficou sabendo do desaparecimento dos companheiros, já então timidamente divulgado na imprensa, uma vez que ocorrera no mesmo dia em que um devastador terremoto praticamente arrasara a cidade neozelandesa de Christchurch – uma data duplamente tumultuada na Nova Zelândia.

Ao saber da tragédia, o capitão do Berserk abortou a expedição terrestre, retornou à Baía Horseshoe, e de lá embarcou para a Noruega no último avião da temporada a deixar a Antártica naquele finalzinho de verão, acusando formalmente os oficiais da Marinha da Nova Zelândia pela morte de seus companheiros, que, segundo ele, teriam sido obrigados pelos militares a deixar a segurança do local onde estavam ancorados. Mas, talvez, não tenha sido bem assim...

Das três teorias que até hoje tentam explicar a enigmática decisão do encarregado pelo veleiro Berserk de deixar à baía em meio a uma tempestade, a expulsão dos velejadores pela Marinha da Nova Zelândia é apenas uma delas – e jamais pôde ser comprovada. Por que os militares fariam isso, se, depois, eles mesmos teriam que se arriscar suas vidas para salvar os jovens entregues à própria sorte no mar?

Além disso, os tripulantes do Berserk ("guerreiro feroz", em norueguês arcaico, cujo casco era decorado com uma assustadora mandíbula de tubarão pintada na proa) se autodenominavam "vikings selvagens", e eram rebeldes demais para aceitar passivamente uma simples ordem de partir, sobretudo naquelas circunstâncias. Isso também não fazia sentido.

Surgiu, então, uma segunda tese: a de que fora o próprio Bellika que decidira, por conta própria, abandonar a baía quando os ventos aumentaram de intensidade, por temer que o barco fosse arremessado de encontro à margem. Ou que ficasse trancado no gelo, o que realmente poderia acontecer, já que a Baía Horseshoe era apenas parcialmente abrigada contra ventos do quadrante de onde vinha a tormenta. Nesse caso, o único erro de Bellika teria sido o de demorar demais para partir em busca de outra ancoragem mais segura, o que permitiu a aproximação da tempestade.

Contra esta tese, no entanto, sempre pesou o argumento de que Bellika não partiria sem comunicar isso ao capitão do veleiro, até porque era para a Baía Horseshoe que Andhoy e Massie retornariam, ao regressar do Polo Sul com os quadriciclos. A menos que o ponto de encontro dos dois grupos tivesse sido alterado pelo próprio capitão do veleiro, através do telefone via satélite...

É aí que entra a terceira – e mais polêmica – teoria sobre o "Caso Berserk", como a tragédia ficou conhecida.

Segundo os defensores da tese de que fora o próprio capitão do veleiro o causador indireto daquela tragédia (o que Andhoy sempre negou com veemência), a mesma furiosa tempestade que selou o destino dos ocupantes do Berserk teria, pouco antes disso, atingido o local onde a dupla da expedição terrestre estava, já há mais de 200 quilômetros da Baía Horseshoe. E isso teria feito com que Andhoy ligasse para Bellika, ordenando que o barco fosse levado para outra baía, mais próxima de onde eles estavam, a fim de resgatá-los.

Neste caso, teria sido a imprudência de Andhoy que teria provocado a morte de seus companheiros – que, ao abandonar aquela ancoragem segura, estariam apenas seguindo as ordens do seu capitão.

Se foi isso o que aconteceu, teria sido a segunda decisão imprudente tomada por Jarle Andhoy naquela viagem. A primeira fora a época do ano escolhida para realizá-la: fevereiro, mês em que o inverno antártico já começa a se avizinhar, e tarde demais para uma expedição terrestre ao Polo Sul, como ele pretendia fazer com os quadriciclos.

Mas Andhoy havia escolhido ir para a Antártica propositalmente perto do final da temporada de verão, porque seu objetivo era gravar cenas dramáticas de tempestades no continente gelado, a fim de enriquecer seu documentário, porque, como costumava dizer, "mau tempo gerava boas imagens".

O atraso deliberado na partida do grupo da Nova Zelândia também custou a Andhoy a perda de um dos mais experientes velejadores da sua equipe, o americano Edwin Kumar. Temeroso do que encontrariam pela frente chegando tão tarde à Antártica, ele desistira da viagem e fora substituído por Bellika, que passou a ser o braço direito de Andhoy no comando do Berserk.

Quando retornou à Noruega, na companhia apenas do jovem Massie, Andhoy foi multado pelas autoridades norueguesas em cerca de US$ 4 mil, por "violar os protocolos do Tratado da Antártica", já que viajara para lá sem pagar o seguro obrigatório para o caso um resgate – como, de fato, aconteceu. E isso o deixou ainda mais revoltado.

"As autoridades da Noruega e da Nova Zelândia preferem focar apenas nos aspectos legais da viagem, não nas causas da tragédia, como se a vida de meus companheiros valesse menos que uma multa", escreveu Andhoy, na época, nas suas redes sociais, ao mesmo tempo em que tratava de vender seu documentário inacabado para alguma emissora de TV.

Meses depois, ele conseguiu o seu intento. O documentário foi comprado e exibido por uma TV norueguesa, mostrando, no entanto, apenas o ponto de vista de Andhoy para a tragédia do Berserk.

Com o dinheiro arrecadado, o polêmico capitão comprou outro veleiro, o Nilaya, convocou uma vez mais o amigo Massie, e partiu novamente rumo à mesma Baía Horseshoe, na Antártica. E, de novo, sem cumprir os requisitos legais.

O propósito da nova expedição era, segundo Andhoy, "procurar vestígios de seus ex-companheiros", embora, na prática, isso fosse praticamente impossível, um ano após o desaparecimento do veleiro.

Mas o real motivo da viagem era outro: recuperar os dois quadriciclos que ele havia deixado para trás em um abrigo da base de pesquisas da Baía Horseshoe ao embarcar para a Noruega.

Só que os veículos não estavam mais lá, o que deixou Andhoy ainda mais furioso com as autoridades neozelandesas, a quem acusou de estar "destruindo provas" do crime que cometeram. E as acusações de Andhoy seguem as mesmas até hoje.

A despeito do seu histórico de encrenqueiro incurável (no retorno que fez à Antártica, havia até um tripulante sem documentos a bordo do seu veleiro), o norueguês ainda pressiona a Marinha da Nova Zelândia para ter acesso à transcrição das conversas entre o comandante da fragata Wellington e sua base, no dia em que o Berserk desapareceu, o que a corporação nega, alimentando assim a dúvida sobre a pergunta-chave deste complexo caso: por que, afinal, o responsável pelo veleiro suspendeu âncoras e partiu rumo a um desastre mais que anunciado, naquela fatídica tarde?

Andhoy, talvez, tenha razão nas acusações que sempre fez à Marinha neozelandesa.

Ou, quem sabe, a resposta que ele tanto cobra esteja na sua própria consciência.

Uma farsa e tanto

Para receber o dinheiro do seguro, o dono daquele navio bolou um plano mirabolante

Na noite de 5 de julho de 2011, quando navegava da Ucrânia para a China, com um carregamento de 141 mil toneladas de óleo combustível, o superpetroleiro liberiano Brillante Virtuoso foi abordado por piratas no Golfo de Aden, na altura da costa do Iêmen. Os bandidos prenderam a tripulação, sequestraram o navio e, quando ele parou, por pane nos motores, decidiram incendiá-lo, por meio de um detonador explosivo colocado na casa de máquinas. A tripulação só escapou com vida porque, após a fuga dos criminosos, conseguiu sair do navio em chamas, que ardeu até não mais poder ser recuperado".

Foi assim que o comandante do cargueiro Brillante Virtuoso, o filipino Noe Gonzaga, relatou o ocorrido às autoridades e às companhias seguradoras do navio, na época avaliado em cerca de 80 milhões de dólares – além de outros 100 milhões pela carga que transportava.

Só que não era verdade, como logo suspeitaram as seguradoras do navio, e, mais tarde, também a corte inglesa que julgaria o caso. Especialmente depois que um investigador contratado para averiguar o suposto ato de pirataria foi morto, duas semanas após o episódio do Brillante Virtuoso – que não passou de uma tentativa de golpe contra as seguradoras, mas aplicado de uma maneira bem mais complexa e surpreendente, e cujo mentor, ao que tudo indica, fora o próprio dono do navio, o armador grego Mario Iliopoulos.

Tudo teria começado quando, irritado com os seguidos prejuízos que aquele antigo e já precário navio vinha lhe causando, Iliopoulos, figura proeminente em seu país (tanto por ser dono de uma das principais empresas de ferryboats que fazem a travessia entre Atenas e as turísticas ilhas de Santorini e Mikonos, quanto por ter se tornado, como hobby, um dos melhores pilotos de rallies de automóveis da Europa, atividade que lhe rendeu o apelido de "Super Mario", como no vídeogame), decidiu simular o sequestro e inutilização do petroleiro a fim de receber a indenização das seguradoras.

Supostamente, ele já havia feito isso antes, duas vezes. E com relativo sucesso.

Em 1994, o Iron Antonis, um velho cargueiro que fazia sua última viagem, entre o Brasil e a China, antes de ser desmanchado e vendido como sucata, afundou estranhamente no meio do Atlântico, após partir ao meio, levando para o fundo do mar não só o valioso carregamento de minério de ferro que transportava, como, também, todos os seus 24 tripulantes. Na ocasião, as autoridades gregas acusaram Iliopoulos de, no mínimo, negligência, por permitir que um navio em tão mal estado ainda navegasse. Mas nada foi provado contra ele.

Quinze anos depois, em agosto de 2009, Iliopoulos teria voltado a carga, com outro de seus navios deficitários: o Elli, que também afundou, após pegar fogo próximo ao Canal de Suez – desta vez, ao menos, sem vítimas.

O falso ato de pirataria contra o Brillante Virtuoso seria o terceiro golpe contra as seguradoras cometido pelo empresário grego. Mas, agora, o plano seria bem mais engenhoso, complexo e intrincado – um golpe de mestre, não fosse totalmente imoral e ilegal.

Para alguém às voltas com uma hemorragia na sua vida financeira e uma dívida recém-contraída de milhões de euros, para a compra de novos cargueiros, perder aquele grande, mas velho petroleiro, de 275 metros de comprimento e tamanho de três campos de futebol, seria a melhor coisa que poderia acontecer. De uma só vez, ele não só estancaria os prejuízos que o problemático navio vinha lhe causando como ainda receberia um bom dinheiro das seguradoras.

Foi o que ele tratou de fazer, através de uma engendrada rede, que incluiu, além do capitão e do engenheiro-chefe do navio, o também filipino Nestor Tabares (não por acaso, também presente no sinistrado cargueiro Elli, dois anos antes), falsos piratas e até uma empresa de salvatagem, cujo papel seria decisivo para o êxito da operação. Como, de fato, foi.

O local escolhido para a ação foi o então tenso Golfo de Aden, na confluência da África com o Oriente Médio, onde, no início dos anos 2000, navios vinham sendo sistematicamente atacados por piratas da Somália – portanto, um novo ataque não despertaria suspeitas. O ousado plano foi posto em prática na noite de 5 de julho de 2011, quando o Brillante Virtuoso navegava próximo à costa do Iêmen.

Naquela noite, os 24 marinheiros do navio (todos também filipinos, mas que não sabiam do golpe prestes a ser orquestrado) foram avisados pelo capitão Gonzaga de que "uma equipe de segurança" chegaria para "escoltar" o petroleiro, durante aquele trecho da travessia. Horas depois, um pequeno barco, com meia dúzia de homens fortemente armados, se aproximou do petroleiro, e, pelo rádio, pediu que fosse baixada uma escada, para eles subirem a bordo. Era o início da encenação da fraude.

Mesmo tendo sido avisado sobre a chegada da tal equipe, o marinheiro de plantão estranhou o pedido (será que a tal "escolta" seria feita a bordo do próprio navio?) e resolveu consultar o comandante, que estava em sua cabine. Mas recebeu de volta a ordem para atender ao pedido dos homens, sem que o responsável pelo cargueiro sequer tivesse saído de sua cabine para checar a identidade do grupo que pedia para embarcar.

A ação foi rápida. Ao pisarem no convés, aqueles homens renderam e trancaram todos os tripulantes (exceto o comandante e o engenheiro-chefe) em uma das salas do navio, enquanto "fingiam" sequestrar o petroleiro, já que não eram membros de nenhuma equipe de segurança, muito menos piratas – mas sim ex-policiais corruptos do Iêmen que haviam sido contratados para atuar naquela farsa.

Os marinheiros permaneceram trancados na sala por um par de horas, até que ouviram uma explosão e passou a entrar fumaça no cômodo. Assustados, resolveram arrombar a porta e fugir, apesar do risco de toparem com os "sequestradores" do lado de fora. Mas não havia mais nenhum "pirata" a bordo – só o comandante Gonzaga, ileso e grosseiramente amarrado com elásticos flexíveis a uma cadeira na sala de comando, como que simulando sua rendição pelos bandidos.

A "imobilização" do capitão fazia parte da farsa, mas causou estranheza desde o começo. Aqueles estranhos homens haviam ido embora sem levar nada, só deixando para trás um princípio de incêndio na casa de máquinas (a mesma onde costumava ficar o engenheiro Tabares), gerado por aquela explosão que os marinheiros ouviram. Aquilo contrariava totalmente o modus operandi dos piratas da região.

Como regra, os piratas somalis não destruíam navios: eles apenas os sequestravam e pediam resgate. Só ameaçavam incendiá-los, por meio de bombas e granadas, quando precisavam forçar as tripulações a abandonar seus esconderijos, o que não era o caso do Brillante Virtuoso, onde todos já estavam rendidos. Portanto, não fazia sentido. Muito menos a ordem seguinte que veio do próprio comandante: a de abandonar o navio, embora o fogo, ainda relativamente fraco, pudesse ser facilmente contido.

O comandante Gonzaga pegou o rádio e pediu socorro, sendo imediatamente atendido tanto pelo navio militar americano USS Philippine Sea, que estava na região, quanto por uma improvável empresa particular de salvatagem, sediada no Iêmen, a Poseidon, que respondeu ainda mais prontamente ao chamado. Em seguida, ele e os 24 marinheiros filipinos passaram para o barco salva-vidas, abandonando o petroleiro – que, àquelas alturas, jazia estancado no mar, já que seus motores haviam parado de funcionar.

O resgate do grupo foi rápido. O navio americano logo chegou ao local e recolheu a tripulação. Mas, quase ao mesmo tempo – e com uma eficiência raríssima de se ver, especialmente nos atrasados países do Golfo de Aden –, chegou também um barco da Poseidon, que, ao abordar o navio em risco, tratou de tirar de lá o último tripulante que faltava: o engenheiro-chefe Tabares, que não era visto desde o início do "ataque". Era o início da segunda parte da farsa: a da função contrária da equipe de salvatagem.

Quando os membros da Poseidon entraram no navio e recolheram o engenheiro, tanto a fumaça quanto as chamas que vinham do interior da casa de máquinas haviam diminuído sensivelmente. Mas, em seguida, quando eles ainda estavam dentro do navio, ambas voltaram a crescer, até se tornarem impossíveis de controlar – razão pela qual o petroleiro foi definitivamente abandonado e ardeu até ser declarado como inutilizável. O objetivo, enfim, havia sido atingido: o Brillante Virtuoso estava perdido.

A missão da Poseidon fora bem-sucedida. Em vez de tentar salvar o navio, como seria de esperar de uma empresa de salvatagem, ela havia feito justamente o contrário disso: garantiu que o fogo, que havia começado com a detonação, pelo próprio engenheiro, de uma bomba na casa de máquinas, enquanto os "piratas" ainda estavam a bordo, aumentasse e não se extinguisse espontaneamente, como quase ocorrera quando a tripulação abandonou o navio, o que colocaria toda a farsa por água abaixo.

Mais tarde, um dos agentes da Poseidon (não por acaso, a mesma empresa que, dois anos antes, participara das "tentativas de salvamento" do cargueiro Elli – aquele onde também trabalhava o engenheiro Tabares) admitiu ter estimulado o incêndio, abrindo alguns registros dos depósitos de óleo do navio.

Mas o pior ainda estava por vir. Duas semanas depois, a Poseidon também seria suspeita no episódio mais trágico desta história: a morte do especialista inglês David Mockett, que havia sido contratado pelas seguradoras do navio para investigar o estranho caso do Brillante Virtuoso. Mockett, que morava no Iêmen, foi morto por uma bomba colocada debaixo do assento de seu carro quando já acumulava uma série de perguntas sem respostas que remetiam diretamente a pesadas suspeitas de fraude.

Entre elas, estavam as seguintes perguntas: Por que o comandante do navio autorizara o embarque daqueles homens sem checar suas identidades, numa área infestada de piratas?; por que o engenheiro permaneceu a bordo, mesmo após a ordem de abandono do navio?; por que os supostos "piratas" teriam desistido de sequestrar o navio e fugido sem levar nada?; por que o fogo aumentou barbaramente depois que a equipe de salvatagem entrou no petroleiro?; e – mais intrigante que tudo – por que os piratas teriam decidido incendiar o navio em vez de sequestrá-lo, como sempre faziam?

Além disso, Mockett, que vistoriara os escombros do petroleiro antes dele ser rapidamente rebocado para um conveniente desmanche no Paquistão, em um típico caso de "queima de arquivo", estranhara o fato de que não havia marcas de tiros na embarcação, como sempre ocorria nos casos de pirataria, e, também, pelo suposto "ataque" ter sido feito à noite, e não de dia, como os piratas preferiam, para ter mais facilidades na abordagem dos navios.

Por essas e outras razões, sua investigação se tornara ainda mais valiosa para as seguradoras e cada vez mais incômoda para os envolvidos – a começar pela Poseidon, que operava no próprio Iêmen, onde ocorreu o assassinato, e para o armador Mario Iliopoulos, que, após a morte do investigador, foi convocado a prestar depoimento perante a Corte Inglesa. Mas ele não admitiu ter cometido nenhuma fraude, muito menos assassinato.

O julgamento do caso, impetrado em 2019 pelas seguradoras na Inglaterra, durou 52 dias, e referendou todas as suspeitas de Mockett: o episódio do petroleiro havia sido forjado. Portanto, um ato de fraude, não de pirataria – um engenhoso plano traçado pelo armador do navio e seus comparsas para ludibriar as seguradoras.

Iliopoulos, que, na ocasião, foi qualificado pelo juiz como "instigador da conspiração", chegou a ser detido para interrogatório pela Polícia inglesa, mas foi solto em seguida, porque não havia nenhuma acusação formal contra ele – apenas claras suspeitas.

Além disso, ele negara tanto o golpe quanto a participação na morte do investigador, um crime ainda tão impune quanto a própria mirabolante farsa encenada naquela noite, no Golfo de Aden.

A maior dificuldade em incriminar os responsáveis estava na quantidade de países envolvidos no caso: o fato ocorrera no mar do Iêmen, com um navio com bandeira da Libéria, cujo dono era grego e a tripulação filipina, que transportava óleo russo comprado por chineses, e que vinda sendo investigado por um inglês – um cipoal de diferentes nações e leis que atravancaram os processos e impediram que eles avançassem.

Até hoje, ninguém foi punido. Nem pela fraude contra as seguradoras, nem pela morte do investigador.

Nisso, o golpe do Brillante Virtuoso foi um plano realmente bem-sucedido.

O Ponto Zero do planeta

A curiosa ilha que não existe

Existe uma ilha no planeta que não existe. Tanto que se chama "Ilha Nula", ou "Nenhuma". Mesmo assim, diariamente, milhões de pessoas do mundo inteiro a "visitam". Mesmo sem saber que fizeram isso.

Embora ela não exista, é muito fácil encontrara a Ilha Nula em qualquer mapa. Basta seguir com o dedo a Linha do Equador (aquela que divide horizontalmente o globo terrestre em duas metades, os hemisférios Norte e o Sul), e avançar até o ponto onde ela cruza com outra linha, esta vertical, também claramente demarcada: o Meridiano de Greenwich, que também divide o planeta em dois hemisférios, o ocidental e o oriental, além de servir como hora padrão para os diferentes fusos horários do mundo. Pronto: é ali!

Onde a Linha do Equador encontra o Meridiano de Greenwich (o que ocorre no meio do mar do Golfo da Guiné, a cerca de 1 600 quilômetros da costa da Gana, na África), é onde fica a Ilha Nula – que, no entanto, não está assinalada em nenhum mapa. Porque, afinal, ela não existe.

Mesmo assim, a Ilha Nula possui até coordenadas geográficas reais. As mais originais do planeta, por sinal: 0° 0'0 "N/0° 0'0" W – zero grau de latitude e longitude. Trata-se do mais autêntico "Ponto Zero" do planeta, uma vez que só a partir dali é que a localização de todos os cantos da Terra passa a ser identificada através de números: as coordenadas geográficas. As da Ilha Nula são uma desconcertante sequência de zeros, que também ajudam a explicar o seu curioso nome. Zero não é nada. Portanto, perfeito para uma ilha que não existe. Mas não é bem assim.

Naquele local – coordenadas 0.0 –, existe, sim, algo: uma boia meteorológica, de pouco mais de um metro de diâmetro, que fica flutuando no oceano, mas presa ao fundo do mar, sem se movimentar. Ela foi implantada ali em 1997 por técnicos do Brasil, França e Estados Unidos, integrantes de um sistema internacional de monitoramento climático e oceânico chamado Predição e Pesquisa de Matriz Ancorada no Atlântico Tropical, cuja sigla é especialmente sugestiva para os brasileiros: "PIRATA", iniciais de "Prediction and Research Moored Array in the Tropical Atlantic".

Já a boia em si foi batizada de "Soul" (alma, em português – todas as 17 boias espalhadas pela rede PIRATA têm nomes de gêneros musicais), embora também seja chamada entre os membros da entidade de "Estação 13010", e de "Ponto Zero Zero" pelos navegadores da região.

Uma vez por ano, a boia Soul é visitada por técnicos, para ajustes nas suas funções de medições de ventos e temperaturas no mar. Só quando isso acontece, a Ilha Nula – que vem a ser a própria boia – recebe a visita de seres humanos. Mesmo assim, milhões de pessoas do mundo inteiro a "visitam" todos os dias, de forma virtual. Mas sempre acidental.

Para isso, basta que qualquer pessoa digite um endereço errado, ou com grafia equivocada, nos mapas digitais da internet, como o Google Maps, para a Ilha Nula ganhar mais um "novo visitante", embora ninguém fique sabendo disso. Nem mesmo quem a "visitou".

O fenômeno tem a ver com a própria razão de existir da Ilha Nula, ao menos, virtualmente.

No início dos anos 2 000, os desenvolvedores de sistemas informáticos precisavam dar uma destinação para os erros e falhas nos processos conhecidos como geocodificações – as transformações de endereços digitados na internet em coordenadas geográficas, de forma que pudessem ser apontados nos mapas. Ou seja, a conversão de letras (endereços) em números (coordenadas), como é feito sempre que se digita um endereço no Google Maps, por exemplo.

Mas não apenas isso. Seria, também, um ponto para onde seriam "enviadas" todos as falhas operacionais dos sistemas informáticos. Uma espécie de "lixeira" virtual, para onde convergiriam, automaticamente, todos os dados que não puderam ser corretamente geocodificados. E que não são poucos.

O problema é que, em muitos sistemas, a ausência de dados (como, por exemplo, a localização de quem os acessou) é classificada com o código "Null", de "nulo". Quando isso acontece, o sistema atribui a esta ausência de dados o número "zero", ou seja, "nada".

Duas ausências de informação na mesma digitação viram, portanto, "zero, zero", e isso faz com que alguns sistemas de geocodificação entendam estes códigos como sendo as coordenadas geográficas nas quais está a pessoa que os digitou. Ou seja, 0° 0'0 "N/0° 0'0" W, onde, a rigor, não existe nada, um destino perfeito para todos os dados que não puderam ser corretamente geolocalizados.

Nascia assim a "Ilha Nula", uma brincadeira dos geógrafos com o fato de que ela não existe – portanto algo "Null".

A Ilha Nula apareceu publicamente pela primeira vez em 2011, quando cartógrafos brincalhões a incluíram na base de um conjunto de dados de mapas de domínio público chamado Natural Earth. De lá para cá, sua popularidade entre técnicos e geógrafos só fez aumentar, ao mesmo tempo em que mais e mais pessoas passaram a "visitá-la", sem ter a menor ideia de que estavam fazendo isso.

Tornou-se, então, um dos "territórios" mais visitados do mundo, embora, tecnicamente, não exista.

Um lugar imaginário, mas em uma localização real: o zero absoluto do planeta, que fica em pleno mar.

O destino de dois clandestinos

Eles se entregaram para serem recompensados. Mas foram condenados ao pior dos tormentos

O objetivo era chegar à Europa, a qualquer custo. Mesmo sob o risco de serem descobertos durante a travessia e virarem clandestinos, com todas as implicações que isso costuma trazer a quem se aventura a viajar ilegalmente em um navio.

Por isso, quando, no início de maio de 2011, os amigos tanzanianos David Mndolwa e Jocktan Kobelo ficaram sabendo que aquele cargueiro grego, o Dona Liberta, partiria da Cidade do Cabo, onde viviam – embora mal conseguissem dinheiro para comer todos os dias –, com destino à Inglaterra, não pensaram duas vezes.

Com base na experiência anterior de Kobelo naquele tipo de empreitada ilegal (ele já havia viajado como clandestino em três ocasiões, e, embora sempre tivesse sido descoberto, em todas tinha sido recompensado com algum dinheiro dado pelo armador, para que abandonasse o navio antes das implicações legais que isso traria à companhia), os dois tanzanianos apenas aguardaram a troca de turnos na incipiente guarda do porto sulafricano para entrar no cargueiro e se esconder, inicialmente, entre os mecanismos da casa de máquinas. Levavam apenas os passaportes e alguns pedaços de pão em uma sacola. Mas logo aquele esconderijo se tornaria insuportável.

Assim que o navio zarpou do porto, o calor e o barulho ensurdecedor do motor mostraram aos dois clandestinos que eles haviam escolhido mal o local no qual pretendiam passar quase um mês navegando escondidos – sem falar na impossibilidade em encontrar água e comida em um ambiente em que só havia óleo e graxa.

Mndolwa e Kobelo suportaram apenas dois dias naquele ambiente insalubre. Quando os pães acabaram e ficou claro que a casa de máquinas do Dona Liberta não oferecia nenhum tipo de água para beber, eles decidiram buscar outro ponto de abrigo no velho navio. Durante a noite, rastejaram por escadas e corredores até que chegaram ao convés. Lá, encontraram, dentro de um dos botes salva-vidas pendurados nos turcos do navio, um kit de sobrevivência com água e comida. E passaram mais oito dias escondidos dentro daquele barco vazio.

Até que a fome novamente apertou e Kobelo convenceu o amigo a colocar em prática o plano ao qual estava habituado: se entregar à tripulação e, em troca, esperar por algum tipo de compensação para abandonar o navio antes que as autoridades portuárias descobrissem e autuassem o armador por negligência. Aquele plano já havia dado certo outras vezes. Mas, daquela vez seria diferente. Porque a tripulação do Dona Liberta não era como a de outro navio qualquer.

Ao final do décimo dia a bordo, famintos, os dois tanzanianos abandonaram o esconderijo no bote salva-vidas, caminharam cambaleantes pelo convés, e se entregaram ao primeiro tripulante que encontraram pela frente. Foram, então, levados até o capitão, que, furioso, mandou que os tanzanianos fossem trancados em uma das cabines, o que fazia parte dos protocolos marítimos naquele tipo de situação. O que não estava escrito em nenhum manual do gênero era o que aconteceria em seguida.

No dia seguinte, os dois clandestinos foram retirados da cabine e levados para o convés do navio. Lá, sob ameaça de facas, foram intimados a descer por uma escada de cordas até o mar, onde uma espécie de prancha os aguardava. Era o que o comandante do Dona Liberta chamava de "jangada" – um tampo de mesa de madeira amarrado a dois tambores vazios de óleo. Sem alternativa, passaram para a "jangada". E o cabo que a atava ao navio for cortado, enquanto o cargueiro voltava a sua movimentar. Pronto: à sua repugnante maneira, o capitão do navio resolvera o problema de ter clandestinos a bordo – agora, eles não estavam mais no seu navio. Portanto, não diziam mais respeito a ele.

Mndolwa e Kobelo não sabiam nadar. Mas isso, de toda forma, seria bem pouco útil naquela situação extrema. Estavam no meio do oceano, sem água nem comida, sacudindo sobre um mambembe tablado de madeira e sem nenhuma terra à vista. Para completar o cenário desesperador, anoiteceu e, junto com a escuridão, veio uma tempestade com ventos e ondas que sacudiram a jangada para todos os lados. Parecia ser o fim para aqueles dois clandestinos, agora transformados em dublês de náufragos.

Para não serem lançados na água, os dois passaram a noite inteira deitados de barriga para baixo na prancha, agarrando firmemente as cordas que a prendiam aos tambores de óleo, sendo bombardeados pela água tanto por cima quanto por baixo. Não puderam dormir nem descansar um minuto sequer, porque a única coisa que os atava à jangada – e à própria vida – eram suas mãos. Difícil imaginar purgatório pior.

Mas, contrariando todas as previsões (sobretudo as do capitão, que mesmo sabendo da tormenta que se aproximava, lançara os tanzanianos ao mar, imaginando que eles teriam poucas chances de sobreviver para denunciá-lo depois – uma espécie de "assassinato sem tocar nas vítimas"), Mndolwa e Kobelo venceram aquela noite dos infernos – embora este último tenha amanhecido tossindo muito e cuspindo sangue, sinal de que uma pneumonia havia se instalando no seu organismo.

Mas a graça maior para os dois ainda estava por vir. No final da tarde daquele dia, pouco mais de 24 horas após terem sido condenados à morte certa pelo desumano capitão do Dona Liberta, Mndolwa e Kobelo – este, cada vez mais enfraquecido pela tosse intermitente – viram surgir um pontinho na linha do horizonte. Era um pequeno barco de pesca, com bandeira da Libéria, que veio na direção daqueles dois pobres coitados, após o seu piloto enxergar "algo estranho" no mar.

O resgate dos dois tanzanianos no mar foi quase um milagre, mas para eles os problemas ainda não haviam terminado. No dia seguinte, ao desembarcarem do pesqueiro em um porto liberiano, eles foram presos por falta de documentos, já que seus passaportes haviam sido dissolvidos na água durante o tempo em que passaram na jangada.

Kobelo, cada vez mais doente, teve ainda menos sorte. Mesmo tendo sido transferido da cadeia para um hospital, morreria seis dias depois. Já Mndolwa, mesmo tendo prestados diversos depoimentos, nos quais sempre relatava o que o fizera chegar ali naquela situação, seguiu preso, "por imigração ilegal", por mais cinco meses, até ser extraditado para a Tanzânia.

Bem antes disso, porém, em junho de 2011, um mês após ter deixado os dois clandestinos à deriva na costa africana, o Dona Liberta chegou ao seu porto de Truro, na Inglaterra. Ali, o capitão do cargueiro recebeu a visita de policiais ingleses, que haviam sido alertados pela Polícia da Libéria sobre o teor assustador dos depoimentos de Mndolwa.

Apesar do testemunho da própria vítima, dos depoimentos prestados pelos demais membros da tripulação, e do ato criminoso sob todas as formas perpetrado pelo capitão, a maneira como o comandante do Dona Liberta lidou com a questão dos clandestinos a bordo do seu navio acabaria sendo relevada.

Meses depois, o caso foi arquivado pela Polícia inglesa, "por falta de provas", apesar dos depoimentos contundentes das duas vítimas – uma delas, David Mndolwa, vivo até hoje.

Mesmo tendo fracassado no seu intuito de deixar que a natureza calasse para sempre as vítimas do seu ato repugnante, o comandante do Dona Liberta acabou impune.

A absurda tragédia do Costa Concordia

Além de causar o acidente, o comandante ainda fugiu sem prestar ajuda aos passageiros

Na noite de 13 de janeiro de 2012, o transatlântico Costa Concordia navegava entre os portos italianos de Civitavecchia e Savona, com 3 206 passageiros e 1 023 tripulantes a bordo, quando atropelou uma rocha submersa ao se aproximar demais da Ilha Giglio, na costa do Mar Tirreno – um erro grosseiro de seu comandante, o italiano Francesco Schettino, que resultou em uma tragédia com mais de três dezenas de mortos.

A rota original do navio previa passar a uma distância segura de cinco milhas náuticas da ilha, onde vivia um ex-comandante de transatlânticos, já aposentado, que fora mentor de Schettino, no passado. Mas ele decidiu alterar o rumo, se aproximar da ilha e apitar, para saudar o amigo. No entanto, um mal entendido na comunicação entre o comandante Schettino e o timoneiro gerou lentidão na manobra, causando a colisão do navio nas proximidades da ilha.

O Costa Concordia tinha tripulantes de 38 nacionalidades e nem todos dominavam bem o inglês, língua oficial a bordo. Um deles era o timoneiro indonésio Jacob Rusli Bin, encarregado de dar o rumo ao navio, a partir das ordens vindas de Schettino – que era italiano, portanto, falava inglês com forte sotaque, nem sempre compreendido pelo seu subordinado. Além disso, o comandante estava um tanto distraído pela presença, na ponte de comando, da dançarina moldava Domnica Cemortan, com que estava tendo um caso amoroso.

A ordem de Schettino para que o navio se aproximasse da Ilha Giglio consistiu em 14 rápidas manobras consecutivas que o timoneiro não compreendeu bem, pela dificuldade com o idioma – e isso resultou em demora para executá-las. O último comando feito pelo timoneiro aconteceu apenas dois segundos antes da colisão com a rocha submersa, quando não havia mais tempo de evitá-lo.

A colisão abriu um rasgo de 53 metros de comprimento no casco, que passou a ser inundado rapidamente. Mesmo assim, Schettino levou inacreditáveis 25 minutos para agir. E quando o fez, apenas ordenou que o avariado Costa Concordia avançasse na direção da ilha, para que fosse encalhado, a fim de evitar o naufrágio.

Só 1h15 depois do choque, quando diversos compartimentos do navio já estavam inundados, o Costa Concordia estancou nas margens da Ilha Giglio. E ali começou a inclinar barbaramente, por conta do peso da água que entrava, dificultando a evacuação dos passageiros. Quando a inclinação passou dos 20 graus, ficou impossível baixar os botes salva-vidas do lado oposto à inclinação do casco, o que limitou ainda mais a operação.

O navio continuou adernando até atingir 70 graus de inclinação. Quando isso aconteceu, abandonar as cabines pelos corredores internos tornou-se um drama, situação agravada pelo completo apagão elétrico que deixou o navio totalmente às escuras, acentuando o pânico. Era o início da tragédia.

Assim que percebeu as dimensões do desastre, o comandante Schettino, acompanhado pela amante, tratou de abandonar o transatlântico, alegando que "comandaria as ações de abandono a partir de um barco ao lado do navio, para ter melhor noção da operação". Mas, em vez disso, ele seguiu direto para a ilha, onde desembarcou e se abrigou em um hotel.

Pouco antes disso, Schettino recebera uma ligação furiosa do capitão dos portos da região, Gregorio De Falco, cuja fala se tornaria emblemática.

— Vada a bordo, cazzo ("Volte para bordo, catso!" – uma expressão-palavrão de espanto) – ordenou o capitão.

Nem assim Schettino voltou para o navio.

A tragédia do Costa Concordia aconteceu apenas três meses antes de se completarem 100 anos do afundamento do Titanic, e ironicamente teve algumas semelhanças com o naufrágio do transatlântico mais famoso da história: também foi causada por uma colisão do navio que resultou em um rasgo na lateral submersa do casco, a inundação alagou mais compartimentos estanques do que o projeto do navio permitia, houve falha gritante da tripulação em não agir rapidamente na evacuação dos passageiros, e o abandono foi caótico, também por falha do comandante.

A contabilidade da evacuação dos passageiros e tripulantes mostrou que, quando não havia mais ninguém apto a abandonar o navio, ainda restavam 32 pessoas a bordo, trancadas nas cabines submersas ou mortas, o que se confirmaria nos dias subsequentes, quando equipes de mergulhadores penetraram no Costa Concordia e encontraram corpos – mas não de todas as vítimas.

Os restos de duas delas só seriam encontrados quando o navio já estava sendo desmanchado. A ossada do garçom indiano Russel Rebello, que trabalhava a bordo, só foi achada no dia 3 de novembro de 2014 – dois anos e meio depois do desastre –, por operários do estaleiro que desmantelava o transatlântico.

Pouco antes disso, quando o Costa Concordia estava sendo removido da ilha e levado para o desmanche, houve mais uma vítima. Um mergulhador espanhol que atuava nos trabalhos de remoção do navio, ficou preso nas ferragens e morreu afogado. Foi a 33ª vítima fatal do malfadado navio.

Quatro dias após a tragédia, o comandante Schettino foi indiciado e preso, em meio a um intenso clamor por justiça. E ela veio. Mas, inicialmente, branda demais.

Um ano e meio depois, Schettino foi levado a julgamento, sob as acusações de causar o acidente, abandonar o navio e gerar 32 homicídios culposos (quando não há a intenção de matar). As famílias das vítimas protestaram, recorreram e um novo julgamento foi feito, em 2015. Nele, Schettino foi condenado a 16 anos de prisão. Mas entrou com recurso e se manteve em liberdade.

O recurso impetrado pelo comandante Schettino só foi julgado – e negado – em 2017. Na ocasião, a acusação aproveitou para pedir a elevação da pena para 27 anos de prisão. Mas o tribunal decidiu manter a condenação anterior, de 16 anos.

Na prisão, ele escreveu um livro, que batizou de A verdade submersa, no qual se posicionava como um herói, por ter salvo milhares de pessoas ao decidir encalhar o navio na ilha. Mas só ele acreditou nisso.

Francesco Schettino segue preso na Itália até hoje.

Salvo pelas botas e pela sorte

Não fosse estas duas coisas, aquele pescador não teria sobrevivido

Já era a madrugada de 24 de julho de 2013, mas o pescador John Aldridge, de 45 anos, seguia firme na tarefa de bombear água do mar para um grande tanque no convés de seu barco, onde, mais tarde, seriam colocadas as lagostas que ele capturasse, a mais de 40 milhas da costa de Long Island, nos Estados Unidos, onde navegava, enquanto seu amigo de infância, sócio no pesqueiro e único companheiro de trabalho, Anthony Sosinski, dormia na cabine, em seu turno de descanso, e o barco avançava guiado pelo piloto automático.

Quando o primeiro tanque encheu, Aldridge caminhou até o segundo reservatório do Anna Mary, um lagosteiro com convés liso e aberto na popa, por onde eram puxadas as armadilhas de lagostas, e tentou abrir o alçapão. Não conseguiu. A tampa parecia emperrada, e ele teve que aplicar uma força extra na alça, puxando-a, num só tranco, com as duas mãos.

Por uma fração de segundo, Aldridge julgou que havia conseguido seu intento, já que a alça subira com seus braços – só que arrancada da tampa. O pescador foi, então, lançado violentamente para trás e deslizou no convés liso e molhado do barco até a popa, que era equipada apenas com uma rampa, de onde ele desabou, feito uma pedra, no mar escuro.

Aldridge não teve tempo nem de raciocinar direito sobre aquela queda acidental no mar – a pior coisa que pode acontecer para quem navega em solitário, como ele fazia, enquanto seu companheiro dormia. Ao voltar à superfície, berrou com todas as suas forças, tentando chamar o amigo. Mas o Anna Mary já ia longe, e o barulho do motor impedia que Sosinski despertasse com seus gritos.

Eram 3h30 da manhã e levaria ainda cerca de duas horas para amanhecer. Só então seu amigo acordaria e descobriria que ele não estava mais no barco. Até lá, a única coisa que Aldridge podia fazer era permanecer vivo e rezar para que um improvável resgate, sob a luz do dia, o tirasse daquela situação mais que aflitiva.

Mas as chances eram pequenas. Aldridge estava no mar aberto, a mais de 60 quilômetros da costa, e quando seu amigo despertasse e desse por falta dele, não teria como saber onde, nem quanto tempo antes, ele caíra na água. Ou seja, Sosinski não teria nenhuma referência para começar as buscas. Parecia ser o fim. Mas o pescador ainda estava vivo, e precisava fazer algo para se manter assim – embora sem saber por quanto tempo.

Como estava em plena atividade quando aconteceu o acidente, Aldridge vestia um macacão impermeável dos pés à cabeça, mas sem colete salva-vidas. Nos pés, calçava grossas botas de borracha, que logo se revelaram um incômodo, porque pesavam uma barbaridade. Mas, por outro lado, a espessura e a densidade do material do calçado impulsionavam o seu corpo levemente para cima na água. Foi quando Aldridge teve a ideia de usar as botas como boias, poupando assim energia para se manter na superfície.

O tempo estava bom, ventava pouco, a noite era clara, mas o mar chacoalhava um pouco, com ondulações entre um metro e um metro e meio de altura. Depois de arrancar uma das botas dos pés, Aldridge aproveitou uma daquelas subidas involuntárias nas ondas para encher o calçado com ar. Em seguida, o virou a de ponta cabeça e o enfiou debaixo do braço – feito uma boia de criança. Deu certo. Animado, fez o mesmo com o outro pé.

As botas-boias o ajudariam a se manter na superfície até que encontrasse algo mais adequado para flutuar. Ele só não sabia o quê. A situação era extremamente crítica, mas Aldridge se negava a ceder ao desespero. Ao mesmo tempo, não alimentava esperanças. Apenas tratava de se manter vivo, minuto após minuto. E pensava na família, que logo receberia a trágica notícia.

Ao amanhecer, Aldridge perdera as contas de quantas vezes usara as ondulações como "torres de observação", prospectando o horizonte em busca de algum barco à vista, sempre com as botas enfiadas nas axilas. Não viu nenhum barco, mas, por volta do meio-dia, encontrou algo mais confortável para se manter na superfície: uma boia redonda, que mais parecia uma bola, usada por pescadores para sinalizar suas redes no mar.

Aldridge arrancou as meias, enfiou-as nas mãos (para aumentar a eficiência das braçadas) e nadou até ela o mais rápido que pode. Em seguida, se agarrou ao objeto, mantendo, no entanto, as botas como apoio suplementar. E assim ficou, parado no meio do oceano, à espera de Deus sabe o quê.

Longe dali, após Sosinski acordar e não encontrar o amigo a bordo do lagosteiro, uma grande e solidária operação de buscas no mar foi colocada em curso, com dois helicópteros, um avião e uma frota de mais de 20 barcos, quase todos de amigos dos dois pescadores. Mas o desafio era colossal. E as chances de êxito, mínimas. A começar pelo fato de que ninguém sabia exatamente onde procurar.

Quando Aldridge caíra no mar o barco avançava em linha reta a seis nós por hora. Sosinski só despertou quase duas horas depois. Portanto, o Anne Mary havia se afastado mais de 20 quilômetros do ponto onde a queda havia acontecido, o que, por si só, já tornava a busca praticamente impossível, pois seria preciso considerar também para qual lado as correntes marítimas poderiam tê-lo arrastado.

Mas o problema maior é que Sosinski não sabia se o amigo havia caído no mar cinco minutos ou cinco horas antes de ele acordar. E isso o impedia de informar com alguma precisão as equipes de buscas da Guarda Costeira americana que estavam em ação.

A primeira análise da operação foi desanimadora. Técnicos da Guarda Costeira debruçaram-se sobre programas de computação que, a partir da análise de dados como correntezas, ondulações e ventos, estimaram a possível localização do náufrago (ou, o que era mais provável, onde o seu corpo poderia ser achado), e calcularam que a área a ser vasculhada tinha o tamanho de 1 800 milhas quadradas de mar – uma imensidão impossível de rastrear.

Sosinski, então, tratou de botar a cabeça para funcionar, e passou a fazer alguns raciocínios lógicos, tentando diminuir a área onde o amigo provavelmente havia caído. Seu primeiro raciocínio foi que, como a bomba que enchia os tanques do barco com água ainda estava ligada, isso significava que Aldridge estava preparando o equipamento para a captura de lagostas no dia seguinte. Mas como eles só faziam isso quando atingiam 40 quilômetros da costa

– e o primeiro local de pesca ficava 24 quilômetros depois disso –, a Guarda Costeira poderia vasculhar apenas naquela faixa de mar.

Sosinski decidiu voltar com o barco para a região a 40 quilômetros da costa e comunicou o seu raciocínio ao chefe da central de buscas, que, imediatamente, o repassou às aeronaves. Foi uma informação valiosa – porque o avião e os helicópteros estavam procurando pelo pescador justamente na área oposta.

Por volta do meio-dia, agarrado às botas e à aquela boia como quem agarra uma corda à beira do precipício, Aldridge começou a ver helicópteros sobrevoando a região onde estava. Mas eles não o viam. Viu, também, algo ainda mais alvissareiro: seu próprio barco, o Anna Mary, navegando a uns 500 metros de distância – mas no sentido oposto. E o barco ia se afastando cada vez mais, com o amigo Sosinski rastreando o horizonte na direção errada. Aldridge não sabia se ficava entusiasmado (porque, afinal, o estavam procurando) ou frustrado (porque, embora estivessem tão perto, não o encontravam).

Enquanto isso, em um dos helicópteros, que estava voando desde as 7 horas da manhã em busca do náufrago, o nível de combustível começou a ficar crítico. Seu piloto, Ray Jamros, só poderia manter as buscas por mais alguns minutos antes de ter que retornar à base para reabastecer. E foi o que ele fez.

Amargurado por não poder continuar a varredura do mar – e por ter, uma vez mais, fracassado nas buscas de um náufrago –, o piloto embicou o aparelho para cima, ganhou altitude, inclinou o manche para o lado e começou a descrever uma larga curva no ar. Foi quando Jamros viu, lá de cima, uma pequena boia colorida – que seria apenas mais uma boia deixada por pescadores, entre as tantas que ele vira naquele dia, não fosse o detalhe de que algo parecia estar grudado nela. E se movendo.

Intrigado, resolveu averiguar. Baixou novamente o helicóptero e, a despeito do que dizia o marcador do nível de combustível no painel do seu Jayhawk, retornou até a boia, avisando seus companheiros, na parte de trás da aeronave, para que ficassem atentos. E eles ficaram. E viram algo agarrado à boia. Era Aldridge, agitando freneticamente os braços, com as duas botas debaixo deles.

No comando do helicóptero, o piloto Jamros não se conteve e soltou um grito. Pela primeira vez, em três anos de serviços na Guarda Costeira, ele iria resgatar uma pessoa viva – e não um cadáver. Mas teria que ser uma operação rápida. Muito rápida, porque havia o risco de sofrerem uma pane seca no caminho de volta.

O mergulhador da equipe rapidamente se atirou na água, enquanto os auxiliares de Jamros baixavam o cesto no qual Aldridge seria embarcado.

O pescador subiu ligeiro no cesto salva-vidas, mas, ao fazer isso, suas botas caíram na água. Instintivamente – já que dependera delas durante as quase 12 horas que passara à deriva no mar –, gritou para que o mergulhador as recolhesse. Foi erguido até o helicóptero abraçado aos dois calçados – sem eles, talvez, Aldridge não estivesse vivo.

Da cabine do helicóptero, o piloto avisou a base sobre o estupendo achado e passou a rezar para que o combustível desse para chegar até lá. Só quando o Jayhawk pousou em segurança no heliponto da Guarda Costeira é que o chefe da operação fez contato com o amigo Sosinski e os pais de Aldridge. "Ele está conosco. Vivo!", informou o encarregado, emocionado.

Aldridge passou a noite seguinte em um hospital, sendo analisado. De manhã, foi liberado. Estava bem de saúde, sem nenhum trauma. Dias depois, voltou a pescar lagostas com o sócio e amigo Sosinski, no mesmo barco.

Antes, porém, Aldridge viajou para encontrar a família, que morava em outra cidade.

Ao reencontrar o pai, viu que ele havia feito uma tatuagem no braço: uma sequência de números – as coordenadas onde seu filho fora encontrado no mar – e, sobre elas, o desenho de um par de botas. As que o salvaram.

O desastre do Sewol

Como a negligência generalizada gerou uma enorme tragédia

Era a 214ª travessia que aquele ferryboat fazia entre a cidade de Incheon e a ilha de Jeju, no litoral da Coréia do Sul.

Uma travessia tão rotineira que a tripulação nem se deu ao trabalho de organizar, com afinco, a distribuição dos mais de 150 veículos, entre carros, ônibus e caminhões, que seriam transportados na parte inferior do Sewol, um velho ferryboat com mais de 20 anos de uso que havia passado por uma reforma que aumentara significativamente a sua capacidade – tanto de passageiros, quanto de automóveis.

À medida em que os veículos iam entrando na garagem, eram apenas estacionados um atrás do outro, sem respeitar equilíbrios entre tamanhos e pesos, o que contrariava todos os protocolos de segurança em embarcações do gênero. E isso, mais tarde, seria o estopim de uma tragédia que custaria a vida de mais de 300 pessoas, a grande maioria jovens estudantes de uma escola sul-coreana.

Mas a má distribuição dos veículos que o Sewol transportava naquela noite, em sua habitual travessia diária de seis horas de duração, não foi a única causa da tragédia. Houve, também, um desentendimento geral entre o encarregado de conduzir a embarcação, o terceiro imediato Park Han-kyul, enquanto o comandante Lee Joon-seok, de 69 anos, descansava em sua cabine, e o timoneiro Cho Joon-ki, responsável por transformar os comandos que recebia em movimentos.

A confusão na comunicação entre os dois tripulantes resultou em uma curva acentuada demais do Sewol no canal de acesso à ilha Jeju, a poucos quilômetros da costa sul-coreana, e o movimento brusco deslocou os veículos mal distribuídos, concentrando ainda mais o peso em um único lado do casco.

Com isso, o Sewol adernou e, aos poucos, foi deitando no mar, incapaz de retornar à posição original – uma situação causada pela imprudência e despreparo da equipe comandada pelo capitão Lee, que dormia quando tudo aconteceu. Mas coisas muito piores aconteceriam naquele início de manhã de 16 de abril 2014.

Quando o ferryboat começou a adernar, quase derrubando das camas seus quase 500 passageiros e tripulantes, o capitão Lee correu para a ponte de comando e sua primeira ordem foi que, a despeito daquela situação dramática, os passageiros permanecessem em suas cabines, por receio de que a movimentação de pessoas fizesse a embarcação tombar de vez.

Pelos alto-falantes, todos foram instruídos a vestirem seus coletes salva-vidas, mas permanecerem onde estavam – nas cabines ou no refeitório, já que estava sendo servido o café da manhã –, a despeito da água que já começava a inundar o casco.

Como a grande maioria dos passageiros eram obedientes estudantes de uma escola da cidade de Ansan, próxima a Seul, que viajavam para alguns dias de férias em um resort na ilha Jeju, eles seguiram a instrução do comandante à risca, sem nenhum questionamento. Mas não deveriam ter feito isso.

Nas duas horas seguintes, à medida que o navio foi sendo lentamente tragado pelo mar, um a um eles foram se afogando, trancados em suas cabines e acuados pela água. Só os que ignoraram a ordem do capitão Lee sobreviveram – inclusive, ele próprio, um dos primeiros a abandonar o navio condenado, mas ainda brandando que os passageiros se mantivessem onde estavam.

E não parou por aí. A negligência continuou também durante a operação de resgate, que só foi acionada depois que um dos estudantes ligou, do seu celular, para a Guarda Costeira sul-coreana, relatando o acidente e pedindo socorro imediato – que, no entanto, levou 40 minutos para chegar, embora o iminente naufrágio estivesse acontecendo a poucas milhas da costa.

Quando uma única embarcação da Guarda Costeira chegou ao local – apesar das dimensões da tragédia –, o Sewol já havia adernado mais de 50 graus, e apenas barcos particulares voluntários tentavam recolher aqueles que haviam desobedecidos as ordens do capitão e corrido para o convés, de onde se atiraram na água. Só esses se salvariam.

Presos no interior do casco, com a água subindo mais e mais a cada instante, os jovens estudantes usavam seus celulares para enviar mensagens (algumas delas de despedida) aos pais, que, desesperados, passaram a acompanhar a tragédia em tempo real, através das ligações, mas sem nada poderem fazer para socorrer os filhos. Uma das mensagens dizia: "Mãe, não se preocupe. Já estou vendo o barco de socorro pela janelinha". A mãe ligou de volta. Mas o filho não atendeu. Já era tarde demais.

No tumulto que se seguiu à desorganizada operação de resgate dos sobreviventes, o solitário barco da Guarda Costeira sul-coreana (após recolher no mar o assustado capitão Lee, bem como outros tripulantes que fizeram o mesmo que ele), passou a usar um megafone para instruir os passageiros que ainda estavam dentro do Sewol a fazerem o oposto do que o comandante ordenara.

A ordem, agora, é que todos saíssem de onde estavam e se jogassem ao mar, já que a inclinação do casco não mais permitia a penetração de equipes de resgate. Mas não havia mais como eles saírem de dentro do ferryboat virado e inundado. Estavam trancados no casco emborcado, condenados a uma morte tão certa quanto agonizante.

As tentativas de quebrar as janelas das cabines do barco para retirar os passageiros também não deram em nada, porque o material era resistente demais. O ferryboat afundou gradualmente, até restar apenas o seu bico de proa fora d'água – posição na qual ficou por mais de duas horas.

Quando isso aconteceu, as emissoras de TV já haviam chegado ao local e passaram a transmitir, ao vivo, a tragédia, para desespero ainda maior dos familiares das vítimas, que acompanhavam tudo pela televisão. Minutos depois, o Sewol mergulhou de vez, ceifando as esperanças dos parentes dos que não tinham conseguido sair de dentro do ferryboat – quase dois terços dos seus passageiros.

Das 476 pessoas a bordo do Sewol quando ele zarpou do continente, apenas 172 foram resgatadas com vida. Trezentas e quatro pessoas morreram no desastre, quase 200 delas jovens estudantes, com idades entre 10 e 18 anos, que pagaram com suas vidas a obediência à ordem insensata do comandante Lee.

Desde então, na Danwon High School, na cidade de Ansan, onde moravam a quase totalidade das vítimas, dois monumentos homenageiam os estudantes mortos no mais terrível naufrágio da história da Coréia do Sul. Um deles tem a forma pacífica de uma baleia. Já o outro é bem mais impactante: reproduz uma sala de aula da escola, com os nomes de todos os alunos mortos no desastre. Ela costuma ser visitada quase que diariamente por familiares das vítimas em busca de algum tipo de consolo. Até hoje.

Após a tragédia do Sewol, pelo menos três pais de alunos cometeram suicídio, deprimidos com a morte dos filhos. O mesmo fez o diretor da escola, que também estava a bordo, acompanhando os alunos, e jamais se perdoou por ter sobrevivido. Seu último pedido foi que suas cinzas fossem jogadas no local do naufrágio. Ele queria se juntar às vítimas.

Já os demais parentes das vítimas, revoltados com a letargia do governo sul-coreano em dar respostas à causa do acidente, passaram a promover manifestações e a fazer greve de fome, acampados diante da sede do governo, exigindo uma investigação aprofundada.

A indignação aumentou ainda mais quando eles tomaram conhecimento de que, ao saber do acidente, a presidenta Park Geun-hye (que estava em um salão de beleza, arrumando o cabelo) ordenou que a Guarda Costeira recusasse ajuda externa, como já havia sido oferecido pelos governos do Japão e Estados Unidos, ambos com navios e helicópteros nas proximidades. O objetivo da decisão de não aceitar ajuda era minimizar a gravidade da catástrofe e não fragilizar seu governo – que chegou a afirmar que todos os passageiros tinham sido resgatados com vida.

A sequência de mentiras e atos desconexos do governo desencadearia uma reação social e política sem precedentes na história recente da Coréia do Sul, que culminaria no impeachment da presidenta Park Geun-hye, também acusada de outros escândalos, três anos depois.

Antes disso, porém, a pressão popular obrigou as autoridades sul-coreanas a agir – ainda que tardiamente. Uma comissão de inquérito foi instaurada para apurar responsabilidades, ao mesmo tempo em que mergulhadores e robôs submarinos foram enviados até o casco soçobrado, a 40 metros de profundidade, em busca de corpos de vítimas. Mas eles só conseguiram penetrar no compartimento das garagens, onde não havia ninguém.

Após meses de análises, apurações e entrevistas com os sobreviventes, a comissão de inquérito concluiu que não havia uma causa específica para a tragédia. Eram várias.

Uma delas foi a sobrecarga de peso a bordo. O Sewol, que dois anos antes havia passado por uma imprudente reforma que adicionara dois deques de cabines à sua estrutura, aumentando assim sua capacidade de passageiros – além de 37 toneladas de pisos de mármore em seus salões internos –, partira com 180 veículos, mal distribuídos, quando sua capacidade segura era para pouco mais de 150. Naquela viagem, ele transportava mais de 3 600 toneladas, entre veículos e carga em geral, quase o dobro do que comportava.

Para tanto, o tamanho do seu lastro fora reduzido das 2 000 toneladas recomendadas para pouco mais de 500 – uma forma de compensar o maior peso transportado. Contudo, a troca de lastro no fundo do casco por peso de carga acima d´água alterou o centro de gravidade e o equilíbrio do casco, deixando-o bem mais sensível a manobras bruscas, como a que foi feita por conta do desentendimento entre os dois tripulantes que pilotavam o ferryboat na entrada do canal de acesso à ilha, uma área de forte correnteza.

Quando se aproximava de uma curva mais acentuada no canal, o terceiro imediato Park Han-kyul, encarregado de conduzir a embarcação pelo comandante Lee, ordenou que o timoneiro Cho Joon-ki guinasse levemente para estibordo. Mas o timoneiro entendeu que era para virar e exagerou na manobra. O terceiro imediato tentou corrigir, mandando, então, que ele girasse o timão no sentido oposto, o de bombordo, para compensar o movimento equivocado. Mas isso desequilibrou ainda mais o casco, que já estava com sua estabilidade comprometida pela má distribuição dos veículos a bordo. O Sewol inclinou demais e não conseguiu mais voltar à posição original.

A conclusão da comissão foi que houve negligência generalizada, tanto na compensação do menor lastro com maior volume de carga, na má distribuição dos veículos na garagem e na comunicação truncada entre os dois encarregados de conduzir a embarcação.

Também houveram falhas gritantes nas operações de evacuação e resgate, ambas feitas de forma precária e muito aquém da intensidade do desastre – quantas pessoas poderiam ter sido salvas se a Guarda Costeira tivesse agido com rapidez, e se o comandante Lee não tivesse dado a catastrófica ordem para que todos permanecessem onde estavam?

Como consequência disso, mais de 150 pessoas – entre tripulantes, agentes portuários e oficiais da Guarda Costeira sul-coreana – envolvidos direta ou indiretamente na tragédia, foram indiciados. Já o capitão Lee Joon-seok foi preso, acusado de múltiplos homicídios, com pedido de pena de morte pela promotoria. Julgado, foi condenado a 36 anos de prisão, pena depois aumentada para prisão perpétua, que vem cumprindo desde então.

Outros 13 membros da tripulação foram condenados a penas de até 20 anos de prisão, por abandonarem a embarcação antes de socorrer os passageiros, incluindo os dois que estavam na cabine de comando no instante daquela desastrosa manobra.

Três anos depois, em março de 2017, o casco do Sewol foi retirado do fundo do mar, em busca de restos de vítimas que ainda estivessem confinadas dentro dele. Apenas uma ossada foi encontrada. Nove corpos jamais foram localizados: o de oito estudantes e de uma criança de 6 anos de idade.

Não poderia haver desfecho mais tocante paraa pior tragédia marítima da história da Coréia do Sul.

O dia em que o mar venceu

A mais famosa mergulhadora livre da história desapareceu fazendo o que mais sabia

Era apenas uma descida curta, até a marca de 40 metros de profundidade – quase nada para quem já havia ido três vezes mais fundo –, em uma simples aula de mergulho livre que a mergulhadora russa Natalia Molchanova estava dando para três alunos, na Ilha Formentera, na costa da Espanha.

Algo tão banal e corriqueiro para ela, que ninguém julgou necessário ter uma equipe de segurança à postos dentro d'água, para o caso de uma alguma eventualidade no retorno da mergulhadora à superfície, como era obrigatório nas competições do gênero e nas quais Molchanova era imbatível havia mais de uma década.

Mas, naquela manhã de 2 de agosto de 2015, algo deu errado e a insuperável recordista mundial de mergulho livre – modalidade na qual o objetivo é ir o mais fundo possível apenas com o ar contidos nos pulmões – não voltou à superfície. Nem nunca mais foi vista.

Em algum momento – e por algum motivo que jamais será sabido –, Molchanova, de 53 anos, apelidada pela imprensa de "mulher-peixe" por sua espantosa capacidade de ficar até quatro minutos debaixo d´água, sem respirar (ou mais que o dobro disso quando estática numa piscina), desapareceu nas profundezas do Mediterrâneo.

Nunca foram esclarecidos certos detalhes daquele trágico mergulho. Como se os três alunos acompanharam a descida de Molchanova ou se executavam outras atividades enquanto isso. Certo é que, por ser um mergulho que ela considerava "raso", a russa também abriu mão do cabo-guia esticado até o fundo, que serve para orientar os mergulhadores nos mergulhos mais profundos, quando, por conta da escuridão das profundezas, desaparece a visibilidade.

Também é certo que ela levava consigo um lastro com cerca de seis quilos de peso, para impulsionar a descida, com o qual – de acordo com o regulamento das competições – também deveria retornar à superfície, já que para Molchanova aquela aula era, também, um treinamento.

Quando ficou claro que havia algum problema, já que, após alguns minutos, Molchanova não retornou à superfície, a pequena equipe que a acompanhava vasculhou ao redor da área – ela poderia ter pego uma correnteza e sido levada para longe. Mas não foi encontrado nenhum sinal da mergulhadora.

Imediatamente a Guarda Costeira espanhola foi acionada e mergulhadores equipados com cilindros de ar comprimido passaram a fazer sucessivos mergulhos na região, para ver se encontravam algum vestígio da atleta – que, até então, vinha assombrando o mundo com façanhas inéditas. Como a de ter se tornado a primeira mulher a quebrar a mítica barreira dos 100 metros de profundidade, dois anos antes, e, em seguida, batido o recorde mundial, com um mergulho histórico de 127 metros. Natalia Molchanova era, indiscutivelmente, a maior mergulhadora livre do mundo e um fenômeno até então sem precedentes.

Durante dias, toda a região foi vasculhada, dentro e fora d'água. Mas nada foi encontrado. Nem mesmo o robô submarino equipado com câmeras de vídeo, contratado pela família da russa, colheu alguma imagem que pudesse desvendar o mistério: o que teria acontecido com a mergulhadora que nutria verdadeira paixão pelos mergulhos em águas profundas?

Molchanova havia sido, literalmente, engolida pelo mar que tanto admirava, e vítima do esporte que tanto amava. Seu corpo jamais foi encontrado. Mas seu filho, também praticante do esporte, tentou buscar um consolo para isso. "Acho que ela gostaria de ficar no fundo do mar para sempre, e foi o que aconteceu", escreveu ele nas redes sociais.

Três dias depois de iniciadas as buscas, Natalia Molchanova foi declarada oficialmente morta e o mundo do mergulho, perplexo, passou a ser perguntar como aquilo poderia ter acontecido. Até hoje, há três hipóteses.

A primeira – e mais provável – é que Molchanova tenha sido colhida pela forte correnteza que havia no fundo do mar naquele dia e sido arrastada para longe, sem conseguir retornar à superfície já que mergulhava sem o cabo-guia. Em seguida, teria "apagado" por falta de oxigênio no organismo e morrido afogada, enquanto seu corpo era levado indefinidamente pelas correntes marítimas submarinas.

Já a segunda hipótese é que, por algum motivo (talvez a forte correnteza profunda), Molchanova tenha demorado demais para iniciar à volta à superfície, o que a teria feito desmaiar no caminho, vítima de hipóxia, a falta de oxigenação cerebral, uma vez que não havia uma equipe de segurança na água para intervir no caso de alguma emergência – e "apagões" desse tipo são a principal causa de mortes no mergulho livre.

Por fim, a terceira possibilidade é que, por conta de algum mal súbito, Molchanova tenha perdido a consciência ainda na descida e sido empurrada para o fundo pelo lastro que transportava, já que, vencida a barreira inicial da flutuabilidade, após 20 ou 30 metros de profundidade, os praticantes do mergulho livre costumam experimentar aquilo que chamam de "queda livre", quando são praticamente "sugados" pelo mar, e afundam sem parar.

Qualquer que tenha sido o motivo da misteriosa morte da mais famosa mergulhadora livre da história, o fato é que, naquele dia, Natalia Molchanova, a imbatível campeã que superava todos os limites, não tomou os devidos cuidados naquele que é considerado o mais letal dos esportes aquáticos.

E pagou com a própria vida por isso.

Sumiu no mar

O mais que suspeito desaparecimento de um fiscal de barcos pesqueiros

No início da tarde de 10 de setembro de 2015, como habitualmente fazia, o americano Keith Davis, de 41 anos, observava a transferência de peixes do pesqueiro taiwanês Chung Kuo 818 para o barco-mãe MV Victoria 168, no qual ele prestava serviço, então parado a cerca de 450 milhas da costa do Equador.

O tempo estava bom, o mar tranquilo, a operação era rotineira e Davis acompanhava o transbordo dos peixes de uma das amuradas do convés do MV Victoria 168, que, mais tarde, levaria para terra firme o fruto do trabalho dos demais barcos, liberando-os para seguir pescando no mar aberto.

Por volta das 15 horas, a operação foi encerrada e o americano, também como de hábito, foi chamado à cabine de comando para assinar os formulários que atestavam o correto transbordo dos peixes de um barco para outro – um procedimento de praxe. Mas ele não foi encontrado.

Dez minutos antes, um dos tripulantes do pesqueiro taiwanês disse ter visto Davis assistindo à operação. Em seguida, porém, como registraria o capitão do MV Victoria 168 no seu diário de bordo, ninguém mais o localizou no barco.

Também de acordo com o capitão do pesqueiro, durante três dias, intensas buscas foram realizadas no mar, mas sem nenhum sinal do americano. Começava ali um mistério que nunca teve uma explicação satisfatória. O que aconteceu com Keith Davis?

Davis era um observador profissional de pesca – uma profissão bem pouco conhecida, mas fundamental para coibir abusos, determinar cotas para as empresas de pesca e manter sadios os estoques de seres vivos nos mares do mundo.

Cabe aos observadores de pesca fiscalizar e recolher dados dos cardumes capturados pelos grandes barcos pesqueiros, a fim de impedir a sobrepesca e outras irregularidades, como a captura de espécies ameaçadas e, como é comum nos barcos asiáticos, a ocultação de barbatanas de tubarões – uma iguaria para os chineses, mas cuja captura é proibida, pois os animais são devolvidos ainda vivos ao mar, sem condições de nadar.

Os relatórios e dados coletados por eles servem para balizar a saúde dos oceanos, e permitem – ou não – que as empresas do setor possam estampar em seus produtos (como as latas de atum, por exemplo) um selo cada vez mais valioso: o que atesta que aquele pescado foi capturado de forma responsável e sustentável.

O problema é que a fiscalização dos observadores de pesca é feita dentro das próprias embarcações em que eles atuam, lado a lado com os que estão sendo fiscalizados, o que os transformam em intrusos indesejados, quase sempre sem nenhum apoio das empresas pesqueiras, que, a contragosto, são obrigadas pela regulamentação a recebê-los em seus barcos. Isso os torna extremamente vulneráveis e, com frequência, hostilizados pelas tripulações – um trabalho solitário, incômodo para quem está sendo fiscalizado e, por isso mesmo, extremamente perigoso.

O que torna o trabalho dos observadores de pesca ainda mais arriscado é que ele geralmente acontece em alto-mar (quase sempre nas chamadas "águas internacionais", que não pertencem a nenhum país, portanto sem a segurança e respaldo de governo algum), onde não há ninguém para protegê-los.

Mas Keith Davis adorava o que fazia. Aventureiro e idealista, ele já atuava como observador de pesca há mais de 15 anos, e sabia que sua atividade envolvia muitos riscos, até por ser feita no mar aberto, onde não existem controles, muito menos câmeras de segurança.

Além disso, seu único meio de comunicação com o mundo exterior durante as longas jornadas no mar – às vezes, com meses de duração – eram eventuais e-mails que trocava com seus supervisores, a partir do computador do capitão do barco, quase sempre o único com acesso à internet na embarcação. E estas mensagens podiam ser facilmente monitoradas.

Por isso, Davis desenvolvera uma série de códigos secretos, a fim de relatar irregularidades nas atividades dos barcos nos quais atuava. Sua última mensagem enviada do MV Victoria 168 dizia apenas: "A transportadora..." – como se tivesse sido interrompida, censurada ou fizesse parte de uma mensagem cifrada.

Davis embarcou para sua missão no MV Victoria 168, prevista

para durar entre dois e três meses ao largo da costa oeste do Equador, no dia 5 de agosto de 2015. E desapareceu pouco mais de um mês depois.

Dias antes, ele postara em uma rede social um vídeo anônimo que mostrava quatro homens à deriva no mar sendo executados a tiro por tripulantes de um barco pesqueiro. O vídeo ilustrava bem os riscos que as atividades no vazio do alto-mar embutiam, e a impunidade quase sempre reinante nesses casos – a ponto de aqueles executores não terem tido o menor receio de filmar o múltiplo assassinato que cometiam. No caso do desaparecimento de Davis, não foi muito diferente.

Embora tenha havido uma investigação quando o barco retornou ao Panamá, dez dias depois (tempo suficiente para a tripulação se livrar de qualquer coisa que a incriminasse), ela não chegou à conclusão alguma.

A combinação de entraves diplomáticos (Davis era americano, a tripulação do MV Victoria 168, em sua maioria, indonésia, e o barco era registrado no Panamá), com a falta de empenho da Polícia panamenha (que preferiu ficar com a versão do capitão do pesqueiro, de que Davis se desequilibrara e caíra no mar sem ser visto por ninguém – embora fosse dia claro e o tempo estivesse bom), resultou em um quase arquivamento do caso, apesar de, oficialmente, estar aberto até hoje. Nem mesmo descobertas posteriores mudaram este cenário.

Tempos depois, no computador pessoal de Davis, a Polícia encontrou dois vídeos gravados pelo celular da vítima e escondidos dentro de outros arquivos. Um deles, gravado no dia 29 de agosto – 12 dias antes de o americano sumir –, mostrava dois chineses chegando pelo mar a bordo de outro pesqueiro e embarcando no MV Victoria 168. Já o outro vídeo, bem curto e feito uma semana antes da chegada daqueles estranhos, exibia apenas o que parecia ser as costas de uma mulher dentro do barco – embora, oficialmente, não houvesse mulher alguma na tripulação. Quem eram aqueles chineses? E aquela mulher misteriosa?

A suspeita dos amigos de Davis e outros observadores de pesca passou a ser a de que o MV Victoria 168 estaria envolvido em algo bem mais sério do que simples irregularidades no manejo dos cardumes, e que o americano teria descoberto isso.

A principal suspeita era o tráfico internacional de pessoas, já que a costa do Equador era um conhecido ponto de desembarque de imigrantes ilegais tentando chegar aos Estados Unidos. Barcos de pesca asiáticos poderiam estar trazendo pessoas e as transferindo para o MV Victoria 168. Antes disso, em outra jornada, em outro barco, Davis já havia feito fotos de homens que não faziam parte das tripulações dormindo nos corredores a bordo.

O americano, porém, nunca levou as denúncias adiante, porque isso não fazia parte do escopo do seu trabalho. Mas, talvez, os tripulantes do MV Victoria 168 (ou aqueles dois estranhos chineses) não conhecessem este traço da sua personalidade e tenham optado por não correrem riscos após o americano ter visto o que não deveria.

Tempos depois, o MV Victoria 168 mudou de nome, para Kai Hang 168, e o caso caiu de vez no esquecimento.

Acidente, suicídio ou assassinato? Com o inquérito inconclusivo até hoje, ninguém sabe o que realmente aconteceu com o abnegado Keith Davis, um biólogo idealista, que acreditava cegamente que impedindo os abusos na pesca comercial estava ajudando a construir um mundo melhor. Tampouco seu corpo nunca foi encontrado.

Crime em família

Ao ser resgatado, ele disse que a mãe havia morrido afogada. Mas era bem pior que isso

Era o meio da manhã de 26 de setembro de 2016 quando um dos oficiais do navio cargueiro Oriente Lucky avistou uma balsa salva-vidas à deriva, de onde partiam foguetes sinalizadores. Se estivesse perto da costa, ele apenas pegaria o rádio e informaria o achado à Guarda Costeira, para que ela providenciasse o resgate, já que não é nada fácil deter o avanço de um navio em movimento, muito menos manobrá-lo até chegar próximo de um náufrago. Mas ali onde estavam, a mais de 100 milhas da costa de Massachusetts, um resgate vindo de terra firme demoraria muito. E, talvez, quando chegasse, já fosse tarde.

Após refletir por alguns segundos, o oficial deu ordem para o navio reduzir a marcha e começar a dar voltas, cada vez menores, até se aproximar lentamente da balsa. A manobra levaria quase meia hora, mas se justificava.

Dentro da balsa havia um jovem americano de 22 anos, chamado Nathan Carman, em bom estado de saúde e com bom estoque de água e comida, que dizia estar à deriva havia oito dias, desde que sua lancha afundara a caminho de uma pescaria.

Mas o pior – ele contou em seguida – é que Nathan não estava sozinho na lancha quando ela afundou. Com ele estava sua mãe, Linda Carman, que, no entanto, de acordo com o que Nathan disse aos seus socorristas, não sobreviveu ao naufrágio.

Sensibilizados com o drama daquele jovem, os marinheiros do cargueiro o acolheram, deram roupas, comida, uma cabine, e comunicaram o fato à Guarda Costeira, que foi ao encontro do navio e levou Nathan para terra firme – onde a Polícia já o aguardava para um interrogatório, já que, afinal, uma pessoa havia morrido no suposto naufrágio.

No entanto, era verdade. A lancha de Nathan, batizada Chicken Pox ("Catapora", em português), havia de fato afundado, como ficaria comprovado mais tarde, quando nenhum vestígio do barco foi encontrado. Mas o que causava certa estranheza naquela história era o desaparecimento da mãe do rapaz. Por que ela também não teria passado para a balsa salva-vidas, quando ficou claro que a lancha estava afundando? Se ela foi parar no mar quando a lancha afundou, por que o filho não a resgatou? E por que o corpo dela nunca apareceu? Foram algumas das perguntas que jamais tiveram uma resposta conclusiva.

Ao chegar à terra firme, Nathan foi recebido por um único membro da família, o que soou um tanto estranho à Polícia. Mas, como ele estava bem de saúde (outro fato incomum para quem tinha acabado de passar oito dias à deriva no mar, com as habituais limitações de água e comida que esse tipo de situação costuma impor às vítimas), foi liberado para ir para casa, onde passou a noite sozinho, sem a companhia de nenhum familiar – algo também um tanto incomum frente à uma situação tão traumática.

No dia seguinte, Nathan foi novamente procurado pela Polícia. Após investigar na marina de onde ele partira, os policiais descobriram que Nathan havia feito algumas alterações na segurança de sua lancha dias antes de sair para pescar com a mãe. Entre elas, a remoção das placas estabilizadoras do casco, algo que praticamente ninguém faz, porque compromete seriamente a capacidade de navegação do barco. Além de ter feito alguns pequenos furos no casco.

A Polícia também descobriu que Nathan já havia entrado com um pedido de ressarcimento na seguradora do barco, e que havia apagado todos os arquivos do computador que tinha em casa. Mas o mais determinante para aumentar as suspeitas de que aquela história poderia não ter sido do jeito que ele contara, foi que uma breve pesquisa no banco de dados da Polícia revelara que Nathan Carman já havia sido investigado em outro caso de assassinato envolvendo um familiar.

Em 2013, ele fora considerado o principal suspeito de matar o avô, John Chakalos, pai de sua mãe, com um tiro de espingarda, enquanto dormia, após ter jantado com ele na noite anterior. O motivo do assassinato teria sido a herança que Chakalos, um bem-sucedido incorporador imobiliário em Connecticut, deixaria para os herdeiros. Entre eles, Nathan e sua mãe.

Apesar de todas as evidências, e de acusações da própria família, Nathan, que era portador de Síndrome de Asperger, um estado do espectro autista, não foi considerado culpado pela justiça, e teve o direito de receber sua parte na herança deixada pelo avô: pouco mais de meio milhão de dólares, dinheiro que ele rapidamente gastou comprando, entre outras coisas, uma lancha para pescar: a mesma que usaria para sair com sua mãe naquele 18 de setembro de 2016, quando sua conta bancária já dava sinais de esgotamento.

O que realmente aconteceu naquela noite no mar, só mesmo Nathan poderia dizer. Mas ele contou apenas que a lancha começou a encher de água muito rapidamente, quando estavam "a cerca de 20 milhas da costa" – bem menos do que o local onde fora resgatado, em alto-mar, onde a profundidade, bem maior, era convenientemente para inviabilizar o resgate do barco para averiguações. Também disse que era noite e que chamou pela mãe diversas vezes quando já estava na balsa. Mas, segundo ele, ela não respondeu.

A Polícia jamais acreditou nesta versão, preferindo crer que Nathan matara a mãe com uma arma de fogo (como fizera com o avô, três anos antes) e trancara o corpo dela dentro da cabine para que afundasse junto com o barco e jamais voltasse à superfície. Em seguida, ele teria abastecido a balsa salva-vidas com bastante água e comida – além de foguetes sinalizadores –, para que que não passasse necessidade durante a espera por um resgate.

Com base nisso, Nathan foi preso acusado de fraude e assassinato com o intuito de se apoderar da herança da mãe, que recebera bem mais que ele pela morte do avô. Mas, perante o juiz, na sua primeira audiência, declarou inocência. Foi, então, mantido preso, até que fosse julgado, o que aconteceria em outubro de 2023. Mas o julgamento não aconteceu.

Três meses antes de ir a júri popular, Nathan Carman foi encontrado morto na cela que ocupava, sozinho, em uma penitenciária de New Hampshire. A causa da morte foi suicídio – o que não deixou se der uma explícita admissão de culpa por um crime bárbaro, que ninguém nunca duvidou que ele não tivesse cometido.

Um mistério dentro do outro

Teria aquela empresa de pesquisas desistido do resgate ou já encontrado o que buscava?

Quando a Segunda Guerra Mundial estourou, com a invasão da Polônia pela Alemanha em 1º de setembro de 1939, o navio cargueiro alemão SS Minden estava iniciando a travessia do Atlântico Sul, entre a Argentina e a África do Sul, bem longe daquele cenário de pré-guerra na Europa.

Mesmo assim, o seu comandante recebeu ordens de retornar à América do Sul e buscar um porto neutro para que o navio não corresse o risco de ser confiscado. Todos os capitães de embarcações navegando sob bandeira alemã receberam a mesma instrução.

Mas a do comandante do Minden veio acrescida de outra ordem específica: a de que ele rumasse para o porto do Rio de Janeiro, onde o navio receberia um carregamento de resinas, destinado às indústrias alemãs, "entre outras mercadorias" – uma delas, um suposto carregamento de cerca de quatro toneladas de ouro (que, por razões de segurança, não constavam nos manifestos de carga) que estava sendo transferido da sede do Banco Germânico, filial brasileira do banco alemão Dresden, para a Alemanha – que, antevendo as extensões do conflito, sabia que necessitaria de recursos para financiá-lo.

Cinco dias depois, após ser abastecido e carregado (incluindo com o suposto ouro do banco alemão), o cargueiro partiu do porto brasileiro com destino ao seu país de origem. Mas nunca chegou lá.

Quando navegava a cerca de 190 quilômetros da costa da Islândia, em uma rota propositalmente incomum para os navios que partiam da América do Sul, o Minden foi avistado pelos cruzadores da Marinha britânica Calypso e Dunedin, e seu capitão recebeu ordens de parar. E, de fato, ele parou. Mas apenas para executar a ordem que recebera assim que informou sua base na Alemanha sobre a iminente abordagem dos navios ingleses: a de que afundasse o próprio navio para que o seu conteúdo não caísse nas mãos do inimigo.

O capitão alemão mandou a tripulação abrir todas as válvulas do casco e passar para os botes salva-vidas – mais tarde, eles seriam resgatados por um dos cruzadores ingleses. Em seguida, o Minden afundou com toda a sua carga, inclusive aquele suposto carregamento de ouro brasileiro que a Alemanha não queria que caísse nas mãos dos ingleses.

Consta que a ordem de afundamento teria vindo do próprio Hitler, o que só faria sentido se houvesse realmente algo muito valioso naquele insignificante navio. Mas, com o desenrolar da guerra e as dimensões mundiais que o conflito foi ganhando, o intrigante naufrágio proposital do Minden logo foi abafado por inúmeros outros casos. Mas não esquecido.

Quase oito décadas depois, com base em documentos da época, uma recém-criada empresa inglesa de exploração de naufrágios, a Advanced Marine Services, decidiu trazer o caso novamente à tona, promovendo uma expedição particular para tentar localizar os restos do cargueiro alemão no fundo do mar. E os encontrou, com a ajuda de um navio especial de prospecção, o Seabed Constructor, alugado por cerca de 100 mil dólares ao dia, em abril de 2017, a 2 240 metros de profundidade.

Na época, o achado (do navio, não do seu eventual conteúdo milionário) foi notícia no mundo inteiro. Por dois motivos: a detenção do navio de pesquisa e de toda a sua equipe por não haver uma autorização do governo da Islândia para aquela prospecção em sua zona exclusiva de exploração marítima, e porque aquela custosa operação só se justificaria se houvesse, de fato, algo muito valioso a bordo daquele velho cargueiro – o que a empresa inglesa acreditava ser verdade.

A detenção da equipe pela polícia islandesa durou apenas alguns dias, e a empresa foi autorizada a repetir a operação no ano seguinte, desta vez sob a vigília da Marinha da Islândia.

Em 2018, os técnicos da Advanced Marine voltaram ao local do naufrágio e, durante três dias, vasculharam, com robôs submarinos, os escombros do navio.

Até que o prazo concedido pelo governo islandês se esgotou, ao mesmo tempo em que o mau tempo obrigou a equipe a suspender a varredura que vinha fazendo no interior do Minden, o que implicava, inclusive, em cortar pedaços do casco.

Novamente, a equipe inglesa teve que abandonar a área, desta vez, porém, sem pleitear uma nova expedição. E nunca mais voltou a explorar os restos do SS Minden.

Três anos depois, a Advanced Marine Services (que, se supõe, era apoiada pelo milionário inglês Anthony Clake, suspeito de financiar saques ilegais em diversos naufrágios mundo afora) foi dissolvida e deixou de existir. Mas nunca ficou claro se a empresa foi fechada porque desistira de vez do resgate do eventual ouro que SS Minden transportava (hoje avaliado em algo em superior a 100 milhões de dólares), ou porque já havia atingido o seu objetivo.

Restou apenas um mistério dentro do outro.

Ataque na praia

Era para ser apenas um alegre dia de surf
para aquele brasileiro. Até que o pior aconteceu

Era uma manhã de sábado de setembro de 2018, início de outono no Hemisfério Norte – mas ainda não frio o bastante para impedir que aqueles dois amigos, o americano Isaac Rocha, de 16 anos de idade, e o brasileiro radicado nos Estados Unidos, Arthur Medici, de 26, entrassem no mar da praia de Newcomb Hollow, em Cape Cod, no estado americano de Massachusetts, para surfar.

Eles já tinham estado naquela praia na véspera e surfado até que a noite chegasse. Mas aquele sábado prometia mais emoções. As ondas estavam com boa formação e vinham uma atrás da outra, com fartura. Os dois vestiram suas roupas de borracha, proteção necessária contra a temperatura da água, e correram para a beira d'água.

Assim que pisou na areia, no entanto, o brasileiro Arthur, nascido e criado em Vila Velha, no litoral Espírito Santo, mas há anos vivendo nos Estados Unidos, onde estudava engenharia, parou, fitou as ondas, olhou para Isaac – que logo se tornaria seu cunhado, já que ele tinha pedido a irmã do amigo em casamento – e disparou:

– Essa é a vida que eu quero ter. Surfar para sempre!

Mas, para ele, aquele "sempre" duraria pouco. Bem pouco.

Minutos depois, quando Isaac pegou sua melhor onda, se afastando momentaneamente do amigo, para em seguida começar a remar de volta para o "outside" (a faixa de mar antes da arrebentação das ondas, na qual os surfistas ficam sentados sobre suas pranchas à espera da melhor ondulação), uma agitação anormal na água, no exato local onde o brasileiro estava, a algumas dezenas de metros de distância, chamou a sua atenção.

Em meio à explosão de espumas brancas, Isaac viu a cauda de um grande animal saindo do mar e batendo forte na água, enquanto o amigo desaparecia da superfície. Era um grande tubarão branco – o mais feroz da espécie. E ele havia acabado de abocanhar a perna submersa de Arthur Medici e o arrastado para o fundo.

O mergulho foi rápido. Tão logo o animal percebeu que a perna do rapaz, revestida por aquela roupa preta de borracha, não era uma foca – seu alimento predileto na região –, o soltou. Mas o estrago já estava feito. Arthur emergiu já envolto em uma grande mancha vermelha de sangue e inconsciente.

Isaac nadou até ele, agarrou o amigo e, a despeito das ondas quebrando sobre suas cabeças com irritante persistência, o arrastou até a praia, onde um grupo de banhistas – que também havia testemunhado o terrível espetáculo – correu para ajudar. Arthur seguia desacordado, com a coxa direita dilacerada, da qual jorrava um turbilhão de sangue. Mas parecia vivo.

Enquanto um dos banhistas ligava para o serviço de emergências, Isaac arrancou a cordinha que atava o seu calcanhar à prancha e a amarrou em volta da virilha da perna destruída do amigo, a título de torniquete. Mas não adiantou muito. Arthur já havia perdido quase todo o sangue do corpo.

Quando o socorro chegou à praia, minutos depois, o coração do brasileiro já havia praticamente parado de bater, porque não havia mais sangue em quantidade para ele bombear. Os procedimentos de ressuscitamento começaram ali mesmo, e se repetiram a cada minuto, até o hospital mais próximo, onde a ambulância chegou meia hora depois.

Isaac foi junto, sentado no banco do passageiro, torcendo para que o amigo resistisse. Mas não deu tempo. Arthur chegou ao hospital já morto.

O próprio Isaac, aos prantos, avisou as duas famílias – especialmente sua irmã, prestes a se casar com Arthur. Em seguida, começaram os trâmites para transportar o corpo do jovem de volta à sua cidade natal – uma cara operação, que exigiu que a família do brasileiro recorresse até a uma vaquinha na internet para custear as despesas.

Um mês depois, os surfistas de Newcomb Hollow se reuniram para prestar uma homenagem ao brasileiro morto. Eles remaram até o outside, fizeram um círculo com suas pranchas, deram as mãos e um deles disse algumas palavras. Foi a primeira e, até hoje, última vez que Isaac Rocha entrou no mar daquela praia.

Na saída da cerimônia ele ficou sabendo o que tanto ele quanto Arthur deveriam ter sabido antes de entrarem no mar naquele sábado de setembro de 2018: que, semanas antes, um homem de 61 anos que nadava um pouco antes da linha de arrebentação das ondas também havia sido atacado por um grande tubarão branco. Mas, com um ferimento menor, sobrevivera, após dois dias em coma e 12 litros de sangue injetados em seu corpo. Artur não teve a mesma sorte.

Coube ao brasileiro, a triste honra de ter se tornado a primeira vítima fatal de um ataque de tubarões brancos em Cape Cod em quase um século.

Exemplo de superação

A deficiente física que velejava só com a boca. E sozinha no barco

Aquele era apenas o terceiro dia de uma jornada prevista para durar semanas no mar que circunda a Inglaterra, quando a velejadora inglesa Hilary Lister passou mal, perdeu a respiração e sua cabeça pendeu, inconsciente, sobre o cockpit adaptado do barco que ela navegava.

Imediatamente, sua equipe de apoio, que seguia ao lado, abordou o barco da velejadora e iniciou um procedimento médico de urgência, a fim de reanimá-la.

A ação levou intermináveis segundos, até que Hilary abriu os olhos, voltou a encher os pulmões de ar e sorriu, satisfeita – porque ela estava onde mais gostava de estar: no mar, navegando, dando a volta na grande ilha da Grã-Bretanha, algo que incontáveis velejadores já haviam feito, mas nenhum da maneira como ela vinha fazendo, já que Hilary era tetraplégica e só conseguia mover a cabeça.

O barco com o qual ela navegava fora construído sob medida para as suas limitações físicas. Todos os comandos eram executados por meio de canudos, que ela assoprava ou sugava de acordo com o movimento pretendido de leme e vela, o que exigia um trabalho pulmonar intenso – daí aquela parada respiratória, causada pelo esforço em fazer o barco se movimentar.

Mesmo assim, Hilary fazia questão de navegar sozinha. Se precisasse se mover, ela não conseguiria. Se o barco virasse e ela caísse no mar, certamente morreria.

Mas o máximo de ajuda que a inglesa, então com 37 anos de idade, permitia, era o acompanhamento de um barco de apoio, no qual seguiam médico e enfermeiro, prontos para qualquer emergência.

Em outras duas ocasiões daquela mesma jornada, Hilary perderia os sentidos e teria que ser reanimada. Mas seguiu navegando, até que completou a sua circum-navegação das Ilhas Britânicas, em agosto de 2009, feito que a levou a ser premiada naquele ano como uma das quatro maiores velejadoras do mundo, pela Federação Internacional de Vela.

Antes disso, ela já havia feito outras travessias igualmente extraordinárias para alguém que não conseguia mover braços nem pernas e navegava com o corpo inerte, estirado sobre o convés.

A primeira foi a travessia – também em solitário – do Canal da Mancha, entre a Inglaterra e a França, em agosto de 2005, ocasião em que chegou a fixar um mapa na ponta dos pés a fim de visualizar a rota. Dois anos depois, ela voltou ao mar e contornou, da mesma forma, toda a Ilha de Wight, um dos ícones náuticos da Inglaterra – e tornou-se, também, a primeira pessoa com tamanho grau de deficiência física a fazer isso.

O objetivo de Hilary ao executar suas impressionantes travessias era duplo: provar que mesmo pessoas com deficiências severas eram capazes de realizar grandes feitos, e se sentir feliz pela liberdade de movimentos que ela não tinha no seu dia a dia, sempre presa a uma cama ou cadeira de rodas.

"Comandar meu próprio barco me trouxe uma sensação de liberdade que nunca pensei que teria de volta", disse Hilary, ao final de sua primeira travessia do gênero. "Isso, literalmente, salvou minha vida".

A vida de Hilary Lister começou a definhar ainda menina, por volta dos 11 anos de idade, quando suas pernas passaram a sofrer dormências e perda de firmeza. Mais tarde, o mesmo aconteceu com suas mãos e braços, para perplexidade dos médicos, que não sabiam ao certo o que ela tinha. Só aos 17 anos de idade, Hilary foi diagnosticada com uma doença degenerativa rara: a distrofia reflexa. Dez anos depois, ela já não tinha mais nenhuma mobilidade do pescoço para baixo – só conseguia mover a cabeça, os olhos e a boca.

A limitação extrema levou Hilary a pensar em suicídio. Certa vez, deprimida, ela decidiu que tomaria uma overdose de medicamentos para pôr um fim naquele sofrimento. Foi quando um amigo a levou, de cadeira de rodas, para velejar em um lago perto de sua casa. Aquilo mudou sua vida.

A recuperação da capacidade de se locomover sem depender de ninguém fez Hilary se apaixonar pelos barcos, e ela não sossegou enquanto não conseguiu um que ela mesmo pudesse comandar.

A solução veio quando um projetista canadense conseguiu adaptar para um pequeno veleiro, de 20 pés de comprimento, o mesmo sistema de movimentação através de sopros de ar que ela usava para se locomover em sua cadeira de rodas. Através de variações nas pressões do ar dentro de tubos que Hilary operava com a boca, microprocessadores eletrônicos controlavam a movimentação do barco. Um tubo gerenciava o leme; outro, a posição da vela. E assim, soprando e sugando o ar, ela conseguia navegar sem depender de mais ninguém a bordo.

"Se você multiplicar por mil a sensação de liberdade que qualquer pessoa sente ao dar um passo na direção que quiser, vai saber como eu me sinto agora", disse Hilary, ao testar o barco pela primeira vez.

A partir daí, ela deu início às suas travessias e criou uma instituição, a Dream Trust (algo como "Confiança no Sonho"), dedicada a ajudar pessoas com deficiências físicas a realizar seus desejos.

"Com as ferramentas certas, até grandes aventuras são possíveis", explicou Hilary ao criar a entidade e partir para a maior de suas façanhas, a circum-navegação da Grã-Bretanha – aquela em que quase morreu em três ocasiões por perda da consciência, causada pelo esforço de mover um barco à vela apenas com o ar dos próprios pulmões.

A última jornada de Hilary foi em 2014, quando ela cruzou o Mar da Arábia a bordo de um veleiro convencional, mas já na companhia de outras pessoas. Em seguida, por conta de uma infecção permanente causada pela própria doença, sua saúde começou a definhar, até que ela morreu, quatro anos depois, aos 46 anos de idade.

Deixou, no entanto, uma lição perene de vida e perseverança na busca pela liberdade, mesmo quando o corpo conspira contra isso.

De certa forma, Hilary Lister venceu até a medicina.

A ousadia de um narcossubmarino

A insana travessia de um oceano com um submarino abarrotado de cocaína

No final dos anos de 1980, o traficante colombiano Pablo Escobar, na época o maior traficante de cocaína do mundo, tinha um problema: precisava encontrar uma maneira de escoar cada vez mais drogas para os Estados Unidos pelo mar, já que seus aviões vinham sendo facilmente detectados pela Polícia americana.

Mas, como, se barcos eram meios de transporte ainda mais fáceis de serem avistados e interceptados? A menos – claro – que eles não pudessem ser avistados. Foi quando Escobar decidiu que construiria submarinos a fim de transportar a cocaína por debaixo d'água. Ou quase isso.

Os primeiros projetos foram simples lanchas com o casco cortado rente à linha d'água, equipadas com potentes motores de popa que tampouco se sobressaiam na superfície. Mas não deu certo. A adaptação não permitia que as lanchas ficassem tão escondidas assim no mar, mal cabia um piloto dentro delas e o espaço para o transporte da carga era pequeno demais para as necessidades de Escobar.

Ele, então, contratou alguns engenheiros da extinta União Soviética, montou estaleiros improvisados dentro da selva amazônica e encomendou a construção de dois submarinos quase de verdade, capazes de navegar um pouco abaixo da superfície, mas totalmente submersos. Nasciam assim os "narcossubmarinos", que, até hoje, desafiam a sagacidade da Polícia nos mares do Caribe, Atlântico e Pacífico.

Os engenhos, com cascos de fibra de vidro, motores adaptados, todos os espaços dedicados exclusivamente ao transporte da valiosa carga e nenhuma preocupação com o bem-estar dos seus ocupantes, eram descartáveis. Ao final de cada operação, caso não tivessem sido apreendidos pela Polícia, eram afundados pelos próprios traficantes no local de destino, sem deixar vestígios – nada mais eficiente e prático para o cada vez mais rentável negócio de Escobar, que, no entanto, morreria logo depois, em confronto com a Polícia.

Mas a morte do número 1 da cocaína no mundo não acabou com o tráfico, muito pelo contrário. Logo surgiram outros grupos para ocupar o seu lugar, e eles trataram de aperfeiçoar os métodos de escoamento da droga criados por Escobar. Entre eles, os narcossubmarinos.

Entusiasmados com os resultados positivos do tráfico submerso de cocaína para os Estados Unidos (de cada três narcossubmarinos enviados através do mar do Caribe, dois conseguiam chegar ao seu destino), os cartéis colombianos passaram a investir em embarcações cada vez maiores e em travessias mais longas com o objetivo de alcançar novos mercados. Como a Europa.

Mas havia um problema: para chegar lá, era preciso cruzar o Atlântico. E isso implicava em equipar os submarinos com grandes tanques de combustível, sem que isso roubasse o espaço destinado ao transporte da droga – que, por sinal, teria que ser ainda maior, para fazer valer a pena tão longa jornada.

A solução foi diminuir ao máximo o espaço destinado aos tripulantes dentro das embarcações, já que elas não poderiam crescer muito de tamanho, porque isso implicaria em usar motores mais potentes, que, por sua vez, consumiriam mais combustível e exigiriam tanques maiores.

As condições oferecidas aos tripulantes dos narcossubmarinos (não mais que dois ou três por viagem, a maioria formada por miseráveis desesperados em busca de algum dinheiro), que já eram pra lá de precárias na época das lanchas submersas, tornaram-se ainda piores na medida em que os projetos dos submarinos oceânicos foram avançando.

Por isso, no primeiro semestre de 2019, quando um experiente capitão espanhol foi contratado por um cartel colombiano para conduzir, do Brasil para Portugal, um submarino com mais de três toneladas de cocaína, a resposta foi "não!" – a embarcação era insalubre demais para uma travessia tão longa.

Após examinar a embarcação de 21 metros de comprimento por apenas 1,5 de largura, com casco de fibra de vidro de sete centímetros de espessura, que estava sendo secretamente construída em um estaleiro improvisado nas margens do Rio Amazonas, no Amapá – e de avaliar o tormento que seria aquela longa viagem até o outro lado do oceano –, o cauteloso capitão espanhol taxou aquela viagem de "suicida", deu meia-volta e foi embora. Mas isso não minou o projeto de levar toneladas de cocaína do Brasil para a Europa por baixo d'água. Logo surgiu outro candidato. E ele aceitou na hora.

Em 26 de outubro de 2019, o também espanhol Agustín Álvarez, um ex-boxeador e navegador experiente, embora tivesse apenas 29 anos de idade, desembarcou no Brasil para assumir a missão de comandar o submarino dos traficantes até o outro lado do Atlântico, acompanhado por dois ajudantes equatorianos: Luis Tomás Benítez Manzaba e Pedro Roberto Delgado Manzaba, que eram primos e com alguma experiência em travessias. Só que com barcos à vela.

Pelo trabalho, os equatorianos receberam um adiantamento de 5 mil dólares cada, mais a promessa de outros 50 mil caso conseguissem fazer o submarino chegar à Europa. Já Agustín, receberia uma bolada bem maior: perto de meio milhão de dólares, dinheiro suficiente para fazê-lo ignorar todos os riscos e desconfortos que a missão embutia. Mas quase nada perto do que valeria aquele carregamento de 3 068 quilos de cocaína em terras europeias, estimado, na época, em mais de 300 milhões de dólares – uma bolada que justificava a construção daquele submarino, cujo custo passara de 1 milhão de dólares.

Batizado de "Che", uma expressão ou maneira amistosa de chamar de alguém nos países de língua espanhola, como era o caso da Colômbia, de onde vieram os recursos para construí-lo, o narcossubmarino que seria tripulado por Agustín e os dois equatorianos era uma espécie de charuto hermeticamente fechado com um enorme tanque de combustível, de 20 mil litros, na proa, e um motor movido a óleo diesel, um gerador de energia, um coletor externo de ar e um exaustor (feito periscópios) para a fumaça, na popa.

No meio, ocupando praticamente todo o espaço a bordo, ficavam as três toneladas da droga, divididas em 152 fardos envoltos em plástico, e um minúsculo posto de comando, composto por uma baixa casaria com quatro janelinhas, um assento, um console, um volante, um acelerador, uma bússola e mais nada. Não havia nenhum equipamento de navegação (só um compasso, para ser usado sobre uma carta náutica) e apenas um telefone via satélite para instruções na chegada.

Espremidos entre uma coisa e outra, ficavam os três tripulantes: um sempre sentado no posto de comando, porque não havia altura suficiente para ficar em pé em lugar algum do submarino, e os outros dois obrigatoriamente deitados ou acocorados no estreito corredor entre os fardos – um ambiente escuro, claustrofóbico e úmido, que, com o passar dos dias ficaria, também, fedorento e insalubre.

Cozinha, não havia. Toda a alimentação durante a longa travessia consistia em barrinhas de cereais, biscoitos, conservas, latas de sardinha e bebidas energéticas – alimentos que, além de ocupar pouco espaço, tentariam suprir a carência de demais nutrientes no organismo dos três homens. Haveria, também, galões de água potável, mas em número limitado, por conta do espaço. Caberia aos tripulantes ir repondo o precioso líquido na medida em que chovesse. Se chovesse...

Banheiro, também não tinha. Eles fariam suas necessidades dentro de sacolas plásticas, que, depois, seriam jogadas ao mar por meio de uma portinhola na parte de cima da embarcação – mesmo recurso por onde também entraria um pouco de ar fresco sempre que eles estivessem navegando um pouco acima da linha da superfície.

Pelo menos, os tripulantes do Che não ficariam trancados dentro do submarino, pelo lado de fora, sem ter como sair, até que a mercadoria fosse entregue no destino, a fim de impedir que a droga fosse desviada no caminho, como já acontecera em outras travessias. Mas, ainda assim, um desumano purgatório, que aqueles homens aceitaram enfrentar por dias a fio, em uma travessia inédita. Seria a primeira vez que um narcossubmarino cruzaria o Atlântico para entregar drogas na Europa. E os chefões do tráfico colombianos estavam tão ansiosos pelo fim daquela viagem quanto os amargurados tripulantes do Che.

A viagem começou na noite de 29 de outubro de 2019, nos arredores de Macapá, onde o submarino foi construído. O primeiro trecho, pelo Rio Amazonas, até o mar, foi feito a reboque de um barco convencional, a fim de evitar possíveis colisões com troncos de árvores que costumam flutuar no rio – seria impensável colocar em risco uma operação tão cara por um detalhe tão tolo.

Na manhã seguinte, já sozinhos no oceano, Agustin e seus dois companheiros iniciaram a jornada, navegando a cerca de dois metros de profundidade, como previsto, e só subindo à superfície para trocar o ar e refrescar a cabine, onde o calor e o barulho era intenso, por conta do funcionamento sem parar do motor.

No começo, deu tudo certo. Mas, no décimo dia de travessia, eles enfrentaram três tempestades seguidas que causaram alguns danos ao submarino. O pior deles foi a quebra de um dos "periscópios", responsável por captar ar para o motor – que, com isso, passou a usar o ar contido dentro da própria cabine, aumentando ainda mais o calor e tornando o ambiente quase irrespirável. Também tiveram um vazamento no tanque de combustível, que impregnou de óleo diesel todo o interior do submarino, incluindo alguns pacotes de comida, que tiveram que ser jogados fora.

A partir daí, além de terem que racionar ainda mais a comida, aqueles três homens, já privados de qualquer espaço e conforto, passaram viver dias e noites permanentemente ensopados de suor e engordurados de óleo diesel, em um ambiente totalmente claustrofóbico. Desenvolveram, também, doloridas feridas na pele por conta do contato constante com o combustível que vazara. Uma tortura física e psicológica.

Por diversas vezes, os três julgaram que iriam morrer dentro daquele cilindro submerso. Mas a chegada aos Açores, 17 dias após a partida do Brasil, os deixou novamente animados de que conseguiriam atingir a Europa, entregar a mercadoria e receber seu dinheiro, o que de fato conseguiram, uma semana depois. Mas não havia ninguém para receber a cocaína no local combinado, na costa de Portugal, porque os traficantes portugueses sabiam que estavam sendo monitorados pela Polícia.

Àquelas alturas, os órgãos europeus de repressão ao tráfico de entorpecentes já tinham conhecimento de que "uma embarcação" havia partido da América do Sul com uma grande quantidade de drogas rumo à Europa. Mas não sabiam qual tipo de barco era aquele. Procuravam um navio ou um veleiro – não um submarino. E isso permitiu que Agustin e seus ajudantes chegassem incólumes ao Velho Continente, ao cabo de 25 dias de uma travessia por baixo d''água com um submarino quase caseiro. Mas chegaram sem água, com pouca comida e à beira do desespero.

Quando descobriu que não havia ninguém em Portugal para receber a droga, Agustin pegou o telefone via satélite e pediu instruções. De volta, recebeu ordens de seguir em frente, rumo à sua própria região, a Galícia, na Espanha, onde outra equipe faria o desembarque da cocaína. Mas, de novo, o plano falhou, por conta da intensa vigilância policial na região.

Foi quando Agustin, já à beira de um colapso nervoso, sem água nem comida a bordo, resolveu sair daquela situação à sua maneira. Seguiu na direção do estuário de Aldán, na costa galega, onde cresceu (e cujas águas conhecia como a palma da mão), ligou para dois amigos e pediu ajuda. Em seguida, posicionou o Che em uma enseada onde a profundidade passava pouco dos cinco metros, abriu a válvula que havia no casco, mergulhou no mar com os dois companheiros (que mal sabiam nadar), e afundou o submarino – com toda a cocaína dentro dele.

O objetivo era voltar depois para resgatar a carga milionária, mas nunca se soube se Agustin a devolveria aos traficantes ou ficaria com ela para si, como uma espécie de "prêmio de compensação" por aquela duríssima viagem. Logo em seguida, ele foi preso pela Polícia (que, naquelas alturas, já sabia do submarino), bem como os dois equatorianos e os amigos que o ajudaram a tentar se esconder em terra firme.

Era final de novembro de 2019, e acabava ali, com um ato desesperado, após 3 500 milhas navegadas por baixo d'água, a saga do primeiro narcobssumarino conhecido a chegar à Europa – ou, pelo menos, o primeiro engenho do tipo capturado pela Polícia.

Depois de quase um mês trancados dentro daquele cilindro submerso, Agustin e os dois equatorianos foram presos e condenados a muitos anos de prisão – onde estão até hoje. Nadaram, nadaram, nadaram e morreram na praia. Quase literalmente.

Agustin foi condenado a 13 anos de prisão, mas, temeroso de uma retaliação dos traficantes em seus familiares, jamais abriu a boca para dizer quem foram os mandantes da operação – que acabou virando série da Netflix, sob o título Maré Negra, codinome da operação policial montada para deter os traficantes ao desembarcarem na Espanha.

O mesmo aconteceu com os outros dois tripulantes do infame submarino abarrotado de cocaína, que, por fim, foi içado do fundo da enseada de Aldán, pela Marinha Espanhola, e hoje está em exposição no museu da Academia Nacional de Polícia de Ávila, na Espanha, como uma prova cabal da audácia sem limites dos traficantes sul-americanos.

Mas, quatro anos depois, em março de 2023, outro narcossubmarino também vindo do Brasil (como pode ser comprovado por peças de roupas de marcas brasileiras, e um recibo de uma loja de Macapá, encontrados dentro da nave) foi achado no fundo de uma baía da Espanha. E vazio, sem nenhum grama de cocaína.

Sinal de que, daquela vez, o tráfico tinha vencido.

A culpa foi do celular

Mesmo no mar, falar ao telefone pode fazer uma viagem terminar mal

No início de julho de 2020, o navio graneleiro japonês Wakashio zarpou, vazio, do porto de Cingapura, com destino ao Brasil, onde receberia um carregamento de grãos no porto catarinense de Imbituba. Mas aquela viagem terminou na metade do caminho, quando sua tripulação, com a anuência do capitão indiano Sunil Nandeshwar, decidiu aproximar o navio da principal ilha do arquipélago Mauricio, no Oceano Índico, a fim de captar sinais de telefonia que lhes permitissem se comunicar com amigos e familiares.

No dia 25 de julho, o grande cargueiro, com 299 metros de comprimento, começou a se aproximar da ilha. Ao mesmo tempo, começava uma festinha de aniversário para um dos tripulantes, para a qual até o comandante havia sido convidado. Ele, então, delegou ao segundo oficial, Hitihanillage Tilakaratna, a responsabilidade de conduzir o navio durante aquela passagem ao largo da ilha, instruindo, porém, que ela deveria ocorrer "a cerca de cinco milhas da costa".

Em seguida, o comandante foi para a comemoração de aniversário, levando com ele também o "vigia" do turno, tripulante que, de acordo com os protocolos de segurança, deveria sempre permanecer na ponte de comando.

Quase uma hora depois, o comandante, já visivelmente embriagado, retornou à ponte de comando, mas nem chegou a conversar com seu imediato, que estava ocupado. Ele apenas deu meia-volta e retornou à festa, onde permaneceu, bebendo e conversando alegremente com seus subordinados, até que um violento baque fez tremer todo o casco do navio: o Wakashio havia colidido com a barreira de corais que rodeia a ilha principal de Mauricio e encalhado.

Quando ficou claro que apenas os motores do navio não dariam conta de tirar o cargueiro daquela situação, o comandante do Wakaskio comunicou o fato às autoridades marítimas da ilha e pediu ajuda.

O socorro veio rápido e removeu todos os 20 tripulantes do navio, que nada sofreram no episódio – bem como o enorme cargueiro, que permaneceu apenas cravado no fundo arenoso da barreira de corais.

Como não havia nenhuma carga a bordo, não houve preocupação em esvaziar o navio a fim de evitar danos ambientais à região. E, talvez, nada mesmo de ruim acontecesse, não fosse a combinação da imprevisibilidade da natureza com o descaso.

Em 15 de agosto de 2020 – 20 dias após o encalhe e algumas tentativas frustradas de remover o cargueiro da bancada de corais na qual jazia espetado –, uma tempestade fez o mar subir bastante e grandes ondas passaram a açoitar o navio inerte. Logo, seu casco começou a se retorcer e a exibir rachaduras, até que se partiu ao meio, feito um brinquedo. Foi quando começaram os verdadeiros problemas causados pelo Wakashio.

Com o rompimento do casco, cerca de mil toneladas de óleo diesel que estavam nos tanques de combustível do navio vazaram para o mar, contaminando a até então impecável barreira de corais das Ilhas Mauricio, um paradisíaco arquipélago com belas praias e forte apelo turístico. Para piorar ainda mais o quadro, o acidente ocorreu bem próximo a um santuário ecológico, repleto de seres marinhos. Nos dias subsequentes, peixes, tartarugas, golfinhos e até baleias começaram a chegar, mortos, às praias da ilha.

O vazamento afetou uma área de cerca de 30 quilômetros quadrados – o pior desastre ambiental da história das Ilhas Mauricio. E só não foi ainda pior porque moradores voluntários da ilha trataram de instalar, eles próprios, barreiras improvisadas nos recifes de corais, usando fardos de palha revestidos com tecidos, depois que ficou clara a inépcia do governo local para lidar com o problema.

"Como nunca tivemos um desastre ambiental, não estávamos suficientemente preparados para lidar com um problema dessa magnitude", defendeu-se o Ministro do Meio Ambiente das Ilhas Mauricio, diante dos protestos que tomaram as ruas da capital, pedindo, inclusive, a renúncia do Primeiro Ministro, que também foi acusado de reprimir a mídia local para que os fatos não fossem divulgados.

Para os ambientalistas, a inépcia do governo, que nada fez para retirar o óleo que havia no navio, apesar da crítica posição em que ele se encontrava, fora uma "tragédia anunciada". Mesmo assim, o governo mauriciano se limitou a decretar, burocraticamente, "situação de emergência" e, com base nisso, cobrou uma indenização de 34 milhões de dólares ao Japão, já que o navio pertencia a uma empresa japonesa – ou seja, do limão, os políticos da ilha resolveram fazer uma limonada e lucrar com o caso.

Quando a tempestade passou, a proa do navio partido ao meio, que se soltara com a tormenta, foi rebocada para alto-mar e ali afundou, uma semana depois. Já a popa seguiu encravada no recife, vazando paulatinamente ainda mais óleo, o que gerou outra tragédia – esta, ainda pior que o vazamento tóxico.

No dia 31 de agosto, durante uma tentativa de remoção do que restara do navio (que, por fim, teve que ser demolido ali mesmo, aumentando ainda mais a contaminação do mar), um dos rebocadores que participava da operação colidiu com uma barcaça, causando a morte de três tripulantes e o desaparecimento de um quarto. Foi uma tragédia dentro da outra.

Ao final do processo, os responsáveis pelo Wakashio foram julgados e condenados pela justiça das Ilhas Mauricio a 16 meses de prisão. O comandante, por ter bebido e não percebido que o navio saíra completamente do rumo. E o segundo oficial, que conduzia o navio no momento do acidente, por ter admitido não ter consultado o ecobatímetro, nem se oposto à não presença do vigia na Ponte de Comando.

Por fim, o inquérito concluiu que "houve falta de vigilância do segundo oficial" e "negligência e excesso de confiança do capitão no seu subordinado".

E tudo porque, enquanto o navio avançava em direção da ilha, o encarregado de conduzir o navio estava distraído, falando ao celular.

Acidente ou assassinato?

O que aconteceu com a velejadora que desapareceu no Caribe?

No final da manhã de 8 de março de 2021, o telefone tocou na sede da Polícia das Ilhas Virgens Americanas, no Caribe. Do outro lado da linha estava o americano Ryan Bane, de 44 anos, relatando o desaparecimento de sua namorada, a inglesa Sarm Heslop, de 41 anos, do barco no qual eles moravam, então ancorado a menos de 100 metros da praia de Frank Bay, um ponto bastante frequentado pelos veleiros particulares em St. John, uma das ilhas que fazem parte da Ilhas Virgens Americanas. Mas, segundo ele, o desaparecimento havia ocorrido quase dez horas antes, ainda de madrugada, por volta das 2h30 da madrugada, quando despertou e deu por falta dela a bordo.

Por que Bane demorou tanto para relatar o desaparecimento da namorada à Polícia foi apenas uma das perguntas que nunca tiveram uma resposta neste intrigante caso.

Mas outras também jamais foram respondidas. Uma delas: por que, depois de avisar a Polícia, o americano não permitiu que seu barco, um bonito catamarã de 50 pés de comprimento, chamado Siren Song ("Canto da sereia", em português), fosse vistoriado pelos próprios policiais quando eles chegaram ao local?

Na ocasião, Bane limitou-se a conversar com os policiais do lado de fora do barco, sem permitir que eles entrassem na cabine. E a Polícia consentiu com isso, embora periciar o local onde algo supostamente aconteceu fosse um dos procedimentos mais básicos nesse tipo de caso.

Mais tarde, através de seu advogado, Bane alegou que não permitiu a perícia na cabine porque não confiava na Polícia das Ilhas Virgens e temia que os policiais "plantassem" alguma prova contra ele no interior do barco, a fim de dar uma solução rápida ao caso. Já a Polícia se defendeu dizendo que, de acordo com as leis das Ilhas Virgens, só poderia exigir entrar no barco se houvesse uma determinação judicial nesse sentido, já que, até então, o namorado da vítima não havia sido acusado de nada – e a investigação ainda não era criminal.

Além daquela estranha situação (a Polícia ser impedida de interrogar um suspeito por ele mesmo), os policiais também alegaram que, por ser americano, Bane, com base na Quinta Emenda da Constituição Americana, tinha o direito de permanecer calado, a fim de não produzir provas contra si próprio. Além de exigir um mandado de busca expedido por um juiz, antes de permitir a entrada da Polícia em uma propriedade privada, como era o caso do barco onde ele morava.

Mas nenhum juiz das Ilhas Virgens Americanas – país que, como o próprio nome diz, tem estreita ligação com os Estados Unidos –, aceitou expedir um mandado de buscas, sob a alegação de que caberia primeiro à Polícia fornecer elementos que justificassem a suspeita sobre Bane – como se o fato de ele ter sido a última pessoa a ter estado com a vítima não bastasse para isso.

Criou-se, então, um impasse: a Polícia precisaria examinar o interior do barco, a fim de colher evidências contra o principal suspeito, mas os juízes alegavam que só poderiam autorizar isso se a Polícia apresentasse provas do envolvimento dele no desaparecimento da namorada. Desde o começo as autoridades das Ilhas Virgens pouco fizeram para ajudar a esclarecer os fatos.

Frente a negativa do americano em permitir a vistoria do barco – fato que, automaticamente, o transformou em principal suspeito do desaparecimento da inglesa –, a Polícia se limitou a vasculhar a região e a enviar mergulhadores para realizar buscas no mar, sem, porém, nada encontrar.

Horas antes, a Guarda Costeira das Ilhas Virgens, que Bane também havia acionado durante a madrugada, já havia feito o mesmo no local – e enfrentado a mesma resistência do americano ao pedido de vistoria no barco. Na ocasião, os agentes perceberam que Bane parecia estar ligeiramente embriagado, embora isso não configurasse nenhum delito, já que o seu barco estava parado. Mas registraram o fato. Quando, porém, a Polícia foi acionada, horas depois, ele já parecia estar recuperado.

De acordo com o pouco que Bane disse à Polícia na época, o casal havia ido dormir por volta das 22h do dia anterior, após sair para jantar em terra firme, o que foi confirmado pelo dono do restaurante, que também não notou nenhuma discussão ou desavença entre os dois. E mais nada. Apenas que demorara a avisar a Polícia porque estava, ele mesmo, procurando a namorada no mar, de madrugada, embora nenhum barco vizinho ao dele tenha notado movimento algum desse tipo na baía de Frank Bay naquela noite. "Acho que ela acordou, saiu da cabine e caiu no mar", limitou-se a dizer o americano, sem maiores detalhes.

A exemplo dos agentes da Guarda Costeira, os policiais também notaram que o bote de apoio do catamarã, usado para embarques e desembarques em terra firme, estava atado ao veleiro, o que, ao menos a princípio, descartava a hipótese de a inglesa ter fugido enquanto Bane dormia – embora isso também pudesse ter sido feito à nado, já que eles estavam ancorados bem próximos à praia. Mas, por que ela fugiria – e sem seus documentos, que ficaram no barco –, se, aparentemente, também de acordo com o que Bane disse à Polícia, eles não tinham tido nenhuma briga? A menos que isso fosse uma mentira.

Sem muito empenho, nem podendo interrogar a fundo o principal suspeito, a Polícia se limitou a analisar o passado de Bane. E descobriu coisas que contribuíram para aumentar as suspeitas contra ele. Dez anos antes do desaparecimento de Sarm Heslop, Bane passara 21 dias preso nos Estados Unidos por agredir e ameaçar sua ex-esposa, a também americana Cori Stevenson, de quem se divorciou justamente quando decidiu ir morar em um barco, no Caribe. E, dois anos depois, voltou a ser preso, por descumprir a ordem judicial de ficar longe dela.

Para os pais da inglesa desaparecida – que ficaram sabendo do infortúnio da filha pelo próprio Bane, em uma rápida ligação que ele fez, dois dias depois, quando apenas repetiu o que dissera à Polícia e, ao desligar, bloqueou o número deles –, o histórico de violência doméstica do americano permitia deduzir que ele poderia ter levado o seu relacionamento com Sarm às últimas consequências, matando-a ou atirando-a ainda viva ao mar, embora ela fosse uma boa nadadora.

Desesperados, os pais de Sarm viajaram para as Ilhas Virgens e tentaram descobrir algo sobre o paradeiro da filha. Nada conseguiram. Até porque a Polícia mal os recebeu, se recusou a mostrar todas as imagens da câmera de segurança do restaurante onde o casal jantara naquela noite, não entregou o celular e documentos que a vítima deixara no barco (que o advogado de Bane fez chegar até a delegacia) e, depois, ainda ignorou os pedidos de informações feitos por um investigador particular contratado pela família.

O máximo que os pais de Sarm conseguiram foi espalhar cartazes com fotos dela nas ilhas vizinhas, na esperança de que ela tivesse apenas fugido, e pressionar o governo inglês para que cobrasse uma investigação realmente séria por parte das Ilhas Virgens, o que também nunca aconteceu – seja por negligência, incompetência, corrupção (o investigador encarregado do caso seria demitido, por este motivo, três anos depois), ou apenas para evitar a propagação de más notícias que comprometessem o turismo, principal fonte de renda das Ilhas Virgens.

De nada adiantaram os esforços dos familiares. Bane continuou se negando a prestar depoimentos e, indiferente a tudo, semanas depois do desaparecimento da namorada, levantou âncora e partiu de St. John. Para onde nunca mais voltou.

Durante dias, a localização de Bane foi desconhecida. Até que jornalistas ingleses que acompanhavam de perto o caso descobriram o novo paradeiro do americano: uma marina na ilha de Grenada, também no Caribe, mas a 500 milhas de distância de St. John – e fora da jurisdição das Ilhas Virgens Americanas.

Ali, Bane mudara o nome do barco para Orion's Belt e o vendera – depois de se livrar de alguns equipamentos do veleiro, como um freezer que havia na cabine. A notícia da venda do barco deixou os amigos e familiares de Sarm ainda mais indignados: não haveria mais como vistoriá-lo, embora muito tempo já tivesse se passado. No mínimo, o bastante para o principal suspeito se livrar de qualquer prova incriminatória a bordo.

Após a venda do barco, Ryan Bane voltou a viver nos Estados Unidos, onde nem sequer era investigado. Restaram apenas hipóteses do que possa ter acontecido com sua namorada.

Uma das teorias é que ela possa ter sido vítima de uma overdose de drogas, já que o local onde o barco do casal estava ancorado é particularmente famoso na região pela liberalidade dos seus frequentadores, e isso teria levado o namorado a se livrar do corpo, para não ser incriminado pelo uso de entorpecentes.

Ou que, por estar drogada, Sarm poderia ter sofrido uma queda involuntária no mar e não ter tido condições de retornar sozinha ao barco enquanto o namorado dormia. Talvez Bane não estivesse apenas "bêbado" quando recebeu os agentes da Guarda Costeira na noite do suposto desaparecimento. Mas, sim, ainda sob efeito do que eles eventualmente tivessem consumido na noite anterior.

Já a Polícia das Ilhas Virgens nem sequer chegou a concluir se a inglesa voltou ou não para o barco naquela noite, após jantar com o namorado. Dois anos depois, apenas encaminhou o processo para o Procurador Geral da ilha, sob o argumento de que "não havia mais desenvolvimentos a serem feitos na investigação". E o caso foi praticamente arquivado, embora o principal suspeito nunca tenha sido ouvido.

Restou a principal pergunta, que jamais teve uma resposta: o que aconteceu com Sarm Heslop?

O que torna ainda mais latente a pergunta que todos fazem na ilha de St. John, desde o dia 8 março de 2021: o que aconteceu com Sarm Heslop?

Procuravam um, acharam outro

No final, todos se salvaram. Mas por puro acaso

Em outubro de 2021, o americano Aaron Carotta, um ex-repórter de TV de 43 anos, partiu da costa oeste dos Estados Unidos em busca de um feito inédito: tornar-se o primeiro homem a dar a volta ao mundo com um barco a remo. Mas a aventura terminou antes mesmo de ele atingir a metade do primeiro oceano a ser atravessado, um ano e meio depois.

Em 20 de maio de 2023, quando remava, sozinho, no Oceano Pacífico, o sinal de satélite emitido pelo barco de Aaron, uma espécie de caiaque oceânico hi-tech, com 6,50 metros de comprimento, batizado de Smiles ("sorrisos", em português), parou de funcionar. Era um mal sinal.

Embora a perda do sinal tivesse sido consequência apenas de um colapso nas placas solares que geravam energia para o barco, aquilo deixou o americano incomunicável com sua rede de amigos em terra firme – e isso, mais tarde, dramatizaria toda a história.

A falta de notícias deixou os amigos de Aaron apreensivos, embora o remador estivesse bem e seguisse avançando rumo à Polinésia Francesa sem que, no entanto, eles soubessem disso. Seu único problema era não conseguir mais se comunicar com o mundo exterior. Mas isso não era motivo para pedir socorro através do único aparelho que ainda tinha um pouco de bateria, uma espécie de localizador pessoal via satélite. Aaron não via motivos para desencadear um complexa e cara operação de buscas, sendo que estava bem e com um bom estoque de água e comida.

Mas os amigos do remador não tinham como saber disso e decidiram acionar a Guarda Costeira dos Estados Unidos, que, por sua vez, retransmitiu o alerta de buscas no mar para equipes de resgate no Havaí e no Taiti. Durante dias, barcos e aviões procuraram pelo americano na vastidão do oceano. Mas nada encontraram, já que a última comunicação feita por ele, informando sua localização, acontecera muito tempo antes.

Com o passar do tempo, as buscas foram suspensas, mas ficou o alerta para quem estivesse navegando pela região sobre a busca pelo aventureiro. Também nada aconteceu.

Quase um mês depois, o silêncio do remador deu lugar a um aflitivo pedido de socorro, dessa vez feito por ele mesmo. Mas por outro motivo.

Nas primeiras horas da manhã do dia 15 de junho o barco do remador foi colhido por uma onda e virou de cabeça para baixo, sem que ele tenha conseguido fazê-lo voltar à posição original. Aaron passou um bom tempo na água, tentando desvirar o barco, até que, exausto, decidiu abandonar o casco emborcado e passar para uma balsa salva-vidas inflável que levava no caiaque. E usando o pouco de bateria que lhe restava, ligou o seu localizador pessoal, uma espécie de transmissor via satélite, que dispara sinais de emergência, e pediu ajuda. Agora, para valer.

Como as buscas pelo remador já haviam sido encerradas, e como ele estava bem distante da área onde presumivelmente havia sido dado como "desaparecido" (além de estar a mais de mil quilômetros da terra firme mais próxima), as chances de o sinal de emergência emitido por Aaron ser detectado eram mínimas . Foi quando outro fato, que nada tinha a ver com o seu resgate, acabou se tornando a sua salvação.

Uma semana antes do infortúnio que acometeu o aventureiro, o barco de outro navegador americano, David Wysopal, que partira do México e atravessava o Pacífico a bordo de um veleiro de pouco mais de 13 metros de comprimento, na companhia do filho, Zachary, de apenas

12 anos de idade, deixou igualmente de transmitir sua localização, mais ou menos na mesma região do problema que acometera o remador.

O desaparecimento do barco de David dos aparelhos de rastreamento, que também eram monitorados por amigos dele em terra firme, agravado pelo fato de haver uma criança a bordo, desencadeou uma grande operação de buscas, que, no entanto, a exemplo do caso do remador americano, também não surtiu efeito.

Durante dias, aviões e barcos de uma base de resgates na Polinésia Francesa vasculharam o mar em busca de pai e filho supostamente desaparecidos, mas nada encontraram. Por um bom motivo: não havia nada de errado com o barco do americano – ele apenas atravessava uma zona onde o seu rastreador não funcionava. Mas nem ele nem seus amigos sabiam disso.

O que também fomentou o mal entendido, foi que, ao zarpar com o filho, David não deixou claro para onde estavam seguindo. Ele apenas comentou com um amigo que, talvez, fosse até as Ilhas Samoa, no Pacífico Sul, em busca de emprego em algum estaleiro. Mas, quando sua localização parou de ser exibida nas telas dos rastreadores, o barco do americano seguia na direção das ilhas da Polinésia Francesa, embora isso fosse apenas a rota escolhida por David no Pacífico.

Para aumentar ainda mais a confusão, na véspera da partida da costa mexicana, o filho de David ligou para a mãe, a nicaraguense Belkis González, que era separada do marido, dizendo apenas que eles "ficariam uns três ou quatro meses no mar", sem maiores detalhes. Como não havia autorizado nenhuma viagem do filho, a mãe de Zachary procurou a Polícia e denunciou o ex-marido por sequestro do menino – situação que se tornou ainda mais dramática quando ela ficou sabendo do "sumiço" do barco.

Ainda que por outro motivo, a mãe de Zachary foi a primeira a intuir que eles poderiam apenas estar apenas sem comunicação, mas atribuiu isso a uma atitude proposital do ex-marido, que poderia ter desligado os equipamentos de rastreamento do barco e fugido com o menino para alguma ilha, a fim de escapar da Polícia. "Passei a torcer para que o meu filho tivesse sido realmente sequestrado, porque isso significava que ele estava vivo", disse Belkis, na ocasião. De certa forma, a falta de notícias do filho a confortava. Ela conjecturava que "era melhor não ter notícia alguma, do que receber uma ruim".

Enquanto isso, alheios a tudo, David e Zachary seguiam em frente no oceano, rumo às Ilhas Samoa, sem saber que eram procurados intensamente por equipes de resgate. Muito menos o que o destino deles e do remador Aaron Carotta se cruzariam no exato instante em que o rastreador do veleiro do americano parou de funcionar.

Naquele dia, enquanto David enviava aquela que seria sua última posição para os amigos em terra firme, Aaron também perdia a única fonte de energia que seu pequeno barco tinha: os painéis solares que alimentavam as baterias do caiaque do remador pararam de funcionar. Sem energia no barco, ele não tinha mais como enviar mensagens aos que acompanhavam sua jornada no mar à distância. E aquele perturbador silêncio levou os amigos do remador a também acionarem a Guarda Costeira. Mas não ao mesmo tempo em os amigos de David.

Também alheio ao desnecessário pedido de ajuda feito pelos amigos, Aaron Carotta seguiu remando, ainda que incomodado por não ter mais uma fonte de energia para recarregar as baterias de seus equipamentos. Mas ele estava bem, tinha um bom estoque de água e comida, e não via o menor sentido em acionar o único equipamento que tinha ainda com um pouco de bateria – o seu localizador pessoal portátil – para pedir socorro, já que não estava em uma situação de risco. Aaron se recusava a desencadear uma onerosa operação de resgate no meio do Pacífico só porque ficara sem energia. Mas, um mês depois, o que não passava de um falso alarme, se tornaria uma emergência de fato.

Nas primeiras horas da manhã do dia 15 de junho, quando aquela onda virou o barco do remador e o obrigou a passar para uma precária balsa salva-vidas inflável, Aaron não pensou duas vezes. E acionou o sinalizador, que disparava sinais de emergência, com o pouco de bateria que restava no aparelho.

Como as buscas pelo remador já haviam sido encerradas há muito tempo – e ele, mesmo não sabendo disso, sabia que estava muito longe de qualquer ilha –, a possibilidade de o sinal emitido pelo aparelho ser captado por alguém era praticamente nula. Coisa de uma em um milhão. Foi quando o destino do remador e do velejador David se cruzaram novamente.

No exato instante em que o remador ativou o seu localizador, estava em curso a última operação de buscas pelo veleiro de David – e o bip do aparelho tocou em um dos aviões que faziam a varredura no mar em busca do veleiro. A aeronave estava distante, mas seguiu imediatamente para o local, imaginando encontrar pai e filho no mar. Quem, porém, estava lá era Aaron, já com água pelos tornozelos na balsa cada vez mais murcha, e um ameaçador tubarão nadando ao redor dela.

Apenas um par de horas havia se passado desde que ele acionara o alarme, que durou apenas alguns minutos e logo parou de funcionar, por falta de bateria. E a imagem daquele avião de resgate se aproximando foi a melhor coisa que Aaron viu na vida, mesmo sem saber como aquilo tinha sido possível. A operação, que buscava um navegador, acabou salvando outro. E teria sido totalmente desnecessária, uma vez que nada havia ocorrido com o barco do pai e filho, não fosse o fato de que, graças a ela, aquele remador, cuja existência as equipes desconheciam, fora resgatado. Um enorme golpe de sorte. Para todos.

No entanto, quando o resgate chegou ao local, Aaron não pode ser resgatado de imediato. A equipe estava em um avião, não em um helicóptero, aeronave que não permite o desembarque de resgatistas no mar, muito menos o embarque de vítimas. E aquele ponto era distante demais de qualquer terra firme para a autonomia limitada dos helicópteros de socorro.

A solução foi lançar víveres no mar, próximos à balsa, e pedir para Aaron aguardar o resgate, que teria que ser feito pelo mar. Mas o remador sequer pode alcançar os objetos, porque o tal tubarão continuava rondando ameaçadoramente a balsa, cada vez mais murcha, por sinal.

Do avião, o piloto avisou o centro de operações de buscas sobre o inesperado achado (procuravam por duas pessoas, mas acharam uma terceira, que nada tinha a ver com o caso), e alguns navios que navegavam na região foram orientados a recolher o náufrago. Mesmo assim, a embarcação que estava mais próxima, o cargueiro Baker Spirit, levou cerca de 30 horas para chegar ao local.

Aaron, por fim, foi resgatado e seguiu viagem, no próprio navio, até o Havaí, onde desembarcou dias depois, são e salvo – bem como David e seu filho, que só ficaram sabendo das complexas operações de buscas por eles no mar, e do salvamento do remador que o "sumiço" deles involuntariamente gerou, quando chegaram à Samoa.

Por fim, salvaram-se todos os "desaparecidos". Que, afinal, jamais estiveram perdidos.

Fenômeno fatal

A onda submersa que afundou um submarino

Na manhã de 21 de abril de 2021, durante um rotineiro exercício nas profundas águas do canal entre as ilhas de Bali e Lombok, no mar da Indonésia, o submarino KRI Nanggala-402, da Marinha daquele país, sumiu das telas de monitoramento em sua base.

O que, a princípio, poderia ser apenas uma banal perda momentânea de contato, já que até então o submarino não relatara nenhum problema, acabaria se transformando em um drama, quando horas depois o submarino continuou desaparecido. E seguiu assim até o final daquele dia, o início do outro e mais outro – para angústia cada vez maior das famílias dos 53 submarinistas que havia a bordo.

Desde que ficou claro que algo de errado havia acontecido com o KRI Nanggala-402, uma frota de embarcações passou a rastrear a superfície do mar daquele estreito, onde as profundidades passam de centenas de metros, em busca de algum sinal do submarino. Mas nada encontraram. Ao mesmo tempo, os familiares dos ocupantes do submarino passaram a fazer outro tipo de busca: a de quantas horas de oxigênio poderiam restar a bordo do KRI Nanggala-402. Caso ele ainda existisse.

A aflição durou três dias, mesmo limite de tempo de oxigênio que o KRI Nanggala-402 poderia ter a bordo. Até que, no quarto dia, o mistério foi desvendado: fragmentos do submarino foram encontrados a 853 metros de profundidade – bem mais fundo do que ele fora projetado para suportar.

O KRI Nanggala-402 havia implodido por conta da pressão do fundo do mar e se despedaçado, sem deixar o menor vestígio de seus ocupantes. Isso era certo. Mas, por quê? O que teria feito o submarino indonésio descer descontroladamente, ultrapassando em muito os limites para os quais fora projetado?

A resposta veio no dia seguinte, quando, após analisar todos os dados, a Marinha da Indonésia soltou um comunicado informando que o afundamento do submarino KRI Nanggala-402 havia sido causado por um fenômeno natural chamado "onda interna solitária" – um tipo de "ondulação submersa" que forma uma violenta turbulência no fundo do mar, a exemplo do que, às vezes, acontece com os aviões ao enfrentarem correntes canalizadas de ar.

O princípio era o mesmo. Em terra firme, quando o vento passa sobre uma colina íngreme, o ar é empurrado para cima, em um movimento contrário ao da gravidade. Mas, ao ser superado o obstáculo, a gravidade volta a agir e o movimento torna-se inverso, acelerando o ar para baixo. Foi o que aconteceu no fundo do mar entre as ilhas de Bali e Lombok, na manhã daquele dia.

Embora pouco conhecidas fora do ambiente científico, as ondas internas solitárias não eram tão raras assim na região onde o KRI Nanggala-402 navegava, repleta de grandes montanhas submersas e com intenso fluxo de água correndo entre os oceanos Pacífico e Índico. Mas havia outro detalhe que acentuava os riscos da navegação submarina na região naquele dia: as densidades das camadas submersas de água (ou seja, temperatura e salinidade) estavam bem distintas, e isso potencializou os efeitos das ondulações submarinas.

"Ondas internas", algo que acontece naquela região com frequência, ocorrem quando os movimentos mais intensos das marés passam por grandes obstáculos no fundo do mar. Mas só ganham dimensões realmente relevantes quando isso ocorre em áreas em que há grande variação na densidade da água, entre a superfície e as partes mais profundas.

Quando essa "turbulência submarina" rompe a divisão das águas com diferentes densidades, surge uma "onda interna". E quando essa "onda interna" se superpõe a outras iguais, gerando o acúmulo de toda a energia em uma só onda, surge uma "onda solitária interna" – que é bem mais forte do que as ondas internas convencionais, gerando um fortíssimo movimento circular que arrasta para o fundo tudo o que encontra pela frente. Ao que tudo indica, foi o que atingiu o submarino indonésio naquele dia.

Quase no mesmo horário em que o submarino indonésio desapareceu dos sonares, um satélite meteorológico japonês havia detectado a presença de movimentos de ondas internas na região onde ocorreu a tragédia. Uma delas poderia ter provocado a descida acelerada e descontrolada do submarino, fazendo-o submergir muito mais do que poderia, gerando o colapso da sua estrutura pelo aumento da pressão externa.

Para infelicidade dos submarinistas indonésios, o encontro deles com uma onda dessas pode ter ocorrido justamente quando estavam realizando a operação de submersão, o que não teria permitido reagir a tempo.

Embora possa não ter sido o único motivo (geralmente, grandes acidentes são causados por uma combinação de erros ou fatores), a conclusão da Marinha da Indonésia de que uma onda submersa causou a perda do submarino foi a que melhor explicou o mergulho fatal do KRI Nanggala-402 naquele dia.

Um corpo e um mistério

O mais provável é que tudo tenha começado com a queda do mastro

Três humildes pescadores da cidade de Natal, no Rio Grande de Norte, se preparavam para lançar suas redes no mar, nas primeiras horas da manhã de 7 de maio de 2022, quando viram, ao longe, um veleiro sem mastro que parecia estar à deriva.

E estava mesmo. Mas em péssimo estado, com velas rasgadas, coisas amontoadas no convés e casco repleto de limo e cracas, sinal de que jazia no mar fazia bastante tempo, e que havia enfrentado algum problema realmente sério.

Intrigados, eles resolveram se aproximar para averiguar. Ao encostar no barco, gritaram, perguntando se havia alguém a bordo. Como não houve resposta, um dos pescadores decidiu abordar o veleiro. E o que ele viu lá dentro o deixou tão apavorado, que saiu correndo e se atirou no mar. Os pescadores, então, acionaram a Marinha pelo rádio.

O que deixou o pescador potiguar tão assustado foi um corpo humano, já em avançadíssimo grau de decomposição, que havia dentro do barco – outro sinal de que, o que quer que tivesse acontecido, acontecera muito tempo antes daquele veleiro ser encontrado. Mas, o quê? O que teria causado a morte daquela pessoa, que estava reduzida a pelo e osso, no assoalho da cabine daquele veleiro seriamente avariado?

Começava ali um mistério que nunca teve – nem jamais terá – uma explicação clara, muito menos detalhada: só suposições, mas relativamente fáceis de deduzir, baseadas no estado em que o barco foi encontrado.

Acionada pelos pescadores, a Marinha pediu que outro pescador, dono de um barco maior, rebocasse o veleiro à deriva até a capital do Rio Grande do Norte. Lá, a Polícia recolheu o cadáver, já desfigurado, sem rosto nem impressões digitais, e tratou de identificar a vítima – algo fácil, já que, dentro do barco, havia diversos documentos em nome do italiano Stefano Magnani, de 52 anos, morador da pequena cidade italiana de Bellaria-Igea Marina, que, mais tarde, um exame de DNA confirmaria ser mesmo o dono daquele corpo reduzido a pele e osso.

Da mesma forma, pelo estado do barco, um velho veleiro de 40 pés de comprimento, batizado de Mona-Mi FS e registrado na cidade sueca de Falkenberg (fato reforçado pela esfarrapada bandeira da Suécia pendurada na popa, embora o seu ocupante fosse italiano), não era difícil deduzir o que teria levado aquele velejador à morte, antes mesmo de qualquer investigação mais profunda: faltava-lhe o mastro – componente tão fundamental em um barco à vela quanto o motor em um automóvel.

Pelos indícios a bordo, também era fácil deduzir que o mastro havia caído (durante uma tempestade ou vento mais forte, nunca se soube o motivo), como indicavam cortes propositais feitos nos cabos de aço que sustentavam a peça.

Quando o mastro de um veleiro desaba, a primeira providência de qualquer velejador experiente (como parecia ser o caso daquele italiano, a julgar pela quantidade de ferramentas que ele tinha a bordo – inclusive uma morsa de tamanho profissional, algo incomum em um veleiro de cruzeiro) é justamente cortar os seus cabos, para que o peso da peça tombada no mar não afunde o próprio barco.

Além disso, a queda do mastro sobre o convés causara diversas avarias nos guarda-mancebos, como também estava evidente no veleiro.

Para piorar ainda mais a situação e o drama daquele pobre velejador, quando o barco foi encontrado, também o seu leme estava quebrado, embora isso possa ter ocorrido após a queda do mastro, quando o barco ficou à mercê das ondas no oceano. No entanto, com o leme quebrado, tornou-se inútil qualquer tentativa que o italiano porventura tenha feito de improvisar uma mastreação de emergência, a fim de dar algum movimento e direção ao barco.

Aparentemente, Stefano Magnani também improvisara um sistema de captação de água da chuva para beber, a julgar pela quantidade de garrafas pet – todas vazias – amontoadas no convés. Mas, talvez, não tenha chovido durante o seu longo purgatório à deriva no mar.

Totalmente vazia também estava a despensa do barco. Quando a polícia vistoriou o veleiro, não encontrou um único grão de alimento a bordo. Até a ração de sobrevivência da balsa salva-vidas, equipamento que todo barco que realiza uma travessia oceânica possui, havia sido extraída e consumida pela desesperada vítima.

Também não havia mais combustível no tanque do barco, embora o motor estivesse em perfeito estado, sinal de que, quando o mastro caiu, Magnani tentou seguir navegando, até que ficou sem combustível.

Sem o motor funcionando, o italiano também não pode mais recarregar as baterias do barco. E, sem baterias, ficou também sem nenhum meio de comunicação com o mundo exterior. Isso, caso já não tivesse ficado sem comunicação quando o mastro desabara, já que é nele que costumam ficar as antenas de transmissão dos equipamentos de rádio e navegação.

Essa somatória de infortúnios, resultou, muito possivelmente, em uma morte lenta, sofrida e agonizante, como comprovou a necrópsia feita no corpo. Ela atestou que Magnani morrera de "desnutrição e desidratação extrema". Ou seja, de fome e de sede.

A necrópsia também não identificou nenhum sinal de mal súbito ou acidente que pudesse ter sido a causa da morte do velejador. E os legistas estimaram que, ao ser encontrado, o corpo do italiano, dado ao seu elevado grau de decomposição, jazia sem vida "há mais de três meses", embora o martírio do velejador deva ter começado bem antes disso, quando acabou a água e a comida. O próprio estado do casco do barco, repleto de manchas e com uma espessa camada de cracas, corroborava nesta certeza.

Ou seja, rapidamente soube-se o que gerou a tragédia (a queda do mastro), a identidade da vítima (que os exames de DNA apenas confirmaram) e a causa da morte do velejador (inanição e desidratação). Mas restou saber o que provocou tudo isso, o que jamais foi sabido. Até porque, após entrar em contato com a família da vítima, na Itália, ficou claro para a polícia brasileira que Magnani viajava sozinho no barco, o que também eliminava qualquer suspeita de assassinato.

A família de Magnani afirmou que não tinha notícias dele "há mais de um ano", e isso em nada ajudou no desvendamento do caso. O máximo que os familiares informaram à Polícia foi que o italiano havia partido das Ilhas Canárias, na costa da África, "em algum momento entre o final de maio e o início de junho do ano anterior", o que, sendo verdade, significava que aquele cadáver jazia dentro do barco há bem mais tempo do que os legistas estimaram.

Os familiares tampouco souberam dizer para onde o velejador seguia, embora o fato de o seu barco ter sido encontrado no litoral do Rio Grande do Norte – onde desemboca uma poderosa corrente marítima que vem desde a costa da África –, sugere que ele estaria fazendo a travessia do Atlântico, quando, o que quer que tenha acontecido, resultou na queda do mastro e no início do pior pesadelo que um navegador pode ter: o de ficar estagnado no meio do oceano, sem ter como se movimentar, nem ter o que comer nem beber.

O destino não poderia ter sido mais cruel com aquele pobre velejador.

Que fim levou o médico?

Teria ele morrido afogado ou aplicado um sensacional golpe de fuga?

A vida não andava nada fácil para o médico americano Marvin Moy, de 51 anos, dono de uma clínica de reabilitação física em Nova York.

Ele havia sido diagnosticado com câncer no pâncreas, um dos tumores mais letais que existe; tornara-se diabético; morava sozinho desde que sua esposa pedira o divórcio e o afastara da filha; a separação, litigiosa, se arrastava há anos na justiça, com pesadas dívidas do médico com os escritórios de advocacia que o defendiam. E, para completar o drama, fora indiciado por um tribunal federal por fraude contra o sistema de seguro saúde americano, acusação que o impedira do exercício da medicina, e pela qual deveria se apresentar perante um juiz, em uma semana.

Com tantos problemas, Marvin Moy só encontrava algum alívio quando saía para pescar, o que fazia com frequência, já que também transformara o hobby em um negócio paralelo de pescarias pagas. Foi o que ele fez naquele 12 de outubro de 2022.

Logo pela manhã, Marvin partiu com seu barco, uma pequena traineira de pesca chamada Sure Shot ("tiro certo", em português), de uma marina em Long Island, ilha vizinha à Nova York, para um programa de dois dias de pescarias em alto-mar na companhia de apenas um cliente, o enfermeiro Max Wong, que o conhecia vagamente.

Outros quatro pescadores haviam desistido na véspera, mas o médico mantivera a viagem, porque a única coisa que não podia mais fazer era navegar sozinho, por conta do cansaço e da fraqueza gerada pela doença – de tempos em tempos, ele precisava descansar e alguém tinha que assumir o comando do barco. Max Wong aceitou acompanhá-lo. E os dois zarparam.

O que aconteceu depois disso, apenas Max Wong poderia saber, já que Marvin Moy, aparentemente, desapareceu no mar e nunca mais foi visto, após seu barco, supostamente, ter sido atropelado por outra embarcação de maior porte, como o enfermeiro contou à Guarda Costeira ao ser resgatado, na noite seguinte, em meio aos destroços do barco.

Mas Max Wong pouco ajudou a esclarecer o caso, porque alegou que estava dormindo no instante do "acidente", e que só ficou sabendo do ocorrido pelo próprio Marvin, enquanto ambos tentavam se manter na superfície, após o Pure Shot afundar.

O depoimento do enfermeiro foi ouvido com certa suspeita pela Guarda Costeira, que chegou ao local após atender a um pedido de socorro emitido por um equipamento automático que havia no barco do médico. Na ocasião, os agentes encontraram manchas de óleo no mar, objetos flutuando na superfície e o enfermeiro Wong, levemente ferido na cabeça, agarrado à caixa da balsa salva-vidas do barco – mas, de Marvin Moy, nenhum sinal, embora o enfermeiro tenha garantido que o vira a certa distância, agarrado a uma boia circular e perguntado se ele estava bem, antes de o médico desaparecer na escuridão do mar.

Segundo o enfermeiro, o médico também teria dito que eles haviam "colidido com outro barco bem maior" – ou um navio –, o que resultou na destruição e afundamento da lancha. Mas nenhum registro de colisão ou acidente envolvendo outras embarcações havia sido reportado naquela noite na região, embora, às vezes, atropelamentos de barcos menores por grandes navios nem sequer sejam notados pelas suas tripulações.

Barcos e aviões da Guarda Costeira vasculharam o mar por dois dias em busca do médico. Mas nada encontraram. Nem mesmo a boia a qual, segundo Max, ele estaria agarrado após o naufrágio. Nunca mais Marvin Moy foi visto. E isso deixaria muita gente intrigada.

O desaparecimento do corpo de uma vítima de naufrágio nada tinha de extraordinário – ao contrário, na maioria dos casos ocorridos em alto-mar é o que de fato acontece. Mas, no caso de Marvin Moy, as muitas complicações na sua vida pessoal permitiram considerar a hipótese de que, talvez, a história envolvendo aquele "acidente" fosse outra.

Filho de um imigrante chinês que cresceu ajudando a família em um pequeno restaurante em Chinatown, Marvin Moy tornou-se um bem-sucedido médico de Manhattan, dono de uma rentável clínica de tratamento da dor, quando começaram os seus problemas.

Em 2009, aos 38 anos de idade, foi diagnosticado com câncer no pâncreas e a cirurgia para retirada parcial do tumor o tornou diabético. Anos depois, sua esposa pediu divórcio e a separação, litigiosa, rendeu um processo que se arrastava na justiça, com pesadas dívidas do médico até com os escritórios de advocacia que o defendiam. Moy também passou a morar sozinho, afastado do convívio com a única filha.

Mas o pior de tudo e, para muitos, motivo mais que suficiente para que o médico bolasse um mirabolante plano de simulação da própria morte, foi o indiciamento de Moy por suspeita de fraude contra o sistema de seguro saúde, e a proibição de exercer a medicina até que o caso fosse julgado. Tudo isso o teria deixado profundamente deprimido.

Na semana seguinte ao seu sumiço, Marvin Moy teria que se apresentar para uma audiência em um processo no qual era acusado, junto com outros médicos, de subornar socorristas e funcionários de hospitais de Nova York para que direcionassem para sua clínica vítimas de acidentes de trânsito, a fim de realizarem exames e procedimentos desnecessários – um golpe que, segundo a justiça americana, rendera cerca de 100 milhões de dólares aos médicos envolvidos e poderia resultar em até 30 anos de prisão para Marvin Moy.

Como ele não compareceu à audiência, porque "sumiu" no mar, o juiz deu a seguinte sentença: "Pode ser que o Dr. Moy tenha realmente falecido. Mas, como seu corpo não foi encontrado, fica em aberto a possibilidade de que ele esteja apenas se ausentando voluntariamente do processo". E, com base em um parecer da Guarda Costeira, de que o médico não poderia ser dado como morto até que o inquérito instalado concluísse isso, expediu um mandado de prisão contra Moy, mesmo não se sabendo se ele ainda estava vivo.

Ao mesmo tempo, a investigação que vinha sendo conduzida pela Polícia e pela Guarda Costeira passou a considerar outras hipóteses para o estranho caso.

Uma delas era que o enfermeiro Max Wong estivesse falando a verdade, e que tudo teria ocorrido exatamente como ele dissera: o barco de Marvin Moy teria sido colhido por um navio, ou batido acidentalmente nele durante um cochilo do médico ao timão, uma vez que ele, por conta da doença, costumava ser vítima de frequentes sonolências. Em seguida, a correnteza teria arrastado a boia na qual ele se mantinha agarrado para longe do local do naufrágio, e o médico morrera afogado.

Já a segunda tese logo se tornaria a favorita dos conspiradores, e alimenta, até hoje, o enigma do que pode ter acontecido naquela noite: a de um golpe arquitetado pelo médico para simular a própria morte e assim se livrar dos problemas que vinha tendo. Contando com a cumplicidade do enfermeiro (que não seria um simples cliente, mas um colega de hospital generosamente pago para participar da farsa), Marvin Moy teria simulado o acidente e fugido com o barco após criar um cenário de naufrágio, deixando o comparsa (que pouco disse após ser resgatado) como "testemunha" no mar.

Neste caso, Marvin Moy estaria vivo, mas escondido, vivendo do dinheiro que arrecadou com as fraudes no sistema de seguro de saúde dos Estados Unidos – uma armação do astuto médico, que, no passado, já havia demonstrado ter aptidão para golpes.

Outra hipótese seria a de suicídio, uma vez que a situação do médico era aflitiva, em todos os sentidos: familiar, legal e, sobretudo, de saúde. Abandonado também pela filha, com um câncer letal já instalado no organismo, e sob o risco de terminar os seus dias trancado numa penitenciária, Moy não tinha muito a perder se extinguisse a própria vida. E isso explicaria por que, mesmo após o impacto contra o outro barco, ele não se dera ao trabalho de acionar a balsa salva-vidas do Pure Shot, que permaneceu intacta dentro da sua caixa – a mesma a qual o enfermeiro ficou agarrado, à espera do socorro.

Contra esta teoria pesava apenas o fato de que, caso tencionasse se matar, por que o médico teria levado outra pessoa com ele para o mar? A menos que aquela tivesse sido uma decisão impulsiva, tomada durante uma crise de depressão, enquanto pilotava o barco e o companheiro dormia.

Houve, porém, outra tese ainda mais surpreendente para a morte do médico – que, neste caso, teria ocorrido de fato: a de que o sobrevivente Max Wong poderia ter causado, involuntariamente, o acidente que vitimou Moy, e, por isso, estaria se esquivando tanto nos depoimentos.

O enfermeiro teria ficado responsável por conduzir a lancha naquela noite, enquanto Moy descansava na cabine, mas, cansado pelo dia inteiro de pescarias, adormecera, como de fato admitiu no seu depoimento à Guarda Costeira, mas com a ressalva de que era o amigo que estava no comando do barco. Talvez tenha sido o contrário.

Neste caso, em vez de forjar a própria morte, Moy teria sido vítima da imprudência do amigo – que, receoso de ser punido (e sem ninguém para testemunhar contra ele), teria mentido sobre as circunstâncias do acidente.

Contribuiu ainda mais para essa suspeita o fato de que o enfermeiro passou a se recusar a conversar sobre o assunto, se esquivar de repórteres, e continuou sendo lacônico em seus depoimentos nos inquéritos, que, por fim, nada concluíram.

Golpe ou tragédia? O caso do médico que sumiu no mar nunca foi esclarecido.

Salvo pelo freezer

O pescador brasileiro que passou 11 dias à deriva dentro de uma geladeira

A pequena traineira com bandeirinha do Suriname avançava lentamente rumo ao alto-mar, onde passaria alguns dias a pescar, quando um dos seus ocupantes, que se distraia olhando o horizonte, avistou, ao longe, um estranho objeto flutuando. Parecia uma grande caixa de isopor, dessas que os pescadores – como eram os tripulantes daquele barco – usam para estocar os peixes capturados. Algo, portanto, útil e valioso para eles.

O pescador avisou o mestre do barco, que, interessado no achado, girou o timão e avançou na direção do objeto que boiava na superfície, mas pendendo para um dos lados – algo estranho em se tratando de uma caixa de isopor. Mas não era o que parecia ser. Era um freezer, uma espécie de geladeira horizontal, que, sem a tampa, podia ser usada como uma espécie de caixa térmica – um objeto ainda mais útil para os pescadores, que ficaram felizes com o inesperado achado.

Surpresa mesmo, porém, eles tiveram quando se aproximaram daquela caixa estranhamente torta na água e viram brotar, de dentro dela (o que explicava aquela inclinação), um homem semidesesperado, clamando por ajuda. E em português, língua que eles mal entendiam, já que eram todos surinameses.

Era o brasileiro Romualdo Macedo Rodrigues, de 44 anos, também pescador, que jazia dentro daquele insólito freezer há 11 dias, desde que seu barco, uma canoa de madeira com seis metros de comprimento movida por um pequeno motor atado ao hélice por um comprido eixo (tipo de embarcação conhecida como "rabeta", na região onde ele vivia, no norte do Amapá), começou a encher de água e afundou, no dia 1 de agosto de 2022.

Aquela caixa vazia – que, um dia, fora um freezer – e uma pequena boia redonda que ele mantinha amarrada ao próprio corpo era tudo o que Romualdo passou a ter para tentar se manter vivo quando viu seu barco desaparecer lentamente sob os seus pés, no meio do mar. Quando viram que havia uma pessoa dentro daquela geladeira boiando no mar, os pescadores surinameses começaram a filmar – e isso, mais tarde, seria de grande valia para Romualdo.

Ele havia partido sozinho em seu barco da cidade de Oiapoque, no extremo norte do Brasil, bem na divisa com a Guiana Francesa, com o objetivo de pescar nas proximidades de uma ilha que fica diante da capital guianesa, Cayena – um procedimento ilegal, já que se trata de outro país, mas largamente praticado pelos pescadores brasileiros da região. A viagem deveria durar cerca de dez horas, mas terminou bem antes disso, quando a precária canoa do brasileiro começou a encher de água.

Como ainda não havia começado a pescar, pular para dentro daquele freezer vazio foi a única saída de Romualdo para não afundar junto com o barco. Mas, na pressa, ele esqueceu de pegar seus apetrechos de pesca. Ficou, então, à mercê da natureza – e da própria sorte – para conseguir algo para comer e beber, o que não faria pelos próximos 11 dias.

Agachado no fundo daquela instável caixa de metal (que só não afundou também porque o mar estava calmo e sem ondas naqueles dias), só com a roupa do corpo, Romualdo passou os dias e noites vasculhando o horizonte em busca de algum barco. Mas não viu nada. Para passar o tempo e ajudar a espantar a fome e a sede pensava nos três filhos, na ex-mulher (com que sonhava em reatar a relação), e, acima de tudo, rezava. Católico fervoroso, ele tinha fé de que poderia ser salvo, e aquilo lhe dava forças e esperanças. Mas, em seguida, olhava para o vazio do mar e desanimava: nenhum barco passava por ali.

Além da sede e da fome, Romualdo temia cair na água, já que não sabia nadar. E havia tubarões rondando ao redor. Também tinha que passar o tempo todo retirando, com as mãos em forma de concha, a água que teimosamente entrava no freezer por causa das marolas. Aquilo o deixava extenuado, com a agravante de que, com o passar dos dias, sem nenhuma alimentação, ele foi ficando cada vez mais fraco. E sonolento.

Romualdo dormia quando sua caixa-abrigo foi avistada pelos pescadores surinameses. E só despertou quando o barulho do motor do barco ficou mais forte, pela proximidade. Levou alguns segundos para compreender que não se tratava de um sonho, e logo passou a gritar e agradecer a Deus.

Estava fraco e desidratado, cinco quilos mais magro, com feridas por todo o corpo causadas pelo contato permanente com a água salgada, mas vivo. E salvo, após quase duas semanas à deriva no mar, dentro de uma geladeira, objeto com o qual "navegara" mais de 400 quilômetros, percorrendo todo o litoral da Guiana Francesa e adentrando o Suriname, desde o local do naufrágio do seu barco – um feito tão impressionante, que, depois, muitos não acreditariam que fosse verdade. A começar pela Polícia da Paramaribo, capital do Suriname, para onde Romualdo foi levado pelos pescadores.

Lá chegando, o brasileiro foi hospitalizado, tratado, mas, em seguida, preso, por falta de documentos. Nem mesmo o vídeo de seu resgate, gravado pelos pescadores, convenceu a Polícia surinamesa de que ele estava falando a verdade – embora tenha servido para, através da internet, espalhar a notícia, tranquilizar sua família em Oiapoque, e ativar a embaixada brasileira no país quase vizinho.

Após quase duas semanas à deriva no mar, sem água nem comida, Romualdo ainda amargou outros 16 dias numa cela da penitenciária de Paramaribo, com outros detentos, sem entender bem o que estava acontecendo. "Eu não matei, não roubei, então, por que estou preso?", perguntava, em português, aos guardas da cadeia, que, como quase todos os habitantes do Suriname – inclusive os pescadores que o resgataram –, só falavam holandês.

Até que, com a ajuda do embaixador brasileiro naquele país – que providenciou um passaporte de emergência para Romualdo –, ele foi libertado e, imediatamente, colocado em um avião e deportado para o Brasil. "Nunca fiquei tão feliz de ser expulso de um lugar", disse o brasileiro ao desembarcar no aeroporto de Belém do Pará, e, de lá, retornar à Oiapoque, onde chegou ainda mais crente em Deus. "Foi Ele que me salvou, por meio daqueles pescadores. Deus me deu uma segunda chance na vida".

No dia seguinte, Romualdo voltou a pescar. Mas, por precaução, decidiu não ir tão longe no mar.

A novela do ex-porta-aviões brasileiro

Sem saber o que fazer com aquele imenso navio que não queria mais, a Marinha do Brasil optou pela pior escolha: afundá-lo

No dia 4 de agosto de 2022, um rebocador holandês de grande porte partiu do porto do Rio de Janeiro levando a reboque aquele que já foi o maior navio militar brasileiro: o ex-porta-aviões São Paulo, que estava parado havia cinco anos.

Destino: um estaleiro em Aliaga, na Turquia, onde o grande navio, de 266 metros de comprimento, seria desmontado e transformado em sucata, após ter sido comprado pela empresa turca Sok Denizcilikve Tic através de um leilão promovido pela Marinha do Brasil.

Teria sido o fim de uma novela que se arrastava há anos, desde que a reforma do velho porta-aviões fora considerada inviável e substituída pelo leilão. Mas não. Uma absurda sucessão de erros e desastrosas decisões transformaram o destino do ex-porta-aviões brasileiro em um típico pastelão.

Tudo começou ainda no leilão da embarcação. O primeiro leilão foi cancelado por suspeitas de irregularidades. No segundo, igualmente polêmico e conturbado, o porta-aviões foi arrematado pela Sok por R$ 10,5 milhões – valor bem abaixo do que ele valia, mesmo como sucata. Não deixou de ser uma transação um tanto suspeita.

Conturbada também havia sido a própria história do porta-aviões na corporação brasileira. O São Paulo (até então, chamado Foch) havia sido comprado da França no ano de 2000, para substituir o lendário porta-aviões Minas Gerais, primeiro navio-aeródromo que o Brasil teve. Mas a vida útil dele na Marinha do Brasil foi tão curta quanto problemática.

Com uma seguida série de problemas mecânicos (entre eles, o trágico rompimento de um duto de vapor, em 2004, que resultou na morte de três tripulantes), o São Paulo nunca conseguiu navegar por muito tempo sem exigir reparos. No total, ao longo dos 17 anos que atuou na Marinha brasileira, ele navegou pouco mais de 200 dias, o que o tornou um constrangedor incômodo na frota.

Quando oficialmente foi desativado, em 2017, o São Paulo era o mais antigo porta-aviões ainda em operação no mundo. Em seguida, o problema passou a ser outro: o que fazer com ele? A opção foi vendê-lo em leilão, como simples sucata.

Concretizada a venda, a empresa compradora encomendou um inventário (obrigatório) do material tóxico que havia a bordo do velho porta-aviões, necessário para a expedição da documentação de exportação que o autorizaria a ser levado para a Turquia. Mas só vistoriou 12% da embarcação.

Mesmo assim, o inventário conclui que o São Paulo continha 9,6 toneladas de amianto, material cancerígeno cujo transporte é mundialmente proibido. Aquela quantidade era 80 vezes menor do que a que havia em um porta-aviões idêntico ao São Paulo, o Clemenceau , quando ele foi desmanchado, anos antes. Mas o documento foi aceito pelas autoridades brasileiras e o Ibama expediu a autorização de exportação do casco.

Antes disso, ainda durante o processo de venda do navio, um pequeno grupo de aficionados pelo porta-aviões criou um instituto para tentar preservá-lo e impedir o seu desmanche. Mas, sem recursos, nada conseguiram, a não ser levantar ainda mais suspeitas de irregularidades no processo da venda e, depois, no seu transporte.

Alguns meses após o leilão, sem muito alarde, o porta-aviões foi retirado do cais onde se encontrava, no Rio de Janeiro, e começou a ser rebocado para o desmanche na Turquia. Contudo, no mesmo dia, uma liminar expedida pela Justiça do Rio de Janeiro, a pedido do grupo de opositores à venda do porta-aviões, ordenou que o navio fosse levado de volta ao porto para averiguações quanto a presença de materiais tóxicos em quantidades maiores que as informadas. O comboio, porém, ignorou a ordem judicial e seguiu adiante, após serem desligados os equipamentos de rastreio do rebocador.

Acionada, a Marinha do Brasil nada fez para deter o avanço do porta-aviões, como determinara a justiça. E, quando se manifestou, foi para informar que o comboio já havia saído do mar territorial brasileiro. Sem alçada em águas internacionais, a justiça brasileira suspendeu a liminar e o comboio seguiu viagem.

A Marinha respirou aliviada. Havia muito tempo que ela queria se livrar daquele problemático porta-aviões. E achou que havia, finalmente, conseguido. Só que não.

Enquanto rebocador e porta-aviões cruzavam o Atlântico rumo à Turquia, o mesmo grupo que tentara impedir que o navio partisse acionou os países por onde o comboio passaria (especialmente as autoridades do Estreito de Gibraltar, na junção do Atlântico com o Mediterrânco), informando sobre a quantidade não sabida de amianto a bordo, entre outros materiais bem mais tóxicos. Ao tomar conhecimento disso, as autoridades de Gibraltar proibiram a passagem do comboio por lá. Na prática, isso impedia que o porta-aviões chegasse à Turquia. Um mês depois de partir do Rio de Janeiro, quando já estava do outro lado do Atlântico, o comboio foi barrado e impedido de seguir viagem. Começava ali o festival de absurdos em que se transformou a venda do ex-porta-aviões brasileiro.

Ao mesmo tempo, pressionado por ambientalistas, o governo da Turquia também reforçou a decisão de Gilbraltar e proibiu a entrada do porta-aviões no país, colocando em cheque a confiabilidade do inventário de material tóxico feito no navio antes de sua partida do Brasil. Surpreendido com a decisão da Turquia, o Ibama voltou atrás e suspendeu a autorização de exportação que havia concedido ao porta-aviões.

Com o documento cancelado e a passagem por Gilbratar proibida, não restou alternativa ao comboio a não ser retornar ao Brasil. Com isso, o gigantesco porta-aviões precisou ser arrastado uma vez mais de um lado para outro do oceano, em uma inútil epopeia de cerca de 14 mil quilômetros, inédita na história da navegação mundial.

No total, entre ida e volta do Brasil para a Europa, o massivo comboio passou dois meses navegando no Atlântico, ao custo estimado de 30 mil dólares por dia – uma despesa de cerca de quase R$ 10 milhões, praticamente o mesmo que a empresa turca Sok havia pagado pelo porta-aviões no leilão. E outros absurdos ainda estava por vir.

Uma vez de volta ao Brasil, o comboio também não recebeu autorização para atracar em porto algum. O motivo era o mesmo que o impedira de chegar à Turquia: a quantidade desconhecida de material tóxico no porta-aviões. E, de certa forma, quem estava por trás daquela determinação era a própria Marinha do Brasil, que havia vendido o navio aos compradores turcos. Começava a segunda parte da inacreditável saga do São Paulo.

Quando o lento comboio já estava quase chegando de volta ao Rio de Janeiro, uma ordem da Marinha determinou que ele desse novamente meia-volta e subisse a costa brasileira até o porto de Suape, no litoral de Pernambuco, distante mais de 1 500 quilômetros. O motivo era uma vistoria que, conforme determinava as leis da navegação marítima, precisaria ser feita no navio rebocado após tanto tempo no mar. Só não foi explicado por que isso não poderia ser feito no porto do Rio de Janeiro.

Meio mês depois, o comboio chegou ao porto pernambucano onde, no entanto, também não pode atracar. Por recomendação da Agência Estadual de Meio Ambiente de Pernambuco, que temia a contaminação da região pelo que poderia haver no interior do navio rebocado, a administração do porto de Suape não deu autorização para que o comboio atracasse, a fim de ser vistoriado. Em vez disso, determinou que rebocador e porta-aviões ficassem a 12 milhas da costa, aguardando que a vistoria fosse feita lá mesmo, o que só aconteceu dez dias depois.

Na vistoria, os técnicos constataram que, embora certa quantidade de água tivesse penetrado no casco do grande navio – algo já esperado, após tanto tempo sendo rebocado –, a sua flutuabilidade não havia sido comprometida. Mas foi recomendado que fosse colocado em dique seco, para melhor averiguação da integridade do casco. Isso implicava em parar em algum porto. Mas qual, se nenhum queria aceitá-lo? Era o início do terceiro capítulo da novela em que se transformou a venda do porta-aviões São Paulo: para onde levá-lo?

Com a Marinha dizendo que a responsabilidade de encontrar um porto que aceitasse receber o porta-aviões era da empresa turca que o havia comprado – e os turcos retrucando, afirmando que cabia à Marinha brasileira definir para onde o navio deveria ser levado, em um interminável bate-boca digno de novela das oito –, surgiu um novo impasse: o que fazer com o porta-aviões, àquelas alturas já transformado em uma espécie de navio fantasma, que ninguém queria por perto.

Durante mais de três meses, o patético comboio, formado por um rebocador oceânico com 16 tripulantes a bordo e um porta-aviões com o tamanho de três campos de futebol ficou navegando em círculos diante do porto de Suape, dia e noite, sem parar, pra lá e pra cá, sem poder atracar nem ter para onde ir. Sequer podia ficar ancorado, porque o tamanho do porta-aviões não permitia isso.

Na maior parte do tempo, as duas embarcações ficavam à deriva, unidas por grossos cabos de aço, com a tripulação do rebocador monitorando constantemente os ventos e as correntezas. Quando um dos elementos ameaçava empurrar o comboio, o rebocador entrava em ação e trazia de volta o porta-aviões para o mesmo local. Um interminável vai-e-vem, rumo a lugar nenhum. E uma queda de braço para ver quem desistiria primeiro: se a Marinha brasileira ou a empresa turca.

Até que, no final de janeiro de 2023, cinco meses após aquela primeira partida do Rio de Janeiro – e ainda alegando que a atracação do navio era responsabilidade das autoridades brasileiras –, a Sok, anunciou que estava renunciando, unilateralmente, à compra do porta-aviões, e o devolveu à Marinha do Brasil. Que não o aceitou.

Com isso, ao longo de dias, vigorou mais um impasse: quem, agora, era o dono do navio?

Quando, porém, a empresa turca anunciou que iria levar o rebocador embora e abandonar o porta-aviões à deriva no mar brasileiro, não restou alternativa à Marinha brasileira a não ser reassumir o porta-aviões e ficar com a batata quente nas mãos – um problemão do tamanho do próprio porta-aviões. Mas havia uma saída.

Ao ser oficializada a devolução do navio pela empresa turca, a Marinha brasileira recebeu uma nova proposta de compra do ex-porta-aviões, desta vez feita por uma empresa de desmanche de navios da Arábia Saudita. A proposta era de R$ 30 milhões – três vezes mais do que a Sok havia pagado pela sucata do São Paulo no leilão. A Marinha nem sequer respondeu aos árabes.

No dia seguinte, ao reassumir o porta-aviões, ela o rebocou para bem longe da costa e anunciou o que mais se temia: que afundaria o navio do jeito que ele estava. Ou seja, com tudo o que ainda houvesse de material tóxico e poluente dentro dele – a despeito de isso ir contra as convenções mundiais das quais o Brasil era signatário, e de configurar um tipo de crime ambiental sem precedentes na história.

Ao saber da decisão da Marinha, o Ministério Público recorreu à justiça, tentando impedir o afundamento, já que o Ibama e o Ministério do Meio Ambiente nada faziam a respeito – talvez, por ordem do então novo presidente brasileiro, Luís Inácio Lula da Silva, recém-instalado em Brasília, que estava em processo de reaproximação amistosa com a corporação, sobretudo após os episódios antidemocráticos de 8 de janeiro daquele ano.

Lula teria chegado a proibir que a ministra do meio ambiente, Marina Silva, se pronunciasse a respeito do caso do porta-aviões. O objetivo do governo era não contrariar a Marinha, que queria afundar o navio. Coincidência ou não, o juiz que julgou o caso negou as duas liminares pedidas pelo Ministério Público.

Horas depois da segunda negativa da justiça, a Marinha do Brasil colocou o seu objetivo em prática: rebocou o porta-aviões até quase o limite do mar territorial brasileiro, a quase 200 milhas da costa (um local onde a profundidade beira os 5 mil metros, o que convenientemente impediria que mergulhadores bisbilhotassem o navio depois), e o explodiu, mandando para o fundo do mar uma quantidade não sabida de produtos tóxicos. E deu o caso por encerrado.

Era início da manhã de 3 fevereiro de 2023. Na véspera, havia sido comemorado o Dia de Iemanjá. Um dia após a sua festiva data, a Rainha do Mar recebeu um presente de grego no mar brasileiro: um navio contaminado.

O último capítulo da novela do ex-porta-aviões brasileiro que ninguém queria foi o pior possível.

Um resgate improvável

De repente, no meio do oceano, surgiu um helicóptero e salvou o náufrago. Mas como isso foi possível?

Havia três semanas que o velejador australiano Tim Shaddock, de 51 anos, havia partido da enseada de La Paz, na Baja Califonia mexicana, rumo à Polinésia Francesa, levando como única companhia a bordo do seu surrado catamarã Aloha Toa uma cadelinha que ele encontrara na rua, a Bella, quando uma tempestade interrompeu sua viagem.

A tormenta rasgou as velas e fez pifar os equipamentos de navegação e comunicação do barco, deixando os dois, homem e cadela, totalmente à deriva e sem nenhum contato com o mundo exterior no maior oceano do mundo – uma situação que tinha tudo para terminar em tragédia. Mas não.

Navegador experiente, Shaddock sabia que, naquela situação, o mais importante era economizar água e alimentos, porque seria impossível prever quando ele e o animal seriam resgatados. Se é que isso aconteceria...

A primeira medida foi passar a maior parte do tempo dentro do barco, abrigado do sol, juntamente com o animal, porque o corpo humano perde muito líquido e sais minerais ao transpirar – especialmente no mar, onde o vento mascara a desidratação sigilosa que ocorre no organismo.

Durante os dias de sol forte, Shaddock só saia do abrigo da cabine quando a linha de pesca do kit de sobrevivência do seu barco indicava que um peixe havia sido fisgado – situações em que Bella abanava freneticamente o rabo, porque sabia que isso era garantia de comida, algo que, com o passar dos dias, foi escasseando, juntamente com a água no tanque do catamarã.

Logo, matar a sede passou a ser uma questão ligada apenas à meteorologia: se chovesse, eles bebiam. Do contrário, pacientemente esperavam que as nuvens chegassem. E foi assim que o australiano e sua cachorra passaram semanas no mar, torcendo por um resgate que a cada dia se tornava mais necessário e menos provável.

Até que, um dia, na nublada manhã de 17 de julho de 2023, mais de dois meses após o início daquele infortúnio, quando oferecia à Bella o único bem-estar que podia dar (um pouco de carinho, para espantar a fome e a sede do animal), e relaxava imóvel na cabine (para poupar energia, Shaddock passou a se movimentar cada vez menos a bordo), o australiano ouviu um barulho de motor ao longe.

Instintivamente, ele correu para fora da cabine e perscrutou o horizonte. Nada. Nenhum sinal de barco se aproximando. No entanto, o barulho aumentava cada vez mais. Só que vinha de outra direção: do céu, e não do mar. Foi quando, em uma brecha entre as nuvens, surgiu a mais inesperada das possibilidades: um helicóptero, voando quase rente a água.

A aeronave passou sobre a cabeça do australiano, deu meia volta e retornou, porque o piloto ficou intrigado com aquele veleiro parado no oceano, sem velas no mastro. Shaddock e Bella estavam salvos – por mais improvável que pudesse ser a presença de um helicóptero no meio do Oceano Pacífico, a centenas de quilômetros da terra firme mais próxima.

As chances de um barco pequeno, como o catamarã do australiano, ser avistado no meio de um oceano por outro barco já eram, por si só, pequenas. Que dirá, então, por um helicóptero, aeronave que não tem autonomia para ir tão longe sobre o mar, e, ainda por cima, voando a baixa altitude, o que favoreceu a sua avistagem.

Mas havia uma explicação para aquele incrível golpe de sorte. O helicóptero havia decolado de um grande barco pesqueiro mexicano, o Mária Delia, e sobrevoava o mar em busca de cardumes de atuns quando encontrou algo bem mais valioso: o australiano e sua cachorrinha – ambos bem mais magros, mas sem nenhum problema de saúde, a não ser a sede torturante e a fome avassaladora.

"Foi um milagre para nós dois", reconheceu o australiano, ao abandonar o seu barco no mar e embarcar no pesqueiro, na companhia de Bella, após o piloto do helicóptero ter avisado o comandante do Mária Delia sobre o surpreendente achado.

Mas isso só aconteceu porque Tim Shaddock resistiu à duas tentações muito comuns em situações como a que enfrentou: a de saciar a sede bebendo água do mar, que além de não aplacar a sede desidrata ainda mais o organismo, e de transformar a companheira de flagelo em comida – o que só mesmo os desalmados fariam.

Mesmo assim, ao desembarcar do pesqueiro, dias depois, no litoral do México, o australiano protagonizou um ato inesperado, que, a princípio, pareceu abominável: doou a cachorra a um dos marinheiros do barco. Mas havia um bom motivo para isso.

Como havia abandonado seu veleiro no mar, Shaddock não tinha mais como navegar e teria que retornar à Austrália, país que impõe severas restrições à entrada de animais. "Depois de tudo o que passou comigo no mar, não é justo que Bella sofra ainda mais, presa em um canil, cumprindo quarentenas", explicou o australiano, justificando sua decisão.

Não se sabe se Bella compreendeu a explicação. Mas, ao se despedir do australiano, ela uma vez mais abanou o rabo. Como fez o tempo todo no barco.

O sumiço do Sufoco

O que pode ter acontecido com o velejador que desapareceu no mar de Santos?

No início da tarde de 15 de janeiro de 2023, um domingo de sol, o velejador Edison Gloeden, de 66 anos, mais conhecido como "Alemão", dono de boa experiência em navegação, saiu sozinho com seu barco, um veleiro Brasilia de 32 pés, batizado "Sufoco", da marina onde ficava guardado, no canal do porto de Santos, com um só objetivo: testar um piloto automático, equipamento que permite manter o rumo sem assistência humana, que ele havia instalado. E disse que retornaria rápido. Mas nunca mais voltou.

Preocupada, nas primeiras horas da manhã seguinte, após uma noite sem dormir, a esposa do velejador, a professora aposentada Maria de Fátima Calaca Alves procurou a Marinha e registrou o desaparecimento do marido. Aviões e barcos – alguns deles, particulares, de amigos do velejador – começaram a vasculhar a região, caracterizada por uma grande baía, com intenso movimento de lanchas e navios, já que dá acesso ao principal porto do Brasil. Mas nada encontraram. Sequer indícios de um eventual naufrágio, como partes da embarcação boiando no mar. Começava ali um mistério que nunca foi desvendado: o que aconteceu com o Sufoco e o seu pobre velejador?

Com base nas informações disponíveis – poucas, já que Edison dissera na marina que voltaria rápido, por isso, sem maiores detalhes –, diversas hipóteses e teorias foram aventadas. Mas nenhuma delas jamais pode ser comprovada.

Como o objetivo do velejador era apenas testar o correto funcionamento de um novo modelo de piloto automático que havia acabado de instalar, ele embarcara sem nenhum suprimento, praticamente sem água nem comida, mas com o tanque de combustível cheio, como sempre fazia, já que queria testar o funcionamento do equipamento também com o veleiro navegando a motor. Nada, porém, indicava que pretendesse sair dos limites da baía de Santos naquele dia de mar calmo e tranquilo, com bastante movimento de lanchas e jet skis, além dos costumeiros navios entrado e saindo do porto.

Com base nestas duas informações – o intenso movimento de barcos na baía e o tanque de combustível completamente cheio no veleiro – desenvolveu-se a primeira teoria: a de que ele pudesse ter ido na direção do mar aberto, justamente para evitar as marolas geradas pelos outros barcos, a fim de avaliar melhor o correto funcionamento do piloto automático. Mas, uma vez acionado, o equipamento pode ter mantido o barco avançando indefinidamente, até que o combustível do tanque se esgotasse.

Na ocasião, estimou-se que o veleiro de Edson teria uma autonomia entre 25 e 30 horas de navegação a motor, o que significa que poderia ter avançado, em linha reta, até cerca de 120 milhas da costa. Depois disso, sem combustível, teria ficado à deriva em uma região que sofre a ação de uma forte correnteza que desce para o sul do país. E sido arrastado por ela. Mas, por que o barco teria ficado sem o controle do velejador?

A rigor, havia duas possibilidades: queda no mar ou mal súbito – ou uma coisa em decorrência da outra.

Como estava sozinho no barco, e com rumo comandado pelo piloto automático, o velejador poderia ter perdido o equilíbrio ao fazer alguma função no convés (como erguer as velas, para testar o equipamento também sob efeito do vento) e caído no mar, enquanto o veleiro seguiu em frente, de maneira autônoma, sem que ele conseguisse alcançá-lo à nado.

Contribuía para esta tese o fato de o velejador já ter certa idade, sem, portanto, muita agilidade – e, segundo comentários, não ser um exímio nadador. Além disso, Edison poderia ter caído ao mar desacordado, por conta da segunda hipótese aventada: a de mal súbito – embora, aparentemente, ele não tivesse nenhum problema sério de saúde. A hipótese de suicídio foi logo descartada – não havia nenhum motivo de ordem pessoal para o velejador tirar a própria vida.

No dia, o mar estava tranquilo, embora, no final da tarde, tenha se formado uma rápida tempestade, com raios e trovoadas. E isso poderia ter gerado algum problema no veleiro de Edison ou agravado a situação dele.

Outras duas possibilidades, embora bem menos prováveis (já que nenhum vestígio ou pedaço do veleiro foi encontrado flutuando na água), foi a de que o barco do velejador tivesse sido atingido por um navio e afundado em seguida, uma vez que o porto de Santos é o mais movimentado do país, e o local de onde ele partiu para testar o piloto automático fica bem no acesso marítimo à cidade.

Ou então que, ao navegar de forma autônoma, por conta do piloto automático, o veleiro de Edison tivesse colidido com uma laje que sabidamente existe a cerca de 20 milhas da Baía de Santos e afundado.

Já a esposa do velejador sempre teve outra teoria para explicar a morte do marido: avaria no barco – um problema mecânico, elétrico ou nas velas, que o tenha impedido de voltar. Ou que, por conta do estresse gerado por isso, ele tenha tido um mal súbito fatal e o barco tenha seguindo em frente, sozinho, carregando o corpo do velejador, até ser engolido pelo oceano, tempos depois.

Se foi isso o que aconteceu – ou qualquer outra das hipóteses –, jamais se saberá. Porque nem o veleiro Sufoco nem o corpo do velejador Edison Gloeden jamais apareceram.

Engolido por um tubarão

Da barriga do animal brotou a explicação para aquele desaparecimento

Na madrugada de 25 de fevereiro de 2023, dois pescadores da região de Chubut, no litoral sul da Argentina, se preparavam para destrinchar três pequenos tubarões que haviam acabado de capturar no mar, quando, do estômago de um deles, brotou um pedaço de antebraço humano. O membro ainda estava em tão bom estado – sinal de que havia sido recém-engolido pelo animal –, que foi possível ver que continha uma tatuagem: uma rosa com um nome de mulher abaixo dela.

A tatuagem permitiu à Polícia identificar facilmente a vítima. Tratava-se do mecânico argentino Diego Alejandro Barría, de 32 anos, morador de Comodoro Rivadia, na mesma região do achado, que havia saído de casa uma semana antes para dar um passeio de quadriciclo na longa praia deserta da cidade, e nunca mais voltou – como sua mulher, dona do nome tatuado naquele membro, registrara na queixa que fizera à Polícia seis dias antes.

No dia seguinte ao desaparecimento, o quadriciclo de Diego foi encontrado semidestruído na praia, bem como o seu capacete, rachado em diversas partes – mas sem nenhum sinal do argentino.

A dedução dos policiais foi que ele havia sofrido um acidente nas irregularidades na praia, repleta de valas, depressões e pedras, capotado e sido ejetado do veículo, como comprovava o capacete rachado. Com o impacto, Diego teria perdido os sentidos, ou mesmo morrido. Mas, e o corpo? Onde teria ido parar a vítima?

Para isso, a única explicação que os policiais encontraram foi que Diego, inconsciente ou já morto, poderia teria caído perto da água e sido arrastado pelo mar, que estava particularmente violento naquela noite, repleto de ondas e correntezas. Ao que tudo indicava, eles estavam certos. O que ninguém poderia imaginar é que a autor de um passeio terrestre pudesse acabar dentro da barriga de um tubarão no mar.

Aparentemente, foi o que aconteceu com Diego, embora, por um bom tempo, a família da vítima tenha defendido a tese de homicídio (visando o eventual roubo do quadriciclo), seguido de descarte do corpo de Diego no mar, quando, então sim, teria entrado em cena o tal tubarão glutão – que, se por um lado, confirmou que o argentino estava morto, por outro tornou o seu fim ainda mais macabro.

Mas também parecia claro que Diego não morrera por causa do tubarão. Ele já estaria morto – pelo acidente ou por afogamento, no caso de ter caído desacordado no mar –, quando foi parcialmente devorado, já que seu braço ainda estava bem preservado no estômago do animal, sinal de que fora engolido pouco antes da captura, que, no entanto, ocorrera uma semana depois do acidente.

Por outro lado, soava como improvável que a resposta para o misterioso sumiço de um motociclista fosse estar dentro da barriga de um tubarão, e que aquele exato animal viesse a ser capturado por pescadores, logo depois. Mas, contrariando todas as probabilidades, foi o que aconteceu. E o mais impressionante é aquela não foi a primeira vez que ocorreu um caso assim.

Quase nove décadas antes, em abril de 1935, um grande tubarão tigre, recém-capturado para exibição em um parque aquático em Sydney, na Austrália, vomitou um pedaço de braço humano, para horror dos visitantes e desconfiança da Polícia, que decidiu investigar a quem aquele membro decepado poderia ter pertencido.

Também não foi difícil descobrir, porque, tal qual no caso do infeliz argentino, naquele pedaço de braço havia igualmente uma tatuagem: no caso, duas luvas de boxe estilizadas. A investigação logo descobriu que o membro pertencera a um lutador que havia desaparecido da cidade dias antes, e que ele fora assassinado, e seu corpo jogado ao mar – caso narrado no volume 1 de *Histórias do mar*.

Oitenta em oito anos depois, o que parecia praticamente impossível aconteceu de novo. E da barriga de outro tubarão brotou um pedaço de braço que ajudou a desvendar outro mistério.

Quando a linha da vida mata

Só faltava soltar o cinto de segurança e passar para a balsa. Mas não deu tempo

A previsão do tempo bem que indicava a chegada de fortes ventos e grandes ondas quando o veleiro Nina Pope, do capitão suíço Benno Frey, de 72 anos, que vinha fazendo a travessia do Atlântico com dois outros tripulantes não tão experientes (o brasileiro Marcelo Osanai e o suíço-americano Balthasar Wyss), partiu da ilha de Tristão da Cunha para o segundo trecho daquela travessia. Ela havia começado no Rio de Janeiro, no dia 27 de fevereiro de 2024, e terminaria na Cidade do Cabo, na África do Sul, onde os auxiliares do comandante desembarcariam após viverem sua primeira experiência transoceânica. Mas não havia alternativa para o grupo.

A ilha de Tristão da Cunha, no meio do Atlântico Sul, famosa por sua exposição às intempéries (onde, por isso mesmo, a ancoragem de barcos só é possível, em média, 70 dias por ano) não tem porto, nem marina, muito menos uma baía abrigada que sirva para manter um veleiro em segurança. Seria, portanto, melhor partir e enfrentar a tempestade no mar do que ancorado diante da ilha. A esperança era que a tormenta arrefecesse nos dias subsequentes. Mas não foi o que aconteceu. Logo no dia seguinte, os ventos aumentaram barbaramente, beirando os 45 nós, bem como as ondas, que passaram a ter entre cinco e sete metros de altura.

Mesmo assim, muito possivelmente, nada aconteceria com Nina Pope, um grande e valente veleiro de 55 pés de comprimento, com o qual o capitão Frey vivia viajando pelo mundo, não fosse um infortúnio: naquela noite, em meio a tormenta, uma boia de rede de pesca abandonada com um pedaço de cabo enroscou na proa do veleiro e arrancou, como uma estilingada, boa parte da grade de proteção do convés, o guarda-mancebo. E, pelos buraquinhos dos parafusos arrancados, passou a entrar, silenciosamente, água dentro do barco. Bem mais do que eles pudessem imaginar.

Com o chacoalhar permanente nas ondas, os tripulantes, abrigados na cabine do veleiro, não sentiram a colisão com a boia, muito menos o consequente dano no casco. Eles só perceberam que havia algo errado quando soou o alarme da bomba de sucção, informando que havia água empoçada no porão do casco. Dali em diante, não houve tentativa nem esforço que estancasse ou controlasse a inundação, que eles nem sequer sabiam de onde vinha.

A batalha inútil contra a inundação durou quatro horas. Até que, no meio da madrugada, quando a água já estava um palmo acima do assoalho da cabine, o capitão Frey decidiu que era preciso abandonar o barco. Ativou um pedido de socorro através de equipamentos que informavam a localização do veleiro e permitiam a comunicação, via satélite, com uma central de atendimento, e, junto com os dois tripulantes, começou a preparar o lançamento da balsa salva-vidas inflável.

A resposta do serviço de socorro do Centro de Coordenação de Resgate Marítimo da Cidade do Cabo, a quase de 2 500 quilômetros de distância, veio rápida: um navio petroleiro, o Front Pollux, que vinha da Argentina para a África do Sul, estava a dezenas de milhas de distância, mas aceitou resgatar os velejadores – embora, por conta da tormenta, não pudesse dizer quanto tempo levaria para chegar até eles, nem se os encontraria, já que, naquelas condições, com fortes ventos e grandes ondas, era ainda mais difícil achar uma pequena balsa em alto-mar.

O fato de saberem que outras pessoas estavam cientes do iminente naufrágio, e com a localização do sinistro mais ou menos indicada (uma vez que os ventos e as ondas seguiam empurrando o barco semiafundado), deixou o grupo um pouco menos apreensivo. Mas era preciso resistir até que o eventual resgate chegasse. Se é que ele chegaria...

Enquanto os dois tripulantes menos experientes colocavam alguns suprimentos em sacolas plásticas e vestiam coletes salva-vidas equipados com cintos de segurança, já que os ventos faziam o barco balançar furiosamente o tempo todo, o capitão Frey, vestido com o mesmo equipamento, tratou de destravar e disparar a balsa salva-vidas inflável – que voou longe, empurrada pelo vento.

A operação de trazer a balsa de volta para junto do veleiro, através do seu cabo-guia, levou alguns minutos. Mas foi bem-sucedida. O próximo passo era passar para dentro dela, o que, naquelas condições, com o barco subindo e descendo nas ondas, não era nada fácil.

Com o capitão segurando firmemente um segundo cabo, para dar alguma estabilidade a balsa, o americano Balthasar Wyss foi o primeiro a embarcar. O brasileiro Marcelo Osanai seria o segundo, e se preparava para fazer isso, quando, logo após soltar seu cinto de segurança, uma onda especialmente alta atingiu o barco e virou a balsa. Ele se atirou no mar, ajudou o colega a desvirar a balsa, e pulou para dentro dela – mas ambos perderam todas as sacolas com suprimentos que haviam preparado.

Apesar da tensão e das dificuldades, a operação de abandono do veleiro estava dando certo. Faltava apenas que o capitão embarcasse. E foi o que ele se preparou para fazer. Ainda segurando o cabo da balsa com uma das mãos, Frey se aproximou da borda do casco e baixou a outra mão, a fim de soltar o cinto de segurança, que estava atado ao guarda-mancebo. Mas não conseguiu alcançar o mosquetão que desataria o cinto da grade, e gritou por ajuda. Marcelo, então, se atirou novamente no mar, para ajudar. Mas não deu tempo.

Antes que o brasileiro conseguisse chegar até o capitão, que ainda tentava se livrar do cinto, o veleiro sumiu diante dos seus olhos, e afundou feito uma pedra, levando com ele o suíço.

Foi tudo tão rápido, que – como sempre acontece nos naufrágios, quando a velocidade de descida aumenta exponencialmente na medida em que o barco afunda –, num piscar de olhos, o brasileiro viu desaparecer também o mastro do veleiro, que tinha quase 20 metros de altura. Ele ainda ficou alguns segundos olhando para a água, na esperança de que o capitão emergisse. Mas nada aconteceu.

O capitão do Nina Pope havia sido vítima do próprio cinto de segurança, feito para protegê-lo. Uma triste ironia: naquele dia, a "linha da vida", como os velejadores respeitosamente chamam os cintos de segurança de seus barcos, matara um deles.

Embora aterrorizados pelo que haviam presenciado, os dois sobreviventes tentaram se concentrar na luta pela própria sobrevivência. A primeira providência foi tentar tirar parte da água que entrara na balsa quando ela virou no mar. Usaram para isso um saco plástico do kit de sobrevivência que havia na balsa.

Já a outra providência – tão urgente quanto a primeira - foi acionar os aparelhos pessoais de localização que havia nos coletes salva-vidas de cada um dois. Mas, por precaução, acionaram apenas um deles, a fim de poupar bateria, já que não sabiam por quanto tempo ficariam naquela situação.

O dia já havia amanhecido, mas o mar permanecia infernal, com altas ondas e muito vento. Encharcados, Marcelo e Balthasar passaram a sofrer também com o frio, e temiam virarem vítimas de hipotermia. O único consolo é que o localizador continuava funcionando, e isso seria fundamental para o resgate encontrá-los, naquela imensidão de águas turbulentas.

A espera durou cerca de seis horas de pura aflição. Até que os dois ouviram um apito. Minutos depois, viram um grande navio se aproximando. Para facilitar a localização, usaram uma lanterna que também havia no kit de sobrevivência da balsa, embora fosse dia claro. Nem precisaria, porque, em um golpe de sorte (como, depois, admitiria o capitão do navio), a tripulação do petroleiro já havia visto a balsa sacudindo nas ondas. Mas ainda era preciso resgatá-los. E isso não seria nada fácil, porque o vento estava forte, o navio era enorme e precisava ser manobrado com muita cautela, para não atropelar a própria balsa.

A opção do comandante foi estancar o navio a uma boa distância da balsa, usá-lo como uma espécie de barreira entre ela e as ondas, e deixar que o vento gradualmente aproximasse as duas embarcações, manobra que levou cerca de meia hora para ser executada.

Quando a distância diminuiu, a tripulação lançou cabos no mar, para serem agarrados pelos náufragos. O primeiro cabo foi levado embora pela correnteza. Mas o segundo conseguiu ser capturado por Marcelo, que o amarrou à balsa. Lentamente, ela foi sendo puxada até o costado do navio, enquanto uma escada era baixada. Por meio dela, um tripulante desceu e, após algumas tentativas, ajudou os dois náufragos a subir no petroleiro. Só então eles respiraram aliviados. Mas a imagem do capitão Frey afundando junto com o barco não saia da cabeça de Marcelo, e diminuía, um pouco, a alegria que ele sentia por estar vivo.

No navio, o brasileiro e o suíço-americano foram acolhidos pela tripulação do capitão indiano Ravi Yadav, que passou muito tempo conversando com os dois. Contou que aquele era o primeiro resgate no mar que fazia, em 25 anos de profissão, e confidenciou que o desvio que fizera na rota, e o tempo que levara navegando até chegar à balsa, custara algo em torno de 100 mil dólares em combustível. Mas que a operação fora autorizada pelos donos e fretadores do navio, dentro dos mais nobres princípios de uma lei não escrita, mas seguida à risca pelos homens de valor: a Lei do Mar, que determina que qualquer pessoa em apuros no mar precisa ser socorrida, custe o que custar.

O brasileiro Marcelo Osanai não conhecia o mandamento número 1 dos bons marinheiros, mas também o praticara, ao tentar ajudar o comandante Frey a se livrar da armadilha com o cinto de segurança.

Ele tentou salvar um capitão, mas acabou sendo salvo por outro. De certa forma, o destino o recompensara.

IMAGENS DE ALGUMAS HISTÓRIAS

Pag. 53

Encouraçado Solimões: acidente ou sabotagem?

Belgica: uma polêmica invernagem na Antártica

Pag. 58

Pag. 68

Faroleiros da Ilha Flannan: um mistério até hoje

SS Valencia: o bote só apareceu 27 anos depois

Pag. 71

University of Washington Digital Collection

O Almirante Negro que deixou a Marinha de joelhos

Violet Jessop: sobrevivente de três naufrágios

Valbanera: desapareceu no furacão

Jangadeiros alagoanos: um feito histórico

US Naval Institute

Pag. 102

Incidente Honda Point: sete navios ao mesmo tempo

Luigi La Penne: até o inimigo admirou o que ele fez

Pag. 114

Pag. 123

Irmãos Sullivan: vítimas do mesmo navio

U.S. Navy

Pag. 135

Flip: o navio que afundava e voltava

Daigo Fukuryu Maru

Pag. 140

Fukuryu Maru: vítima da radiação virou monumento

Anzoategui: sequestrado, veio parar no Brasil

Pag. 144

Rolex.org

Pag. 155

Francis Chichester: a triste despedida da lenda da vela

Veleiro Mona-Mi F.S: ninguém sabe o que aconteceu

Pag. 303